勿使前辈之遗珍失于我手
勿使国术之精神止于我身

邵义会 著

龙形八卦掌

北京科学技术出版社

图书在版编目（CIP）数据

龙形八卦掌 / 邵义会著 . -- 北京：北京科学技术
出版社，2023.6
（百家功夫丛书）
ISBN 978-7-5714-3036-8

Ⅰ.①龙… Ⅱ.①邵… Ⅲ.①八卦掌－基本知识
Ⅳ.① G852.16

中国版本图书馆 CIP 数据核字（2023）第 075295 号

策划编辑：胡志华
责任编辑：孙　建
责任校对：贾　荣
责任印制：张　良
封面设计：杨志远
版式设计：胡志华
出 版 人：曾庆宇
出版发行：北京科学技术出版社
社　　址：北京西直门南大街 16 号
邮政编码：100035
电话传真：0086-10-66135495（总编室）
　　　　　0086-10-66113227（发行部）
网　　址：www.bkydw.cn
印　　刷：保定市中画美凯印刷有限公司
开　　本：710mm×1000mm　1/16
字　　数：352 千字
印　　张：26.25
版　　次：2023 年 6 月第 1 版
印　　次：2023 年 6 月第 1 次印刷
ISBN 978-7-5714-3036-8

定　　价：109.00 元

自 序

八卦掌功夫是盘出来的

2017 年，本人拙作《张鸿庆传形意拳练用法释秘》由北京科学技术出版社出版。

张鸿庆先生是民国年间天津及冀东地区享有盛誉的形意拳大师，他老人家一生在天津城里设馆授徒，以此为业。这是武术界人尽皆知的事，而很多人不知道的是，他老人家还身怀八卦掌绝技。

张鸿庆先生的八卦掌传自李存义、张占奎二位先生，李存义、张占奎先生的八卦掌源自董海川先师祖。此传系八卦掌后经李、张两位先生改编，融入了形意拳的东西，特别是李存义传"龙形八卦掌"，更是将八卦掌散架子功夫的游身连环之特点演绎得生龙活虎、出神入化。当年，李存义、张鸿庆两位先生公开传授形意拳，而八卦掌则是秘授。因二人所传八卦掌是因徒设教，故所传之人各有所得，所练之形也不尽相同。

本人有幸得到吴桂忠（张鸿庆再传弟子）、张国才（张鸿庆再传弟子，但拳艺是由张鸿庆先生亲授）二位老师亲传形意拳、八卦掌两门拳技。同时我也发现吴、张两位老师虽同系张鸿庆先生一门，但是他们二人所传八卦掌也是各有所长、各有特点。

其实，张鸿庆先生当年所传形意拳和八卦掌是各成体系的。关于形意拳，我在《张鸿庆传形意拳练用法释秘》一书中已有详述，读者可参阅之。写作本书，是想把张鸿庆先生所传八卦掌尽量完整地、系统地介绍给读者，以供学习张鸿庆先生拳理、拳法的同道们研究、参考。但是由于自己所学有限，水平不高，此书所述肯定不能全面地呈现张鸿庆先生的八卦掌技艺，还望读者见谅。

张鸿庆先生所传八卦掌功夫是盘出来的。八卦掌的核心技术是走圈蹚泥步，习练者通过盘架子（定架子、活架子、散架子），经过千万次的盘走（初学者一般要经过三年不间断的练习），初步功夫方有所得（成）。

八卦掌并不神秘，它的绝技就是盘走。盘是盘架子，走是转走蹚泥步。习练者通过多年执着认真的盘走，气功、身形、步法、掌法……都能有所得。

初习八卦掌一定要有明师指导，不可自行蛮练。练八卦掌首先要通拳理，循规矩，苦练基本功，只要你能钻进去，定能体会到，层层有意境，步步长功夫；只要坚定信心，持之以恒，终会有所获，更会使你受益终身。

前　言

时间过得真快呀，不经意间，我已走过了近70年的人生历程。回眸往事，思绪万千，难以尽言，唯有武术始终让我放不下。

我小时候喜欢看小人书，特别喜欢看《杨家将》《岳飞传》《三国演义》……这些描写古代英雄人物故事的小人书。那时候家里很穷，父母没有闲钱给我买小人书，我只能自己想办法攒钱。爷爷、奶奶给的几分钱的零花钱，爸爸、妈妈给的买早点的钱都要省下来，而最多的时候是到河边捡东西卖。那时我家住在一条大河（蓟运河）的岸边，这条河在流经我家所在的庄子（营城庄）时，已经离渤海湾很近了（四五公里远）。大河每天都有潮涨潮落，每当潮水退去时，近200米宽的河床，很快就剩下一半的河水了。这时候河滩裸露，岸边由于潮水的冲刷，经常会出现一些稀奇古怪的小玩意儿。而最让我感兴趣的是捡一些旧铜钱、铜丝、废旧子弹壳……偶尔也能捡到一些旧物件上的残铜碎片。我把这些小玩意儿收集起来，送到街里一家专收废铜旧物的小店换钱。然后等到星期天步行两三公里，到镇上（寨上）唯一的一家小书店，买自己心仪的小人书。尽管一次只能买一本小人书，但这就足以让我高兴许久。

就这样，慢慢地，我的小人书越攒越多。后来年龄大一些了，我就开始读小说，大书（小说）我是买不起的，我就多方借书来看，周围凡是有书的，我都去找人家借。我借的最多的还是那些描写英雄人物的经典作品和武侠小说。古代的诸如《三国演义》《水浒传》《西游记》《说岳全传》《三侠五义》，现代的如《红旗谱》《烈火金刚》《暴风骤雨》《铁道游击队》《吕梁英雄传》《苦菜花》以及《钢铁是怎样炼成的》，等等，都是那时候看的。这些书读得多了，古今中外那些英雄人物的生动形象在我幼小的心灵中刻下了深深的印记。这可能也是我从小就热爱英雄、崇尚英雄的起因吧。

参加工作后，虽然那时生活很苦，工作很累，但由于喜爱武术，我还是抓住一切机会走出去，到处拜明师、访高朋，苦练多门拳术，不断充实自己的武技。

再后来，我从多学多练、博采众家渐而静下心来，开始总结自己多年来所学所练、所得所失，由武悟道，逐渐跳出重武技、轻武道的狭隘圈子，步入武学大道，探索中华武术之魂的真谛。

近几年我常常想一个问题，为何千百年来，不管社会发生多么剧烈的变化，总会有那么多人视武术如生命，始终不离不弃，一生与之为伴。这是因为武术与我们的文化内涵、民族精神紧紧相连。

我们中华民族是一个有着 5 000 年古老文明的伟大民族，中华传统文化源远流长，中华武术是中华传统文化的载体之一，武术的形成发展与中华传统文化有着千丝万缕的联系。传统武术的内涵从拳式的名称、套路结构编排、练功方法、技战法形成到拳理拳法之宗旨，点点滴滴、方方面面，都蕴含着传统文化的浸润与熏陶。尚武精神自古以来就是中华民族崇高的精神象征。民国初年上至总统（孙中山曾有"尚武精神"之名言），下到市井百姓，无不以尚武强种为民族大义。

新中国成立后，毛泽东曾发出"发展体育运动，增强人民体质"的伟大号召，但是由于种种原因，武术事业发展并不是一帆风顺的。

20 世纪 80 年代，据官方统计，国内武术有 129 种。人民体育出版社在 1985 年出版的习云太著《中国武术史》里的拳种部分有 46 节，75 种；器械部分有 27 节——可见其众多纷繁。可是据有关资料报道，20 世纪 90 年代，中国传统武术在国内常见的拳种仅有 20 多种，其他拳种大多是只闻其名，不见其实了（没有或极少有传人了）。

近年来，国家在挖掘抢救非物质文化遗产（包括传统武术）方面做了大量工作，特别是在推动"武术进奥运"和创编武术标准化方面。我认为这仅仅是一个方面。且不说"武术进奥运"对武术的发展有多大实际意义，仅就这些年来国家花了大量人力、财力创编、推广武术标准化对促进武术事业发展到底起了多大实际作用，也是很值得商榷的。对于新编武术（诸如简化太极拳、长拳类等），我认为既不要无端指责贬损，也不要过分吹捧夸大，应当把这些创新看作是武术发展中的一个新的拳种，仅此而已。

中华武术博大精深，只有百家争鸣、百花齐放，才能世代薪火相传，发扬光大。中华武术是老百姓的武术，她来自民间，理应在老百姓中传承发展。武术只有植根于广大城镇、乡村的沃土之中，才更具生命力，才能茁壮成长。离开了老百姓的武术，是没有生命力的"无术"。

在我的老家（天津汉沽），老辈人称八卦掌、形意拳为"土把式"。每当聊起形意拳、八卦掌及相关的大师轶事，老人们总是津津乐道，如数家珍。这就是他们的乡音，他们的乡愁。再也不要做"拆了老屋找旧料，砸了古董做赝品"的蠢事了。我们一定要不负年华，不忘初心，不失梦想；记住这乡音，守住这乡愁；更要让老百姓心中的"土把式"扎得住根，经得住风雨，更具生命力。

目　录

第一章　概论

百家功夫

第一节　源流探微

  八卦掌是我国传统武术中一个重要的拳种。关于此拳的起源，众说纷纭，始终没有一个准确、详实、可靠的文字记载。据考证，目前八卦门比较认可的说法是，清朝咸丰年间有河北人氏董海川于北京首传"八卦连环掌"，简称"八卦掌"。董海川生于清朝嘉庆二年（1797 年）10月，卒于光绪八年（1882 年）10月，原名继德，后改为海川。光绪九年（1883 年）2月由董公生前所授 56 名弟子为董公立墓碑，碑文中有如下所述："先生姓董讳海川，世居文安城南朱家务。""少任豪侠，不治生产。法郭解之为，济困扶危，不遗余力。""幼以武勇名乡里，弱冠后技益精。"碑文所述，说明先生少年时就学过武功，在乡里颇负盛名，成年后技艺愈精。"及长，遍游四方，所过吴越巴蜀，举凡名山大川，后遇黄冠，授以武术，遂精拳勇。"碑文所记说的是，董公年长后不满意自己现有所学武技，遂南下数省，漫游名山大川，投明师访高友，后在南省（一说在九华山）遇到一位道长，授以武术，经多年勤学苦练，武功大增。这也说明董公之技不是自己所创，他的武功是有老师传授的。"不意中年蹈司马公之故辙，竟充宦官……改隶肃邸。"先生为什么在中年之际忍受常人难忍之痛，自残其身而入肃王府充当宦官，碑文中没有透露，所为何故，至今仍是一个谜。

  "因老气骸，始得寓外舍。请艺者，自通显以至工贾与达官等几及千人，各授一艺。"此文所记，说明董公因年老辞退差事，离开肃王府，入住徒弟家。出了肃王府后，这才广收门徒。据传当年向董公拜师求艺者，大多是带艺投师。董公因材施教，"各授一艺"，根据弟子的本身特点，因人授法，教授弟子以易理参悟拳理，以走转为本，结合自己所学之拳技，以变为法，不拘一格。故众弟子理为一脉，技法各异，流传至后世，就成为我们今天所见到的八卦门流派纷呈的八卦掌拳技。

当年董公所授众多弟子中，尹福、程廷华、史计栋、马维祺、梁振普、刘凤春、刘宝珍、李存义、张占奎等是后世公认的八卦掌第二代传人中有成就者。

第二节　不搞玄学讲科学

形意拳和太极拳都有完整的拳谱、拳法和拳理，均清晰可辨。因为当年董公授徒是因材施教，"各授一艺"，故董公的弟子们练法各异，掌法和走圈的步法等都没有统一的标准和要求，也就是说，八卦掌在尹福、程廷华那一代没有固定的练法。

据传，历史上的董海川先师只是粗通文墨，谈不上擅长易经卦理，所以后世所传的种种八卦掌拳法、拳理，大多为八卦掌第三代传人所创。其中尹福的弟子曾省三在 20 世纪初整理出了"三十六歌诀"和"四十八法"，张占奎先生的弟子姜容樵整理的"八卦掌的锻炼方法"等对后世八卦掌的发展起到了重要作用，这两人功不可没。但是，在民国时期也有一些八卦掌拳师为了教徒和著书立说，肆意曲解八卦掌的拳法和拳理。如，强调转掌的时候多从西北起势，所谓"起自生门"。有人说八卦掌"起转时，阳日（双日）起点往左转，阴日（单日）起点往右转，一日一换方向；再细分，一时一换方向，一年四季不可间断，此为借助天时"。一日一换方向，道理何在？一时一换方向，能记得清楚吗？记乱了，功夫就不能练了吗？非要规定某掌为某卦、某方位，丝毫不能变，煞有介事，实则故弄玄虚。如果不按某人所编的卦象卦位练拳，难道所练之拳就不是八卦掌了吗？

还有人将《周易》中的卦象与八卦掌的八掌八势相联系，每一掌势都以一种动物定形，即乾为狮形、坤为麟形、坎为蛇形、离为鹞形……所谓八形掌。更有甚者，还配置了人身八卦，即乾为首、坤为股、震为足、坎为腹……乾三连为掌肘肩、坎中满为气沉丹田、艮震腕为脑骨圆形如碗复于顶端，等等。这不明显是牵强附会、生搬硬套、一派无稽之谈吗？

前面讲过，历代八卦掌先贤在完善八卦掌的拳法、拳理上曾做出过辛勤努力，对八卦掌的发扬光大功不可没。但是，我们学习先人的法理要有正确的认识，要取其精华，去其糟粕。据考证，董海川先师及八卦掌第二代传人授徒时均为言传身授，没有给后人留下任何文字。我们不否认后世八卦掌第三、四代传人在拳法、拳理创新上的努力。但实事求是地讲，八卦掌与《易经》真正有内在关系的主要是"阴阳之道"。《周易》曰："一阴一阳之谓道"，又曰："刚柔相推，变在其中矣"。八卦掌法即是阴阳之道，也尽在其中矣。懂得了阴阳相生、互易的道理，八卦掌法则可变化万端，进而神奇莫测。

八卦掌是中国传统武术的一个拳种，其运动形式是"以走转为功""以走转为用""以掌法为变"。八卦掌从董海川祖师到现在已经传承100多年了，经过历代先贤们的辛勤耕耘，如今已得到充分的完善和发展。我们后世传人不应搞玄学，而应讲科学，更要努力学习先贤刻苦练功、不断探索的精神和持之以恒的韧劲，拜明师、求真艺、勤练功，为传承和光大八卦掌事业做出新的更大贡献。

第三节　形意门里的八卦掌

一、李存义创龙形八卦掌

武人为了生计，保守自家的武功绝密，这是可以理解的。但八卦与形意两门拳技例外。

从董海川先师起，八卦门人就与形意门人交往甚密，情如手足。据考证，当年形意门刘奇兰、郭云深两位大师以武会友，到京城走访董海川先生，通过交流切磋武技，双方认为形意、八卦虽然拳技各异，但理法宗一，都以阴阳变化之理为宗旨。他们认为后世学者如能两技相融，互补其缺，可收相辅相成之益。至此，八卦掌和形意拳就结下了不解之缘，在八卦掌第二代传人中出现了李存义、张占奎等形意、八卦兼有成就的武学大师，到八卦掌第三、四代，传人多已兼修形意拳，一直延续至今。

李存义是在形意门中发扬光大八卦掌一艺的重要人物。李存义（1847—1921年），字忠元，深州（今河北省深州市南小营村）人，早年从刘奇兰、郭云深学习形意拳，数年后功有所成，小有名气。后来经友人介绍拜董海川为师学习八卦掌。李存义和张占奎同为刘奇兰之徒，二人已精形意拳，又习八卦掌，技艺大成，在八卦掌的传承、发展、创新上都做出了重要贡献。

民国元年（1912年），李存义等在天津创办北方最大的民间武术团体——中华武士会，亲任会长，公开教授形意拳。在此期间李存义融自己多年所学形意、八卦两门拳艺精华，创编了一套独特的八卦掌套路。这套八卦掌结构新颖，劲路清晰，招式简洁，古朴大气，名曰"龙形八卦掌"。它没有高难动作，易学易练，老少咸宜。

李存义一生授徒颇多，如尚云祥、黄柏年、李海亭、李星阶、周玉祥、郭永禄、郝恩光、张鸿庆、傅剑秋、唐维禄等都是后来较有成就的重要传人。

曾有人发文质疑李存义有"龙形八卦掌"传世，今将李存义先生的高徒黄柏年于1928年所著《龙形八卦掌》一书自序中一段文字抄录如下，以飨读者。"余幼年从李存义先生游，习形意、八卦，少得门径。壮岁从军赖此以教将士。回忆先生以龙形八卦掌示余，由单图而起，至回身掌止，贵为入门基础。故八掌即按乾、坎、艮、震、巽、离、坤、兑八卦是为法之常。嗣将八掌连成一气，分走八门，每门八掌，共化六十四掌。有一定之形，无一定之势，是为法之变常则有迹可寻。变则神明莫测，然终不出单换掌之功。犹若形意拳之不出横拳也。"

黄柏年（1880—1954年），字介梓，今河北省任丘市北三铺村人。15岁拜李存义为师学艺，自后跟随李存义20余年。1912年，黄柏年协师成立天津中华武士会并在会中执教，期间协助师父编撰《形意真诠》一书作为武士会教材。1928年，黄柏年倾心整编李存义传《龙形八卦掌》一书。1931年，黄柏年应当时的南京中央国术馆之聘，担任编审处长一职。

有兴趣的读者可查阅一下黄柏年编著的《龙形八卦掌》一书，此书介绍的八卦掌套路在我看来并不完整。其书作者有言："八卦是为法之常，嗣将八掌连成一气"，"有一定之形，无一定之势，是为法之变常则有迹可寻"。可见当年李存义也只是教人散招单势，说明大意，至于如何演练，则要靠学子研习深悟。

黄柏年所著《龙形八卦掌》的校订者尚云祥、姜容樵、孙禄堂、张兆东、史宝山、刘凤春等均为当时的形意拳、八卦掌名家大师，因此，此书所述的可信度很高。

二、张鸿庆秘传形意门里八卦掌

张鸿庆（1875—1960 年），今天津市宁河区潘庄镇人，20 岁时到天津东郊刘快庄师从刘云济学洪拳。后来李存义到刘快庄教拳，张鸿庆便拜在李存义门下学习形意拳，后随李存义去天津城里。李存义办中华武士会，张鸿庆在中华武士会一边帮李存义办事，一边继续跟李存义学拳，深得李存义赏识，因此，尽得李存义形意拳、八卦掌之真传。1928 年，武士会停止活动后，张鸿庆自筹资金，在天津城里开了武术馆（天津第 25 国术馆），自任馆长兼教练，一直到中华人民共和国成立。张鸿庆一生从事武术教育事业，一方面培养武术人才，一方面传承、创新、发展形意拳、八卦掌技艺，为天津、河北两地的武术事业做出了很大贡献。

张鸿庆一生授徒很多，由于笔者所知有限，在这里仅能向读者提供如下传人名录：张树春、陈炳魁、褚广发、张恩贵、廉若增、张国良、罗仲元、张国才（张鸿庆之徒孙，但其所学拳艺是由张鸿庆先生亲授）等。

张鸿庆在继承李存义传形意拳、八卦掌的基础上，结合自己所学所悟，进一步完善、发展了李存义的八卦掌。他把形意拳的精华融入八卦掌的技艺之中，把形意拳的亦刚亦柔的劲道和八卦掌的快捷步法、灵活身法、多变掌法演绎得生龙活虎，出神入化。例如，在他传的八卦掌（定架子）套路中就巧妙地揉入了形意十二形拳的虎形、熊形、蛇形、骀形、燕形、鹞形等精华拳式；再如，他传的龙形八卦掌（变架子）套路，创造性地与形意十二形龙形拳完美结合，可以说是形意龙形拳巧夺天工的再创造。

张鸿庆先生还传授给少数弟子一套八卦散手掌，这是当年津门"闪电手"张占奎的独门绝技。如果说，前面说的八卦掌定架子、活架子、变架子练法套路是八卦掌的基础功夫，那么这套八卦散手掌就是八卦掌进入实战的自我演习了。这套散手掌将八卦掌的多种步法、身法、掌法融入其中，习者依此进行"无人似有人"的操演，可以提高实战能力。

初习这套散手掌，可按原有固定套路演练，熟练后可根据个人所悟，不用再死守规矩，演练时拳式可增可减，随心所欲，随意变化。

更绝的是，这套散手掌完全可以用八卦独门兵器子午鸡爪鸳鸯钺来演练。其中掌法（式）可一式不改，操练者双手舞动双钺演示这套掌法，更是别具特色。

另外，张鸿庆先生还结合自己多年教学实践创编了八卦掌新的系列套路，如：龙形掌、龙形刀、龙形剑、龙形双钩、龙形双戟、龙形枪等，极大地丰富了八卦掌的拳艺内容，为广大八卦掌爱好者提供了更多更好的学习选择。

三、张鸿庆传八卦掌之特点

1. 讲规矩，重桩功（活桩）

初学入门，必须先练八卦走圈步（蹚泥步），以此为桩（行桩），为下一步练习八卦掌各种架子打好基础。

2. 循序渐进，步步为功

学习八卦掌的程序是：转掌八势（基础八掌）、八卦掌（定架子）、龙形掌（活架子）、龙形八卦掌（变架子）、八卦散手掌（用架子）以及龙形刀、龙形剑、龙形双钩、龙形双枪等器械套路，然后是推手、单操、散手。

先定步，后活步，再行步，一步深一步，步步吃（长）功夫。

3. 以走为功，以走为用，以掌为法

行如龙，动若猴，坐如虎，换势如鹞鹰。走架时步转身随，掌随身变，以腰为轴，以意行气，以气运身，畅胸实腹，气足力实，千变万化，心神不变，浑元一气，意守丹田。

张鸿庆的后辈传人中最有成就者当属褚广发。褚广发（1900—1985年），今天津市宁河区丰台镇人。少年时随本镇拳师唐维禄学形意拳，后经唐师推荐又拜张鸿庆为师学形意拳、八卦掌诸艺，一生追随张鸿庆先生，期间，曾得到尚云祥、薛颠、傅剑秋等前辈大师传授。

褚广发的主要传人有王振国、王绍礼、褚玉明、李西安、张次珍、董玉茂、吴桂忠、张仲泉、邓长久等。

本人于 1987 年开始跟吴桂忠老师系统学习张鸿庆—褚广发传形意、八卦掌拳技。2011 年初，又两次到河北省廊坊市张国才老师家中，重点学习了张鸿庆先生亲传给张老师的八卦掌龙形系列套路，并得到张国才老师形意拳、八卦掌诸多心法传授，受益匪浅。

第四节　健身作用

八卦掌是以掌法和走转为主的拳术，经常练习八卦掌，不但能掌握一定的防身自卫技艺，同时也能收到强身健体、愉悦身心之功效。八卦掌有独特的行桩功法，它的基本练习方法是：在沿圈走转的同时，使上身与腰髋部向圈中拧转；两膝相交，双足交互蹚步行进，配以行气走意。这种行桩功法也称走转法，与人们普通的走路健身方法不同，它有如下益处。

一、强身补肾　防腰病

八卦掌行桩练习法，要求走转时双腿交膝、两足平行蹚步踏进，走圈时上身持续向圈中拧转以及掌势的变换，使得脊椎及附属韧带不断受到牵拉，从而增强了这些韧带的牢固性，可以防止腰椎间盘滑脱等疾病，减少和缓解骨质增生引起的疼痛。上身的持续拧转还能提高腰肌的负荷，预防腰肌劳损。

另外，在进行八卦掌行桩练习时要转动腰脊及腹部，牵动腰、腹及腿部的肌肉、韧带及关节，此处正好是足太阴脾经和足少阴肾经的走行路线。这种拧身走圈的练习方法能使得足太阴脾经和足少阴肾经得到很好的锻炼，从而增强了脾肾功能，充实了后天之精和先天之精。故言：坚持常练八卦掌行桩法，可以起到强身补肾、益脾、开胃之功效。

二、通经活络　提高脏腑功能

八卦掌以走转为功，以掌法为变。练功时要一掌前伸、一掌护后，沿圈走转。要求全身放松，心无杂念，以心行气，以气运身。上肢气达掌指和掌心，下肢气达足趾和足心，所谓"力（气）达四梢"是也。八卦掌习练者通过这种持续不停地绕圈走转，时间不长就会感觉手掌、手指发胀发热，仿佛手指变粗，手掌变得厚大而有力。两足的走转蹚进也会令人感觉足心脚趾发热，走起路来越发轻松自如。这都是气血达于手足梢端的反应。手足梢端有诸多穴位。商阳穴、少泽穴、关冲穴都在手指上，涌泉穴、隐白穴和大敦穴在足心和脚趾，这些穴位在人体属于十二经脉，故练习八卦掌对疏通十二经脉、促进十二经脉之畅通具有很好的作用，所以对预防五脏六腑的疾病是有一定功效的。

三、老少咸宜　相得益彰

八卦掌的一个突出特点在于它能因人制宜，适应各种人的不同需求。一是练习八卦掌不受场地所限，随意选择一处仅有十几平方米的场地足以。二是八卦掌不受固定招式的限制。练习时可以随意调整，年轻力壮者可走中盘或下盘，走几圈或几十圈均可，时间不限。年老体弱者可走上盘掌势，走转数圈即止，掌势变换随意而行，走圈速度可快可慢，一切练习方式均可根据身体情况自行掌握，绝无勉强拘谨之感。

另外，走转不蹦不跳，更无高难动作，看似动作缓慢，招式简单，只是慢悠悠地转圈圈，但就是这一圈一圈的走转变式练习，足以调动习练者全身各大关节参与运动，使其身体得到全面锻炼。所以，常习八卦掌者，鲜少大腹便便，不但平时走路轻盈有力，精气神更是胜常人一筹。

总之，八卦掌之练习方式适于男女老幼各类人群。只要能坚持练习，习练者定会收到不同程度的强身健体、祛病延年之功效。

第五节　技击特点

一、出手不回　连环进击

与人相较，八卦掌、形意拳都强调出手不回、连续进击，如形意五行拳的劈、崩、钻、炮、横五拳都是如此。形意拳是力走螺旋，以步催手，连续用寸劲制敌；八卦掌则是转步变势，不与对方正面交锋，遇敌则斜行绕步走偏门，连环出掌，阳手击肩，阴手打面，翻手击顶，复手打胯，上下翻飞，始终不回，变化无常，使对方防不胜防，终为我所制。

八卦掌的技击要诀是：动以制静，避正打斜，以正驱斜，连环进击。它强调通过不停的走转，变换招式避开对手的正面攻击，而以我的正面（顺势）打击敌手的斜面（背势）。

交手时，如对方上右步、出右手击我头面，我即身微左转，左脚向前上步，同时右手向前沿对方右小臂下向前穿击。敌若来劲较大，我可两脚不动，身向右转，右手翻掌扣腕敷于对方手腕之上，随我身右转向身右侧偏后捋带其手臂，同时我左手可托抓对方右大臂下方，随我右手一起用力，使敌跌出。此谓"顺手牵羊"式。

此其一，如上势敌击我头面之右手来劲不大，我可身向右转、上右步，同时以左手向前穿击替回我之右手。敌若后退，我可晃身绕步，同时两掌交替向前穿击对方胸面，不给对方喘息之机。此谓"连环穿手"式。

二、游走八方　指东打西解群围

八卦掌游走八方，绕步走弧形，与人交手绝不正面对敌，总是沿敌侧面绕步寻隙出击。你打你的，我转我的，忽而前忽而后，忽而左忽而右，如影随形，不急不躁，总在对方左右迂回，攻敌侧背，使敌完全丧失进攻能力，我则占据绝对优势，击敌犹如游戏之中。

八卦掌的游身转步连环掌法最适宜群战打法。如被三五人围攻，则不可慌乱，要稳定心神，看好风势、地形，利用走圈步、九宫步、弧形步、阴阳鱼步法，斜行绕步与敌周旋，寻机转出圈外，找准目标，施以重击，打一儆百，则可转败为胜。

三、身灵步活　掌法奇妙

八卦掌的特点是身灵步活，掌法奇妙。与敌交手不使拙力，不用笨招。《孙子兵法》云："兵者，诡道也。"用小力胜大力，用巧破拙，以弱胜强，临场变化示神奇，是八卦掌的技战术原则。所谓"运用之妙，存乎一心"是也。

如与敌交手，对方上右步、出右手击我胸面，我可上右步、出右手迎之，若敌来势甚猛，我可后（左）脚快速向后撤半步，同时缩胯矮身，前（右）脚随之撤步至后脚前，虚脚点地；此时敌之来劲已卸，我可快速上右步，跟左步，同时以右仰掌穿击敌之喉面。这是典型的"吞吐"技法。

又如，同样是上式，对方上右步、出右手击我胸面，我即上右步、出右手迎之。敌见我出手，即快速右掌翻扣我右腕臂，同时左手按于我右肘上侧，两手合力向前推按。我借此来劲，身快速向左转身90°，同时左脚后撤半步，右脚随之撤至左脚内侧成丁步，此时对方来劲已卸，我可快速向右转身上右步，同时右手臂略外旋，从下向上、向前反击敌之头面。这是"撤步转身反手捶"用法。

再如，同样是上式，对方与我右手臂接手后，用力向前推按，我可随其来劲身向左转90°，同时右脚向前上步扣脚，右掌自身前向左脑后漫头划过，左掌沿左肋向腰后背插，上式不停，身继续左转120°，右掌自右向左从面前下划落于胸前，同时左脚原地摆正，左掌从腰后外旋向前穿出，击敌胸面或接对方来手。此曰"抽身换影"式。

此式另一种用法为：可在转身后，以左臂横掌向前推撞对方之胸肋，趁敌恍惚，身快速再向右转270°，同时以右掌向前横扫敌之右胸肋。这是"左右换影""横扫千军"之打法。

第二章　基本功法

第一节　主要掌法

一、八卦掌主要掌法简述

八卦掌的掌法有很多，如点、削、云、探、穿、拨、拦、截、推、托、带、领、搬、扣、刁、钻、开、合、劈、按、抄、挂、掖、撞、勾、挑、撩、缠，等等。

下面重点介绍推、穿、削、带、劈、探、撞、掖、托、合等掌法。

二、八卦掌主要掌法动作说明

1. 推掌

掌心向前，虎口撑圆；食指向上，中指、无名指、小指的肌肉放松，掌心要空；腕部要下塌，有坐力；肘部稍屈；两肩松沉，臂呈弧形。着力点为全掌，向前推力。

交手时，如对方右手向前击我胸，我可用左手向上、向外划开对方来手臂，同时上步出右掌向前推击对方前胸。

实际应用时，我左手可从对方来手臂内侧向上、向外划，也可从外向内、向下划，推掌可前推，也可横推。

2. 穿掌

五指向前，掌心向上、向后、向左、向右伸出之掌皆为"穿掌"。穿掌着力点在前臂及掌指，前伸时，前臂外旋、虎口半圆，有裹力。

穿掌的用法很多，交手时，如对方来手击我胸面，我既可前穿接手，也可上穿下插，还可转身向后穿插等。

实际应用时，结合步法变化（向前撤后），两掌做连环穿击都是穿掌的常用之法。

3. 削掌

四指并拢，掌心向上，拇指外翻，虎口半圆，着力点在小指一侧掌沿。实际应用时，可利用小指外沿一侧向对方颈部片击，即为"削掌"。

交手时，如对方以左掌击我前胸，我可用左手向下拦压其臂肘，同时我右掌向上，以小指一侧掌沿削击对方颈部，亦可掌心向下、向前横击对方喉颈。

4. 带掌

带掌是八卦掌中最常见的掌法之一。它讲究用劲的灵活巧妙。实际应用时，要顺着对方来力方向捋到己身一侧，然后突然加大力猛烈采捯之。

如对方出拳（掌）向我胸部打来，我可出掌接手，顺势带领，趁敌不备，突然用力捋带，使对方跌仆在地，此曰"顺手牵羊"。在捋带时，突然变向，改为向左或向右加力横带，名曰"横芶"；如向地面采带，名曰"千斤坠"。

5. 劈掌

五指自然分开，小指向下，自上而下发力，划弧而劈，着力点为小指一侧掌沿。

交手时，如对方出掌击我胸腹，我可一掌拦截，一掌用小指外沿自上而下劈击对方头面颈，此式名为"斜肩带背"。实际应用时，可一掌单劈，也可两掌轮番连续劈击。在八卦掌中，连番劈击被称为"风轮掌"。

6. 探掌

四指并拢前伸，拇指自然展开，着力点在四指指尖，从下向上、向前用掌指插击对方胸喉面，名曰"探掌"。向前插（穿）击对方胸肋面，此为"前探掌"；转身向后插击对方腹部，名曰"后探掌"。

实际应用时，探掌不论是向前插（穿），还是向后插，都可用仰掌，亦可用俯掌。

7. 撞掌

两臂呈弧形，双掌掌指相对，掌心向前、向外横撞，着力点在全掌。

撞掌的用法很多，交手时，如对方正面出双掌击我胸腹，我即用双掌下按其掌臂化其来劲，然后突发双掌向前推撞对方前胸。此式在形意拳中，谓之"虎扑"，在八卦掌中名曰"双撞掌"。

又如，对方上右步出右掌击我胸，我可向对方右侧上左步避开对方来势，然后突然转身上右步用双掌向前撞击对方右肩臂。这是八卦掌避正打斜之用法。

8. 掖掌

掌指向下，掌心向前，即向对方腹部或肋部塞打，名曰"掖掌"。

交手时，如对方以右掌击我前胸，我用左掌从下向上托架对方来手臂，随之上右步，用右掌向前塞打对方腹部，名曰"推窗望月"。

此式另一用法：对方以右掌击我前胸，我以左手从其来手内侧接手并向外捋带，随之身向左转、上右步，同时以右掌塞打对方肋腹，拇指向下，掌心向外，横掌向前，力点在全掌，谓之"黑熊踏掌"。

9. 托掌

一手捋腕，一手掌心向上托其肘部；或双手的掌心向上托住对方来手的肘部，使其不得击我，名曰"托掌"。这是防守用法。如果双掌掌心向上，掌指向前，即向对方腹部托打，也叫"托掌"，这是进攻的打法。形意拳中的虎形、鲐形有这种打法。八卦掌中的"双托掌"还有一种双掌向上托打对方下颏的打法，名曰"白猿献果"。

10. 合掌

双掌从身体两侧向前、向上合击对方头面，曰"双合掌"。

交手时，如对方用双掌击我胸，我可起双手臂自下向前，从对方来手内侧向外撑开对方两手臂，此为"开"，然后我突然双掌向内合击对方头面，即谓之"双合掌"。

第二节　主要步型步法

一、八卦掌主要步型步法简述

八卦掌是以掌法变换和行步走转为主的拳术。步法是八卦掌之根，八卦掌之练习是在不停的走转中变换不同的步法、身法、掌法，以提高习练者的技艺和功夫。正确、清晰的步法，灵活巧妙的变化，在八卦掌中尤为重要。因此，我们在初习八卦掌时，一定要准确地掌握好八卦掌的各种步型、步法，为下一步练好八卦掌的各种拳架子打好坚实基础。

二、八卦掌主要步型动作说明

八卦掌主要步型有弓步、马步、仆步、虚步、歇步、丁步、前提膝步、半马步、八字步等。

1. 弓步

两脚前后错位站立，相距本人脚长的 4~5 倍；前腿屈膝之大腿接近水平，膝盖不能超过脚尖；脚尖微扣，不超过 5°；后腿伸膝挺直，脚掌内扣 45°，或不小于 30°；两脚均全脚掌着地，身体重心略偏于前脚。左脚在前，称为"左弓步"；右脚在前，称为"右弓步"。

要点：前腿弓，后腿蹬，臀下沉，胯下压，头上领，颏微收。两脚左右间距约一脚宽（脚的横宽度），不要站在同一条线上。

2. 马步

两脚平行横向分开，相距本人脚长的 3~3.5 倍，脚尖均向前，全脚掌着地踏实，脚趾抓地；两腿屈膝下蹲至大腿接近水平，膝尖不可超过脚尖；重心落于两脚之间。

要点：两脚开立下蹲后，头顶百会穴上领，有被绳向上悬提之感；臀部如欲坐凳上；十趾抓地，踝关节周围的筋肉着意用力；裆略高于膝。

3. 仆步

两脚平行横向分开，后腿屈膝下蹲，脚尖稍向外摆，一般后腿膝尖与后脚脚尖斜向同一个方向；前腿前仆，腿尽力伸直，前脚脚尖稍向里合；两脚掌着地踏实，脚趾抓地，重心偏于后腿。

要点：下蹲仆腿时，上身尽量保持正直，不可前仆后仰，头部顶劲不丢；两脚着地踏实，不可掀脚掌离地。

4. 虚步

两脚前后分开，一只脚的全脚掌着地踏实，另一只脚脚跟提起，前脚掌虚着地。重心位于实脚（后脚）。

要点：两脚虚实分明，屈膝坐胯，塌腰正脊，虚领顶劲，身体不可前俯后仰。松腹沉气。

5. 歇步

两腿交叉靠拢全蹲，前脚脚掌着地，脚尖外展；后脚前脚掌着地，脚尖外展，臀部落坐于后腿小腿上。右腿在前，称为"右歇步"；左腿在前，称为"左歇步"。

要点：前腿脚跟向外蹬，脚尖尽力外展，后腿抵紧前腿。

6. 丁步

两脚开立，相距约本人一脚长，两脚掌相互垂直呈"丁"字形，两腿略屈膝下蹲的步型，统称为"丁开步"。丁开步在八卦掌中使用较多，这类步型以两脚掌方位不同划分为正丁开步和反丁开步两种类型。本书介绍的套路多采用的是反丁开步。即操练时，一脚脚尖朝前，另一脚外摆至脚跟正对前脚内侧 1/2 处。

7. 前提膝步

一腿支撑身体全部重量，其膝略屈，其足着地落实，脚趾抓地；另一腿膝部上提，悬脚前抬。

要点：独立之腿略屈膝，脚掌全着地踏实，另一腿松胯提膝，两膝里合，提气。

8. 半马步

半马步是以马步为基本型变化衍生而成的同类步型。操练时，将一脚外展 45°，同侧膝和上半身亦随之向同一方向转 45°，类似马步。

9. 八字步

两脚开立同肩宽，屈膝松胯，两腿微下蹲，两脚掌向内相合的步型在八卦掌中称为"内八字步"，反之，两脚掌向外摆开，则称为"外八字步"。

以上 9 种步型是八卦掌中最基础的步型。熟练掌握这些步型，可以在八卦掌练习中瞬间转形换式，做到式与式之间的衔接稳静顺遂。

三、八卦掌主要步法动作说明

八卦掌的步法非常丰富，主要步法有直行步、斜行步、弧形步、摆扣步、连环步、后插步、盖步、九宫步、阴阳鱼步、走圈步等。

1. 直行步

双脚并立，松胯屈膝，两手臂在身体两侧自然下垂。重心移至右脚，左脚轻轻提起，尽可能不抬脚跟，微蹭右脚内踝处，向前行一步，五趾微下扣，不掀脚尖，全腿放松，目视前方。

左脚落地，重心左移，右脚随即轻轻提起，经左脚内踝向前直行一步，松胯屈膝，五趾抓地，勿抬脚尖，全腿放松。如此左右交替向前直行，步数不限。

回身时，右脚向左脚前扣步，脚尖里扣成丁步。随之重心右移，左转回身沿直线上左步，再上右步，如此交替，沿原路线返回。行至起势处扣右步，左转回身收势。

要点：行走中，要上身放松，头顶项竖，松肩垂臂，含胸拔背，塌腰正脊，提肛溜臀，呼吸自然，气沉丹田。身体不可前俯后仰，左右摇晃，上下起伏。两脚前行尽量做到平起平落，虚实分明。

2. 斜行步

起势时，两脚并立，两手臂自然垂于身体两侧，然后左脚向左前方斜角上步，左手同时向前伸出，手心向上；右脚向左脚前上步，左脚再向右脚前上一步，同时右手从左小臂下向前穿出，掌心向上，高与口齐；左手同时收至右小臂内侧，掌心向下。眼看右手。

上动不停，身向右转，右脚向右前方斜角上步，同时右手向右前方伸出，手心向上，高与口齐；然后左脚向右脚前上步，右脚再向左脚前上步，同时左手从右小臂下向前穿出，手心向上，高与口齐；右掌收至左小臂内侧，掌心向下。眼看左手。

如此交替向左右斜角上步、穿掌，时间长短可根据个人情况自行掌握。

回身时，右脚向左脚前上步扣脚，然后身向左转，随之左脚外摆，同时左手向左侧前方伸出，手心向上；然后右脚向左脚前上步，左脚再向右脚前上步，同时右手从左小臂下向前穿出，掌心向上，左掌随之收至右小臂内侧，掌心向下。眼看右手。然后身向右转，右脚向右前方斜角上步，左脚向前上步，右脚再向前上步。如此交替沿原路线返回到原起势处，再左转回身收势。

要点：斜行步与直行步要点基本一致，只是行进路线要走左右两个斜角，上盘配合左右穿掌。

3. 弧形步

弧形步有以身体左侧对弧心的"左弧形步"和以身体右侧对弧心的"右弧形步"。

两脚错步站立，身微下蹲。后脚脚跟先离地，以前脚掌蹬地，向前上步，由脚跟着地逐渐过渡到全脚掌踏实，而且对弧心一侧的脚落地时，脚尖要微外摆，着力点偏重于脚外侧；另一脚前迈落步时脚尖则微里扣，着力点偏重于脚内侧，身体向弧心微侧倾，使离心力和体重的合力正好通过支撑脚。如此交替行进不满一圆（圈）者，均称"弧形步"。

4. 摆扣步

移动脚脚掌外摆（外旋）落地，脚尖朝体外侧，此为"摆步"，用于身体向移动脚一侧拧转；移动脚脚掌内扣（内旋）落地，脚尖朝体内侧，此为"扣步"，用于身体向支撑脚一侧拧转。

在八卦掌中，摆步和扣步是用于变转方向的基本步法。将摆步和扣步组合运用的步法，称为"摆扣步"。

5. 连环步

两脚前后错步开立，如左脚在前，右脚在后，右脚向左脚前上步，然后左脚向右脚前上步，右脚再向左脚前上一步，重心偏于后脚。此法即为"连环步"。

要点：练习时，两脚前后连续交替向前上步，要快速不间断。行步时，两手可配合步法交替向前穿手。

6. 后插步与盖步

后插步与盖步都是向左右横向移动的基本步法。它们在完成步法时所呈现的步型，均为叉步。

两者的区别在于：以开立步为预备式，后插步是一脚经另一脚后向对侧横向插出，两腿交叉，插出腿直，不动腿屈。

盖步是一脚经另一脚前向对侧横向盖步，落地时脚尖外展，两腿交叉，盖步腿屈，不动腿直。松胯略屈膝，两腿夹紧，身不摇膀不晃，气沉丹田。

7. 九宫步

八卦图中的每一卦各为一宫，加上正中的阴阳鱼（为中宫），合称为"九宫"。将9个标志物按一定的株行距分布于九宫位置，习练者在其间穿行绕转，随意变换拳式，所行步法称为"九宫步""飞九宫"，也有人称其为"阴八卦"。

要点：挑选长于习练者身高的竹竿或木棍，下端绑上铁钎，用时，将竿棍插入设定的九宫方位上；如无竿棍，可在九宫位置上分布砖石或画圆圈代替；如在树林中，亦可通过随意穿绕树株进行锻炼。

初习九宫步时，株行距应略宽一些，一般为5尺（1米7左右），往后逐渐缩小，直至仅容身体拧转穿绕其间。穿行时，采用行步（蹚泥步）配合八卦掌的穿手法，每到一个方位，可转身绕步（走摆扣步），也可直接绕走。

另一种练法是，在九宫方位上，按一定间距埋上略高于人的木桩，行宫时，可随意在某个桩位上练习贴身靠打的功夫。

8. 阴阳鱼步

阴阳鱼步是一种绕圆走转时，穿越圆心走至对侧圆圈上，再变换绕圆方向的步法。因其足迹形成的路线近似阴阳鱼图案，故名。其技击含义是假设敌在圆心，我在圆圈外绕敌走转，一旦得机得势即向敌进攻，也就是向圆心换掌（式）出击。（具体练法可参阅 2019 年 11 月由北京科学技术出版社出版的《会练会养得真功》一书，内有详细介绍。）

9. 走圈步

练习内家拳讲究练内功，内功的起步功夫是桩功。练习太极拳、形意拳都要练桩功。八卦掌也一样，初习八卦掌也要练桩功，但八卦掌的桩功不是站出来的，而是用蹚泥步法练走圈，八卦门管这叫"行桩"。八卦门历来有"百练不如一走"之说，可见其对"走"的重视程度。但这"一走"，并非普通人走路那样随意。八卦门的"一走"是用特殊的方法，经年累月，甚至投入一生的时间练出的一种既能健身养生，又能提高技击水平的"走圈蹚泥步"。

走圈步是八卦掌最基础，也是最重要的步法。只有先练好了走圈蹚泥步法，才能进一步学习后面的八卦掌定架子、活架子、变架子等各种八卦掌拳械套路。

走圈步虽然动作不多，看似非常简单，但是要想练好，并不是一件容易的事。比如说下盘练法，首先，八卦掌的"走"是走"蹚泥步"，走圈就是练好这个蹚泥步。走圈时，里足要直行，外足微微向圆心里扣，这样才能走成圆形，如果外足也直行，就成走直线了。现在有些人走圈里足不直行，而是向里掰着走，这样看似走圈容易，可是一走，裆就敞开了。所以只有里足直行，外足里扣的走法才能起到合膝掩裆、护下盘的作用。

走好蹚泥步的关键是"一意五劲"。"一意"是指"步若蹚泥"的意念。要求一动就感觉脚的周围都有泥水的黏力。脚底似有泥水黏吸，脚跟后似有泥水黏拖，脚的左右似有泥水黏附，脚前似有泥水黏阻，脚背似有泥水黏压。这种蹚泥感，既有助于诱导内气流注脚底，与地气交融，又能促成两脚向前平平移动，好像生怕泥水溅脏裤腿，又像盲人行路沉着劲、探着走似的。

"五劲"是指从起步到落步这一过程中，相继运用的蹬、踢、摩、探、踩五种劲法。移动脚起步时，整个脚掌要有蹬劲（包括脚后跟参与用力），使脚掌快速平行地离地前移（离地面不超过寸许）。紧接着，脚背和小腿胫骨夹角处以向前的踢劲促足前移，随之移动脚内侧靠近支撑脚内踝摩胫而过（摩劲），移动脚前移至将落地的瞬间，要以探足促使脚掌继续向前、向下探进寸许。然后，全脚掌平平踩踏落地（踩劲），如欲踩死毒蝎一样。上述"一意五劲"交融于步，促成脚掌平起、平移、平落，步法快速蹚进。

关于脚的练法要注意：涌泉穴微提与丹田相接；脚踵松沉，五趾向前蹚进时要有顶劲。这种练法的最大好处是能够克服翻蹄亮掌之弊病。用这种练法蹚出功夫后，脚后跟就不会抬得过高了。

初习转圈，不免腿脚会有僵劲，此时不可着急五趾抓地，如若不然，腿部的肌肉会因负重而紧张，无法放松，进而影响功夫的长进。另外，腿脚不能放松，气血就不会顺畅下沉，久之，有可能造成习练者患高血压。

我的师父教我们的练法是：从头到脚要做到头顶项竖，松肩坠肘，含胸拔背，塌腰溜臀，坐胯屈膝，畅胸实腹，气沉丹田，降至涌泉。行步时，一定要做到全身放松，要松到脚趾肚，两脚平起平落。脚趾不可抓地，要平铺于地，两脚足趾间要略有间隙。足趾如此，手指亦然。换言之，既要像鸭蹼那样脚趾平铺展开，又要像猫科动物那样足底肉垫吸附大地，注意是吸附，不是抓地。行步时，在全身放松的前提下，将内气运到足底，此时的意念是足底吸附大地，人与大地成为一体，人气与地气相融，仿佛利用地球的磁力，人的灵气，保持蹚泥步的行进。此时，呼吸要顺畅自然，运用腹式呼吸，以心行气，以气运身。记住一句话："千招万招不为奇，浑元一气是真诀"。

四、走圈步练法动作说明

1. 预备式

沿着圆圈北端并步站立，面向西方；两手臂在两腿外侧自然下垂，手心向内，手指向下；眼平视前方（图 2-1）。

要点：头虚领顶劲，项要竖直，松肩坠肘，塌腰直背，气沉丹田，全身放松，精神集中。

2. 起势

两手臂外旋，掌心向上自身体两侧徐徐向上托起，吸气收腹，当两手高过头时，两手臂内旋，掌心向下，掌指相对合于面前，经体前缓缓下落于腹前；同时屈膝坐胯，身体略下坐，呼气松腹，气沉丹田；眼看身前（图 2-2、图 2-3）。

要点：两掌上起时要有托劲，下落时要有捋按劲。起吸落呼配合得当（很重要）。两掌下沉至腹前时，两臂呈弧形。

图 2-1 　　　　　　图 2-2 　　　　　　图 2-3

3. 行步左转圈

身微左转，两掌不变，向圆心拧腰 45°（逐渐拧转到 90°）；重心移至右足，左脚轻轻提起，经右足内踝沿圈向左前行上步，脚尖直向前；眼看前方（图 2-4）。

上动不停，左脚落地，重心前移至左脚，随之右脚轻轻提起，向前轻摩左足内踝向前上步，脚尖微里扣。两手位置不变。眼平视前方（图2-5）。

图 2-4 　　　　　　图 2-5

要点：前行时，腰胯要坐住，两膝微屈，身体不可上下起伏，左右摇摆；两脚前行要平起平落，身体放松，气沉丹田。

如上所述，两脚交替沿圈向前走转。初习走圈，圈子可大些，可走10步、12步一圈。练习纯熟后，可逐步改为 8 步或 6 步一圈，圈子越小越吃功夫。总之，根据个人情况来定圈子大小，圈数不限。

4. 回身

当左转圈行步至起势处时，右脚向前上步，脚尖向圆心里扣成丁八步，同时向左拧身回头，眼平视前方（图2-6）。随之身向左转，左脚沿圈向前上半步，脚尖直向前。眼平视前方（图2-7）。

图2-6　　　　　　　图2-7

5. 右转圈

接上式，重心移至左脚，右脚经左足内踝沿圈直上一步，同时向右拧腰45°，两掌相对，掌指相对置于腹前；呼吸自然，腹松气沉。眼平视圆心（图2-8）。

然后两脚沿圈向右走转，圈数与行步左转圈相同。

要点：同行步左转圈，唯行进方向相反。

6. 收势

向右走圈行至起势处时，向圈里扣左脚，向右转身，回身后，右脚沿圈向前上步，然后重心右移，左脚向前与右脚并步；随之两手臂略外旋，掌心向上，自身体两侧向上徐徐托起，同时吸气收腹。眼平视前方（图2-9）。

上动不停，两手上托过顶后，两手臂内旋，掌心向下，掌指相对，经体前缓缓下落至腹前，同时坐胯屈膝，呼气松腹，气沉丹田，眼平视前方（图2-10）。

接上动，身体缓缓上起，两手臂略外旋收至身体两侧，掌心向内，掌指向下，还原预备式姿势，身体放松，眼看前方（图2-11）。

要点：走圈时，呼吸要自然，不努气，不较劲，身体要放松。

走圈时，里足要直行，外足要沿圈呈弧形上步，这样才能做到合膝掩裆、拧腰转掌，为练习八卦掌的下一步功夫打好基础。

走圈时，一般以中盘中速为宜。如求深层次功夫，可练习下盘快速走圈步法，但要遵循循序渐进的原则，不然，欲速则不达。

图 2-8　　　　图 2-9　　　　图 2-10　　　　图 2-11

第三章　套路练习

百家功夫

第一节　转掌八式（基础八掌）

一、转掌八式简述

在掌握了八卦掌蹚泥步的要领，特别是掌握了走圈步法后，就可以练习转掌八式了。转掌八式是八卦掌系列中以单一拳式进行走转的运动形式。因走转时拳式不变，所练拳式一般固定为八个式子，故又称"定式八掌"。目前，八卦掌各支系传习的拳式不尽相同，共有 30 多个式子，它们大同小异，各有所长。

本门传承的转掌八式有下沉掌（猛虎下山）、双托掌（大鹏展翅）、双撞掌（怀中抱月）、下掖掌（黑熊探掌）、指天画地（立桩掌）、双撑掌（阴阳掌）、双抱掌（狮子张嘴）、推磨掌（青龙探爪）。

转掌八式是八卦掌最基础的掌法。练习转掌八式的目的有三：一是要进一步夯实蹚泥步基础，二是初步掌握八卦掌基本掌法的劲道变化，三是要练习八卦转掌"拧腰"功夫。

转掌拧腰有三种：一曰"推磨"，二曰"转磨"，三曰"拉磨"。

拧腰指走圈时，胸口（膻中穴）和头部的口、鼻在里足直迈的行走中一起拧着对正圆心。歌曰："步弯脚直向前伸，形同推磨一般真"，正是此意。"推磨"是初步功夫，即转掌时上身向圆心稍拧腰，角度在 45°左右，此式容易掌握。

"转磨"要求里足直行，同时颈项、胸口对正圆心，拧腰角度不小于90°。这种拧腰姿势不易练习，只有下功夫，才能做到腰如轴立，身随步转。

　　"拉磨"是最难练的功夫。练习时，人向前行，手在身后，如同人拉着磨转一般。此势拧腰角度不小于120°。拉磨练好了，腰上就非常活了，身上的横劲自然就有了。与人交手在任何时候都能使自己从被动的状况下解脱出来。有志深研八卦掌高深功夫者，可以追求此功。此功虽然难练，但只要持之以恒，功夫总会上身，不过最好有明师指导，免出偏差。

　　我的师父曾对我说："形意拳的功夫出在五行拳上，八卦掌的功夫出在转掌八式上。转掌八式虽动作简单，易学易练，但不下一定苦功夫，功夫也上不了自己身上"。

　　前面讲了，学习转掌八式是为了初步掌握八卦掌一些基本掌势的劲道变化，练习身腰与转步的协调性，还有更重要的一点是练习内外气劲相合。走圈转掌时，要以意领气，气沉丹田，气运全身，练出（明白）每掌的劲力，可由中盘中速过渡到下盘慢速练习，以求内力（内气）增长。练习时，每圈走8步，走10圈后换式（也可以根据个人情况掌握圈数）。先向左转圈，然后用同样的动作向相反的方向换成右势，继续沿圈走转同样圈数，如此一掌才算完成。练习时，可根据个人情况练习数式，掌式数目、圈数可多可少，掌式和转圈顺序也可任意调换。练习时可不拘一格，重要的是按正确的掌式、走转要领认真操练，这样，练习日久，功夫自然上身。

二、转掌八式动作名称

预备式

第一掌　下沉掌（猛虎下山）

1. 左转圈　2. 回身换式　3. 右转圈　4. 收势

第二掌　双托掌（大鹏展翅）

1. 上步穿掌　2. 左转圈　3. 回身换式　4. 右转圈

第三掌　双撞掌（怀中抱月）

1. 合耳推掌　2. 左转圈　3. 回身换式　4. 右转圈

第四掌　下捋掌（黑熊探掌）

1. 左转圈　2. 回身换式　3. 右行步转圈

第五掌　指天画地（立桩掌）

1. 左转圈　2. 回身换式　3. 右转圈

第六掌　双撑掌（阴阳掌）

1. 白蛇缠身　2. 左转圈　3. 回身换式　4. 右转圈

第七掌　双抱掌（狮子张嘴）

1. 白蛇缠身　2. 左转圈　3. 回身换式　4. 右转圈

第八掌　推磨掌（青龙探爪）

1. 叶底藏花　2. 青龙返身　3. 左转圈　4. 回身换式　5. 右转圈

6. 收势

三、转掌八式动作说明

预备式

面向西方，两脚并立，站于直径 2~3 米的圆圈北侧线外，身体左侧对着圆心（图 3-1）。两手臂同时外旋，从两侧向上托起，手心向上；眼平视前方（图 3-2）。两掌托至略高于头时，两臂及时屈肘，两掌合于额前，掌心相对；随后沿胸前向下按于小腹前，掌心斜向下，掌指相对；两腿随两掌下按略屈膝坐胯；眼看身前（图 3-3）。

要点：头顶项竖，下颏微收，舌顶上腭，含胸拔背，身体自然放松，气沉丹田，降至涌泉。两手臂上托时，吸气收腹，上托有举物之意。两掌下按，呼气松腹，屈膝坐胯。

图 3-1　　　　　图 3-2　　　　　图 3-3

第一掌　下沉掌（猛虎下山）

1. 左转圈

上身左转，双掌位置不变，向圆心拧腰转体45°（逐渐拧转至90°），重心移至右腿，提左脚，经右脚内侧向前直上一步。呼吸自然，气沉丹田。眼看圆心（图3-4）。

上动不停，重心移至左腿，右脚经左足内踝沿圈前行一步，落地时，脚尖微向里扣，两掌姿势不变。呼吸自然，气沉丹田。眼平视圆心（图3-5）。

图 3-4　　　　　图 3-5

要点：两脚走蹚泥步，交替沿圈向左转行，练习双掌下按之力。走转时，精神集中，气沉丹田，圈数不限。

2. 回身换式

接上式，行至起势之处时，右脚向左脚前上步，脚尖里扣，成丁八步；身微左转，两眼回视（图3-6）。

上动不停，重心移至右腿，身随步转，以腰带动双掌向身右侧划平弧，两掌置于腰右侧，掌心向下；然后向左转身，左脚沿圈向前直上一步。呼吸自然，气沉丹田。眼看圆心（图3-7）。

图 3-6　　　　　　　　图 3-7

要点：转身时，以腰带动双掌转动，步要稳，身要正，肩要平，气要顺。

3. 右转圈

重心移至左脚，右脚经左足内踝沿圈线直上一步，同时向右拧腰45°（逐渐拧转到90°），双掌掌指相对，掌心向下，置于腹前。呼吸自然，气沉腹松。眼平视圆心（图3-8）。

两脚沿圈向右走转，圈数与前式左转圈相同。

要点：与左转圈式相同，唯行进方向相反。

图 3-8

4. 收势

右转圈行至起势处，右脚在前时，左脚向右脚前上步，脚尖里扣，成丁八步，转身换式此处与回身换式动作相同，方向相反。到此下沉掌一式完成。可以收势，也可以按前述左右转掌方法继续行走操练。

要点：转掌八式操练时，可一掌单练，也可以数掌连续演练，一切均根据个人情况而定，但练习时务必要左右式都练。

走圈时，要身心放松，呼吸自然。走转熟练时，可以在双掌划弧时，吸气收腹；转身后出脚进步时，呼气松腹，气沉丹田。但走圈的时候，必须要自然呼吸，不可努气、憋气。

练习时，始终保持头顶项竖，塌腰坐胯，屈膝蹚步；两肩要松沉；两臂微曲、有弧度，以意领劲；双掌要始终有下按之力。

用法：与人交手时，对方上右步，用右掌（拳）击我胸腹，我可左脚后退半步，右脚随之退至左脚前，成右虚步；同时我以双掌下按对方来手，以卸其力。

上动不停，我前（右）脚向前上半步，左脚跟进；同时我以双掌向对方胸腹猛力推击。

第二掌 双托掌（大鹏展翅）

1. 上步穿掌

接上式，下沉掌右转圈至原起势处时，左脚向前上步，脚尖里扣，身向右转 180°，右脚尖沿圈向前摆正；同时两掌上提至胸前，掌指相对，掌心向前，两臂呈弧形。随后，两手臂向身体两侧平行展开划弧，然后两手臂内旋划至两腰侧，掌心向上、向前穿至胸前，掌指向前，掌心向上；同时左脚沿圈向前直上一步，眼看身前（图3-9、图3-10）。

图 3-9   图 3-10

要点：转身上步要稳，提掌划弧时，两臂要呈弧形。

2. 左转圈

身微左转，右脚经左足内踝沿圈向前上一步，脚尖微里扣，同时两掌臂向身体两侧平行展开，掌心向上，高与肩齐。呼吸自然，气沉丹田。眼向圆心平视。然后左脚经右足内踝向前直上一步；两掌位置不变。如此两脚交替沿圈向左走转数圈（图3-11）。

要点：练习两掌既上托又沉肘，里合又有外开、前伸的螺旋之力。

3. 回身换式

左转圈行至起势处，右脚向左脚前上步扣脚，成丁八步。同时坐胯合膝，向左拧腰。双掌臂随之内旋，随转身向后、向下划至两肋侧，然后两掌外旋向前穿托至胸前，掌指向前，掌心向上，同时左脚沿圈向前直上一步。呼吸自然，气沉丹田。眼看身前（图 3-12、图 3-13）。

要点：转身拧腰、扣脚掰步，上下协调一致，两掌后划有搂勾之意，前穿有托顶之力。

图 3-11　　　　　　图 3-12　　　　　　图 3-13

4. 右转圈

重心移至左腿，右脚轻贴左足内踝沿圈直上一步；同时向圆心拧腰转身 45°（逐渐拧到 90°），然后两脚交替向前沿圈向右走转（圈数与左转圈相同）。两臂随之向身体两侧平伸，肩松肘坠，掌心向上，高与肩平。呼吸自然，气沉丹田。眼看圆心（图 3-14）。

要点：与左转圈式相同。

行至原起势处，用相同动作，方向相反，换成左式，至此，此式才完成。

图 3-14

用法：如对方上右步出右掌击我胸面，我即上右步，同时以右掌从其来手外环接其手臂。

对方若用力推我右臂肘，我可向左闪身上左步，随其来劲（来势）以腰带手向右勾搂其手臂，然后迅速上右步，用双掌穿击对方脖颈。

第三掌　双撞掌（怀中抱月）

1. 合耳推掌

接上式双托掌右转圈，行至原起势处时，左脚向右脚前上步，脚尖里扣，身向右转 180°，随右转身，右脚沿圈上掰步，随之双掌向后平摆，然后合于两耳侧，掌心向内，掌指向后，肩松肘坠。眼看身前（图3-15）。

上动不停，身向左转拧腰 45°，随之双掌掌指相对，掌心对向圆心，屈肘圆臂向前推出。眼看圆心（图3-16）。

要点：两掌随转身掰步，划弧合于两耳侧，双掌有划拨之意。拧腰转体、双掌前推有推撞之力。

2. 左转圈

重心移至右腿，左脚经右足内踝处沿圈向前直上一步，两掌位置不变；然后两脚交替向前沿圈向左走转 3 圈。松腹沉气，呼气自然。眼看圆心（图3-17）。

要点：屈膝坐胯，蹚步前行，两掌有圆撑横撞之力。

| 图 3-15 | 图 3-16 | 图 3-17 |

3. 回身换式

左转圈行至原起势之处时，右脚向左脚前上步，脚尖里扣，成丁八步。屈膝坐胯，身向左转，同时两掌外旋向两侧平展，掌心向上，高与肩齐。眼看左手（图 3-18）。

上动不停，重心移至右腿，身继续向左转，左脚沿圈掰正，脚尖向前；同时两掌向后划弧合至两耳侧，掌心向内，掌指向后。眼看前方（图 3-19）。

上动不停，身向圆心拧腰转体 45°，同时两掌掌指相对，掌心向圆心屈臂推出。眼看圆心（图 3-20）。

| 图 3-18 | 图 3-19 | 图 3-20 |

4. 右转圈

重心移至左腿，右脚经左足内踝沿圈向前直上一步，两掌位置不变；然后双脚交替向前沿圈向右走转3圈。眼看圆心（图3-21）。

行至原起势处时，用同样动作，方向相反，再换成左转式。至此，双撞掌一式才算完成。

要点：转身换式要动作清晰，身法协调，松腰坐胯；两肩臂不可僵硬；两掌外推要有横撞之力。

图 3-21

用法：如对方上右步出右手击我胸部，我即上右步出右手向前穿掌接其来手。

如对方来手劲很大，我则随其来力，身微右转，以腰劲带我右掌臂向下敷盖其来手，并向我右后引之，以卸其力，接着我突然上右步跟左脚，同时双掌内翻，合力向前横撞对方右臂膀，对方必向后倾倒。

第四掌　下掖掌（黑熊探掌）

1. 左转圈

接上式双撞掌右转圈，行至原起势处时，左脚向右脚前上步，脚尖里扣，身向右转180°。右转身后，重心移至左腿，右脚外摆，脚尖直向前；随之向左拧腰，左掌外旋，向下、向圆心推掖，掌指向下，掌心向外，沉肩坠肘；右掌划至左肘上，掌心向下。眼看圆心（图3-22）。

上动不停，重心移至右腿，左脚经右足内踝沿圈向前直上一步；两掌位置不变。然后两脚交替向前沿圈向左走转3圈。呼吸自然，松腹沉气。眼看圆心（图3-23）。

图 3-22　　　　图 3-23

要点：左掌外旋，向下、向圆心掖掌，有推撞之意。

2. 回身换式

当左转圈走转至原起势处时，右脚在左脚前扣步，成丁八步，坐胯合膝，双掌不动；身向左转，拧腰，松腹沉气，呼吸自然。眼看前方（图3-24）。

身继续左转，重心移至右腿，左脚沿圈上掰步，脚尖向前；同时右掌臂外旋，掌指向下，掌心向前，从左肘下向圆心掖掌；同时左掌内旋，掌心向下，置于右肘上。松腹沉气，呼吸自然。眼看前方（图3-25）。

要点：回身时，身要稳，肩要平，胯要坐，换式要快，气要顺，摆扣步要清晰。

图 3-24　　　　　图 3-25

3. 右行步转圈

重心移至左腿，右脚经左足内踝向圈上直行，两手臂位置不变。然后两脚交替沿圈向右走转 3 圈。呼吸自然，气沉丹田。眼看圆心（图 3-26）。

走转至原起势处时，用相同动作，方向相反换成左式，至此，下掖掌式完成。

要点：与左转圈式相同，唯方向相反。

图 3-26

用法：如对方上右步，用右掌击我胸部，我可向对方身右侧上左步，斜身闪避对方攻势，同时用左掌向右推对方的右肘臂。上动不停，我右脚向前上半步，同时用右掌掌心向前掖撞对方肋部或腹部。

实战时，以上两个动作要一气呵成，方为妙用。

第五掌　指天画地（立桩掌）

1. 左转圈

接上式下掖掌右转圈，行至起势处时，左脚向右脚前上步，脚尖里扣，身向右转180°，右转身后，重心移至左腿，右脚沿圈上掰步，脚尖向前；左手臂外旋，左掌掌指向上贴左胸沿左耳侧向上拧钻，掌心向后；同时右手臂外旋，掌心向左，掌指向下，极力拧臂下插。左臂尽力贴耳，右臂尽力贴向左胯外，两臂自然微屈，同时向圆心拧腰约90°；然后两脚交替向前沿圈向左走转3圈。自然呼吸，气沉丹田。眼看圆心（图3-27、图3-28）。

图 3-27　　　　图 3-28

要点：两手臂上指下插要有拧钻螺旋之力。

2. 回身换式

接上式，当走转至原起势处时，右脚向左脚前上步，脚尖里扣，成丁八步。坐胯合膝，双掌不变。重心移至右腿，向左拧腰，转身回视（图3-29）。

继续向左转身，左脚向圈上摆脚，脚尖直向前；同时双掌上下互换，右掌极力上穿（指），左掌极力下插。松腹沉气，呼吸自然。眼看身前（图3-30）。

要点：转身要稳，不可左右摇摆。两脚摆扣清晰。两掌上指下插拧劲不丢。肩松背拔，腰松胯坐。呼吸自然。

3. 右转圈

接上式，重心移至左腿，右脚经左足内踝向前沿圈直上一步，脚尖向前，同时向圆心拧腰转身90°，然后两脚交替向前沿圈向右走转3圈；两掌位置不变。自然呼吸，气沉丹田。眼看圆心（图3-31）。

要点：主要练习两掌臂上指下插的拧钻螺旋之力。练习时，要肩松背拔，腰松胯坐，上下要有对拉拔长之意。

右转圈行步至原起势处时，用相同动作，方向相反换成左式，至此，这一掌式算完成。

图3-29　　　　图3-30　　　　图3-31

用法：如对方用右掌向我胸部打来，我可用右掌从来手臂外环上穿立掌迎敌，同时可以左掌插击对方腹肋。

如对方用腿踢我腹部，我可一手护腹防敌踢中，一手下插拦截对方来腿，如此，可破其腿击。

第六掌　双撑掌（阴阳掌）

1. 白蛇缠身

接上式指天画地右转圈，当向右走转至左脚在前时，右脚向左脚前上步，脚尖里扣，成丁八步，同时向左拧腰转身90°（背向圆心）；随之右掌内旋置于头顶，掌心向上，指尖向左；左掌同时内旋，从右侧划至左腰背后，掌心朝外，两臂呈弧形。眼看左肩外（图3-32）。

要点：上步扣脚、拧腰转身要松腰坐胯，气沉丹田。身随步转，掌随腰动，动作要协调。

上动不停，身继续向左转90°，随之左脚沿圈上掰步，脚尖直向前，重心偏于右腿；同时右掌下沉至胸前，屈臂横肘，掌心向前，掌指向左；左掌位置不变；两臂呈弧形。松腹沉气，呼吸自然。眼看身前（图3-33）。

要点：两掌臂要有圆撑之劲。

2. 左转圈

接上式，重心移至左腿，右脚经左足内踝向前沿圈上一步，脚尖微里扣；同时身向左转，拧腰45°（逐渐拧转至90°），身体左侧对向圆心。两掌位置不变，松腹沉气，呼吸自然。眼看圆心（图3-34）。然后两脚交替向前沿圈向左走转3圈。

图3-32　　　　　图3-33　　　　　图3-34

要点：里脚直行，外脚里扣，沿圈行蹚泥步，松腰坐胯，两臂撑圆。

3. 回身换式

接上式，左转圈行步至原起势处，右脚在前时，左脚向右脚前上步扣脚，成丁八步；随之向右拧腰转身90°（背向圆心）；同时左掌从身后划至头顶，掌心向上，掌指向右；右掌从胸前划至右侧腰背后，掌心向外，两臂呈弧形，成"白蛇缠身"之式。眼看右肩外（图3-35）。

要点：拧腰转身，两掌臂走弧形。

上动不停，身继续向右转90°，随之右脚沿圈上掰步，脚尖直向前，重心偏于左腿；同时左掌下沉至胸前，屈臂横肘，掌心向前，掌指向右；右掌位置不变；两臂呈弧形。松腹沉气，呼吸自然。眼看身前（图3-36）。

要点：拧腰转身，两手臂不失圆撑之力。

4. 右转圈

接上式，重心移至右腿，左脚经右足内踝向前沿圈直上一步，脚尖直向前；同时向圆心拧腰转体45°（逐渐拧转至90°）；然后两脚交替向前沿圈向右走转3圈，两掌位置不变。呼吸自然，气沉丹田。眼看圆心（图3-37）。

图 3-35　　　　　图 3-36　　　　　图 3-37

要点：走蹚泥步，两手臂前后撑圆，内劲不丢。

此式行至原起势处时，用相同动作，方向相反换成左式即可收势。

也可换成下一掌继续操练。

用法：如背后有人偷袭，我可迅速拧腰转身，同时一手从上向下拦截敌之来手，一手迅速出击打敌头面，此即"白蛇缠身"之用法。

又如，对方出右掌击我前胸，我可以右掌横拦敌之手臂，其劲可捋可带；左手亦可同时上手推撞敌前来之手臂。

第七掌　双抱掌（狮子张嘴）

1. 白蛇缠身

接上式双撑掌右转圈，当右转行步至原起势处，左脚在前时，右脚向左脚前上步扣脚，成丁八步；同时向左拧腰转体90°（背向圆心），随之右掌从身后向上划至头顶，掌心向上，掌指向左；左掌同时从胸前向左划至左侧腰背后，掌心向外，拇指一侧向上。松腹沉气，呼吸自然。眼看左肩外（图3-38）。

要点：身随步转，掌随身动，两掌变式走弧形。

上动不停，身继续左转45°，随之左脚在圈上摆正，脚尖直向前，重心偏于右腿；同时左掌外旋从身后向身左侧伸出，掌心向上，掌指指向圆心；右掌在头顶内旋，掌心向下，与左掌遥相对，形成合抱姿势。松腹沉气，呼吸自然。眼看圆心（图3-39）。

要点：拧腰摆脚，两臂旋转，上下有合抱之意。

2. 左转圈

接上式，重心移至左腿，右脚经左足内踝向前沿圈直上一步，脚尖微里扣；同时向左拧腰45°（逐渐拧转至90°），身体左侧对着圆心，两掌位置不变。松腹沉气，呼吸自然。眼看圆心（图3-40）。

然后两脚交替沿圈上步，交替向前、向左走转3圈。

要点：磨膝摩胫，蹚泥行步。拧腰转项，顶劲不丢。两掌合力，意如抱球。

图 3-38　　　　　图 3-39　　　　　图 3-40

3. 回身换式

接上式，左转圈至原起势处，右脚在前时，左脚向右脚前上步，脚尖里扣，成丁八步。随之向右拧腰转体 90°（背向圆心）；同时左掌从左侧呈弧形划至头顶，掌臂内旋，掌心向上，掌指向右；右掌从头顶向右呈弧形划至腰背后，掌心向外。呼吸自然，气沉丹田。眼看右肩外，成"白蛇缠身"之式（图 3-41）。

上动不停，身继续右转 90°，随之右脚原地沿圈掰正，脚尖向前，重心偏于左腿。同时右掌外旋从身后向身右侧伸出，掌心向上，掌指向上，掌指指向圆心；随之左掌在头顶微内旋，掌心向下和右掌掌心遥相对，形成合抱姿势。松腹沉气，呼吸自然。眼看圆心（图 3-42）。

要点：回身换式以腰带动手臂，两臂须有拧转之力。两掌上下呼应，不失合抱之意。

4. 右转圈

接上式，重心移至右腿，左脚经右足内踝向前沿圈直上一步，脚尖直向前；同时向圆心拧腰转体 45°（逐渐拧转至 90°），然后两脚交替向前沿圈向右走转 3 圈，两掌位置不变。呼吸自然，气沉丹田。眼看圆心

（图 3-43）。

要点：与左转圈式相同，唯方向相反。

此式走转到原起势处时，用相同动作，方向相反换成左式即可收势，亦可换成下一掌式继续操练。

图 3-41　　　　　　图 3-42　　　　　　图 3-43

用法：如对方上右步、出右手击我胸面，我可向对方身体右侧上左步，同时出左掌横拦对方前来之手臂，随之我迅速上右步，以右掌向对方颈部横切。

若对方化解了我的右掌横切之势，又向我打来，我即向对方身右侧上左步，再上右步，同时用狮子张嘴之右掌式迎敌来手。此时我已绕到对方身后，以"逃身又逃步"之法与敌周旋绕走，寻机再战。

第八掌　推磨掌（青龙探爪）

1. 叶底藏花

接上式双抱掌右转圈，当向右走转至原起势处，右脚在前时，左脚向右脚前上步扣脚，成丁八步。同时向右拧腰转体 90°（面向圆心）；随之右手臂内旋拧转，肘横于胸前，掌心向外，掌指向左；左手臂同时外旋，随身右转向右腋下穿出，掌心向上，掌指向右。坐胯合膝，两脚不动。呼吸自然，气沉丹田。眼看右肘外（图 3-44）。

要点：转身时拧腰、转臂，两脚位置不变，以免破坏腰臂之拧转劲。

2. 青龙返身

上动不停，身继续右转 45°，右脚沿圈上掰步，脚尖向前；左手掌心向上，随转体从右臂下向前上方穿出，高与头齐；同时右手臂外旋，掌心向上，掌背轻贴于左小臂之上。眼看左掌（图 3-45）。

要点：转身穿掌要肩松肘坠，右掌上穿含横拨之意。

3. 左转圈

接上式，重心移至右腿，左脚向前经右足内踝沿圈直上一步，脚尖直向前，随之向左拧腰转体 45°；同时两手臂均内旋，掌心向前，掌指向上，向圆心推出，左掌在上，高与眉齐；右掌置于左肘下寸许。然后两脚交替沿圈向左走转 3 圈。眼看圆心（图 3-46）。

要点：两掌前推要有拧转螺旋之力。

图 3-44   图 3-45   图 3-46

4. 回身换式

当左转圈行至原起势处，左脚在前时，右脚向左脚前上步扣脚，成丁八步。同时向左拧腰转体 90°（面向圆心），随之左手臂内旋拧转，肘横于胸前，掌心向外，掌指向右；右手臂外旋，掌心向上，掌指向左，右掌随左转拧腰向左腋下穿出，坐胯扣膝，两脚不动，呼吸自然，松腰沉气。眼看左肘外（图3-47）。

上动不停，身继续左转，左脚沿圈上半步，脚尖向前；右手掌心向上，随转体从左臂下向前上方穿出，高与头齐；同时左手臂外旋，掌心向上，掌背轻贴于右小臂之上。眼看右掌（图3-48）。

要点：转身拧腰与转臂穿掌时，两脚位置不变。右掌上穿有横拨之意。

5.右转圈

接上式，重心移至左腿，右脚向前经左足内踝沿圈直上一步，脚尖向前；随之向右拧腰转体45°；同时两手臂均向内旋，掌心向前，掌指向上，向圆心推出，右掌在上，高与眉齐，左掌置于右肘之下寸许；然后两脚交替沿圈向右走转3圈。呼吸自然，气沉丹田。眼看圆心（图3-49）。

图3-47　　　　　　图3-48　　　　　　图3-49

要点：与左转圈式相同，唯方向相反。

此式走转到原起势处时，用相同动作，方向相反换成左式可收势，也可换成另一掌式继续操练。

用法：拧腰横肘破坏对方前击之手。如对方上右步用右拳击我前胸，我可向右拧腰转体，同时以右手抓捋对方来手，顺其劲向我右侧横带之。

如上式，对方出右掌击我前胸，我以右手捋带对方来手臂，如对方向后退，我可顺其势，出左手从其来手臂下向前横拨其手臂。

接上式，我在向前横拨对方来手之时，突然翻掌，以双掌之力向前猛推对方前胸，其时可进寸步以助力。

6. 收势

接上式，当右转圈至原起势处，右脚在前时，左脚向右脚前上步扣脚，成丁八步。同时向右拧腰转体90°（面向圆心），随之右手臂内旋，肘横于胸前，掌心向外，掌指向左；同时左手臂外旋，成仰掌，掌指向右，随右拧腰向右腋下横穿出。坐胯合膝，两脚不动。眼看右肘外。

要点：同叶底藏花式。

上动不停，身体继续右转45°，右脚沿圈上掰步，脚尖向前，左手掌心向上，随转体从右臂下向前上方穿出，高与头齐；同时右手臂外旋，掌心向上，掌背轻贴于左小臂之上。眼看左掌。

要点：与青龙返身式相同。

接上式，重心前移至右腿，左脚向前与右脚并步；同时两手臂向身体两侧平伸展开，掌心向上，然后两掌向上托起，吸气；当两掌上起略过头顶时，两手臂内旋，屈臂合掌至面前，掌心向下，掌指相对，经体前徐徐下按至腹前，随之坐胯合膝，呼气，气沉丹田。然后身体缓缓起立，两掌收至身体两侧，自然下垂，还原至预备式姿势。呼气，身体放松，精神内敛。眼平视前方（图3-50、图3-51、图3-52）

图 3-50　　　　　图 3-51　　　　　图 3-52

要点：收势要稳，精神要集中。一套拳打下来要有始有终。习练者要谨记：收势与起势同样重要，不可偏废其一。

第二节　八卦掌

一、八卦掌简述

学习了转掌八式，有了一定基础后，就可以接着学习八卦掌的定架子，即定步八卦掌，也称八掌八式。八掌八式是八卦掌之母掌，也是八卦掌的基础套路。它动作简单古朴，容易练习，非常适合不同年龄段的男女老少初习者学习锻炼。

练习定式八卦掌时，习练者要精神集中，动作规范，步法清晰。不论行步走圈，还是招式变化，都要以腰为主宰，以腰劲带动手臂动作。八卦掌的特点是步走圈，腰转圈，掌臂划圆，所以八卦掌的动作要义是非圆即弧，最忌直来直去。所谓"圈中打，圈中化"，一切皆在圆弧之中求变化。八卦掌要求行拳走架不停顿，势势相连，绵绵不断；以意行气，以气运身，内外相合。

练好定步八卦掌，可以为下一步练习活步八卦掌打下坚实基础。

二、八卦掌动作名称

第一掌　单换掌

1. 预备式　2. 起势　3. 青龙探爪（左）　4. 白蛇吐信（左）　5. 猛虎

回头（左） 6.叶底藏花（左） 7.青龙返身（右） 8.青龙探爪（右）

第9~13式与第4~8式动作相同，唯左右式及方向相反。14.收势

第二掌　双换掌

1.双推掌（左） 2.转身掩肘（右） 3.指天画地（左） 4.左右化手（左） 5.叶底藏花（左） 6.青龙返身（右） 7.青龙探爪（右）

第8~14式与第1~7式动作相同，唯左右式及方向相反。

第三掌　顺势掌

1.顺势撩衣（左） 2.连环三拳 3.抽身换影（左） 4.叶底藏花（左） 5.青龙返身（右） 6.青龙探爪（右）

第7~12式与第1~6式动作相同，唯左右式及方向相反。

第四掌　转身掌

1.三穿掌（左） 2.抽身换影（左） 3.叶底藏花（左） 4.青龙返身（右） 5.青龙探爪（右）

第6~10式与第1~5式动作相同，唯左右式及方向相反。

第五掌　背身掌

1.鲐形双托掌（左） 2.右仆步扣掌（右） 3.转身探掌（右） 4.乌龙缠身（右） 5.背身反打（右） 6.左右化手（左） 7.叶底藏花（左） 8.青龙返身（右） 9.青龙探爪（右）

第10~18式与第1~9式动作相同，唯左右式及方向相反。

第六掌　翻身掌

1.燕子抄水（左） 2.左仆步抱掌（左） 3.蟒蛇翻身（左） 4.黑熊踏水（左） 5.黑熊反背（左） 6.左右化手（左） 7.叶底藏花（左） 8.青龙返身（右） 9.青龙探爪（右）

第10~18式与第1~9式动作相同，唯左右式及方向相反。

第七掌　磨身掌

1.双撞掌（左） 2.上步掩肘（左） 3.磨身掌（左） 4.叶底藏花（左） 5.青龙返身（右） 6.青龙探爪（右）

第7~12式与第1~6式动作相同，唯左右式及方向相反。

第八掌　回身掌

1.上步掩肘（左）　2.回身掌（左）　3.移花接木（左）　4.旱地行兵（左）　5.左右化手（左）　6.叶底藏花（左）　7.青龙返身（右）　8.青龙探爪（右）

第9~16式与第1~8式动作相同，唯左右式及方向相反。17.收势

三、八卦掌动作说明

第一掌　单换掌

1. 预备式

身体斜向西南，以立正姿势站于圆圈北侧方位，两脚跟并拢，左脚尖直向前，右脚尖外撇45°；两手臂自然下垂，掌心向里，指尖向下；身体放松，神意内敛；气沉丹田，降至涌泉；眼平视前方（图3-53）。

2. 起势

接上式，两掌外旋，掌心翻向上，从身体两侧经腹前向胸前上托，然后由胸前向身体两侧平行展开至两肩外侧，再向上托起；吸气，当两手上托略高过头顶时，两掌内旋，向面前相合，再经体前向下捋按至腹前，虎口相对，掌心斜向前下方，两臂呈弧形；呼气，气沉丹田；同时塌腰落胯，两膝下屈。眼看身前（图3-54、图3-55）。

接上式，两手外旋，边旋边握拳，拳心向上，收至腹脐两侧。重心左移，身微左转，右拳外旋上提，沿胸向上至下颏处向前上方钻出，路线呈弧形，拳心斜向上，并微向外倾斜，小指一侧向上拧转，肘尖下垂，

右臂极力前伸，但不可伸直，右拳高与鼻齐；左拳不动，眼看右拳，右拳前伸时吸气。

图 3-53 　　　　　图 3-54 　　　　　图 3-55

　　上动不停，重心右移，左脚跟稍离地，以左脚掌虚着地；同时右拳不动，左拳沿胸前提（钻）至右小臂内侧，左小指轻贴于右小臂尺骨处，位于肘前腕后（图 3-56、图 3-57）。

　　接上式，左脚向前上一步，右脚不动，重心在后（右）腿；随上步，左拳向前钻至右小臂内侧时，两拳内翻变掌，左手掌根轻擦右掌虎口向前推出；同时右掌回收至腹脐右侧，掌心向下，踏掌根，拇指根轻贴于右腹侧，小臂贴靠右肋，右肩微里扣；左掌前推，腕与肩平，坐腕，掌心向前，掌指向上，臂极力前伸，但不可伸直，肩劲松开，劲到掌指，眼看左掌，成形意拳三体式姿势（图 3-58）。

图 3-56 　　　　图 3-57 　　　　图 3-58

注：此套八卦掌源于八卦门，经过形意门前辈改编而成，其势虽保留有八卦掌基本掌势，但其中招式劲道多含形意拳之风格特点。本套路之起势动作与形意门三体式基本相同，内含此拳属形意八卦掌之意。

八掌八式流传至今，已有近百年历史。据传，此套路首传者为申万林老先生（董海川、郭云深两位大师之弟子），后传宁河人张鸿庆、傅剑秋、张景富等，历经数代，至今传承不息。

3. 青龙探爪（左）

接上式，身向右转约 45°（面向西），随之左脚向圈上迈步，脚尖向前；右脚不动，重心偏于右脚。随上步，两掌微内旋合于胸前，掌指相对，掌心向前，势不停，两掌向两侧向后、向下划弧，然后两掌外旋，沿两肋处向身前穿出，掌心向上，掌指向前，左掌在前，指尖高与头齐；右掌在后，置于左小臂内侧。眼看左掌（图 3-59）。

要点：转身上步，手划圆，两掌穿托，力到指尖。

上动不停，右脚经左足内踝沿圈向前上一步，脚尖微内扣；同时身向左转，腰、颈、手臂同时拧向圆心；两掌内旋，掌心向外，掌指向上；左掌在上，高与眉齐，右掌在下，掌指离左肘尖寸许。两手臂合抱向圆心推出。眼平视圆心。

上动不停，两脚交替向前沿圈向左走转 3 圈。呼吸自然，气沉丹田，力达掌指（图 3-60）。

要点：转身时两臂合抱，头颈、双腕、身腰齐向圆心拧转 90°，两掌内旋，随身拧转，螺旋前推。

4. 白蛇吐信（左）

接上式，左转圈行至原起势处，左脚在前时，右脚向左脚前上步，脚尖微里扣，成丁八步；同时左掌外旋，以小指一侧掌沿向前削掌，掌心向上，掌指向前，高与颈齐；右掌位置不变。眼看左掌（图 3-61）。

要点：左掌拧转翻掌前削，力达掌沿。

用法：如对方上右步以右掌向我胸面打夹，我迅速以右手从其来手外环接其手，向我身右侧捋带，同时以左掌削击对方右脖颈。

图 3-59　　　　　图 3-60　　　　　图 3-61

5. 猛虎回头（左）

接上式，身向左转 180°（面向东），随转身，左脚向前上一步，脚尖向前，重心左移，成左弓步。同时左手臂内旋，掌横于头前，掌心向前，掌指向右，右掌划至右腹前，掌心向下。眼看身前（图 3-62）。

要点：转身推掌要有横劲，两臂呈弧形。

用法：假设我依上式以左掌削击对方右脖颈，对方出左手拦我，我左手可立即翻腕扣住对方左手腕，随即身向左转，左脚向我身左侧上步，同时左手捋带对方左手臂，然后我可上右步，并以右肘臂横击对方胸肋。

6. 叶底藏花（左）

接上式，身继续向左转 45°（面向东北），背向圆心；随之右脚向左足内踝上步，脚尖内扣，成八字步。同时腰向左拧转带动左肘臂向左横顶，左掌划至胸前，掌心向外，掌指向右；右掌外旋，掌心向上，掌指向左，随拧腰向左腋下穿出。坐胯合膝，呼吸自然，气沉丹田。眼看左肘（图 3-63）。

要点：拧腰穿掌时，两脚不许拧动，以免破坏八字步型和腰的拧转劲。

　　用法：交手时，如对方上右步用右掌推击我前胸，我可借对方之推劲向右拧腰，随之我以右手上接对方右手并向我身右侧捋带，然后我向对方右脚后扣左脚，同时用左掌小指外沿擦抹对方面部，或以左掌向下横踏切击对方腹肋。

7. 青龙返身（右）

　　接上式，身向右转，右脚沿圈上掰步，脚尖向前，右手掌心向上，随转体手自左臂下向前上方穿出，高与头齐；同时左手臂外旋，左掌随右掌转动置于右肘里侧，掌心向上。眼看右掌（图3-64）。

　　要点：右掌上穿含横拨之意。

　　用法：如对方出右手向我面部打来，我可上右步出右手穿掌迎之，然后迅速拧腰右转，右手臂随之向右拧转，左掌置于右小臂里侧。

　　　　图 3-62　　　　　　图 3-63　　　　　　图 3-64

8. 青龙探爪（右）

　　左脚经右足内踝侧向前沿圈上步，脚尖微里扣；同时两手臂内旋，随腰身向圆心拧转90°，两掌螺旋前推，右掌在前，掌指高与眉齐；左掌在后，置于右肘之下寸许。呼吸自然，气沉丹田。眼看右掌（图3-65）。

　　然后两脚交替向前沿圈向右走转3圈，走到原起势处时，换接下一式。

要点：边走边转，边拧腰边转臂，两掌螺旋劲向前推，面向圆心。

用法：接青龙返身式，我迅速向对方身右侧上左步，再上右步，同时我继续向右拧腰转体，双臂内旋，用右掌臂外沿向对方右小臂滚动碾压，成"青龙探爪"之右式，而此时我已向右绕转到对方身后了。

9. 白蛇吐信（右）

接上式，右转圈走到原起势处，右脚在前时，左脚向右脚前（东）上步，脚尖微里扣，成丁八步；同时右掌外旋，以小指一侧外沿向前削掌，掌心向上，掌指向前，高与颈齐；左掌置于右小臂里侧，掌心向下。眼看右掌（图3-66）。

要点：与第4式相同，唯左右式及方向相反。

10. 猛虎回头（右）

接上式，身向右转180°（面向西），随转身，右脚向前上一步，脚尖向前，重心偏右，成右弓步；同时右手臂内旋，掌横于头前，掌心向前，拇指向下；左掌划至左胯侧，掌心向下，掌指向前。眼看身前（图3-67）。

要点：与第5式相同，唯左右式及方向相反。

图3-65　　　　　图3-66　　　　　图3-67

11. 叶底藏花（右）

接上式，身继续向右转45°（面向西北），背向圆心；随之左脚向右足内踝上步，足尖里扣，成八字步；同时腰身向右拧转带动右肘臂向右横顶，右掌划至胸前，掌心向外，拇指向下；左掌外旋，掌心向上，掌指向右，随拧腰向右腋下穿出。坐胯屈膝，呼气松腹，气沉丹田。眼看右肘（图3-68）。

要点：与第6式相同，唯左右式及方向相反。

12. 青龙返身（左）

接上式，身向左转，左脚沿圈上掰步，脚尖向前，左掌掌心向上，随转身动作自右臂下向前上方穿出，高与头齐；同时右手臂外旋，右掌随左掌转动置于左肘里侧，掌心向上。眼看左掌（图3-69）。

要点：与第7式相同，唯左右式及方向相反。

13. 青龙探爪（左）

接上式，右脚经左足内踝向前沿圈上一步，脚尖微里扣；同时两手臂内旋，随腰身向圆心拧转90°，两掌螺旋前推，左掌在前，掌指高与眉齐；右掌在后，置于左肘下寸许。呼吸自然，气沉丹田。眼看左掌（图3-70）。

图3-68　　　图3-69　　　图3-70

然后两脚交替向前沿圈向左走转 3 圈，换接下一掌式。

要点：与第 8 式相同，唯左右式及方向相反。

14. 收势

接上式青龙返身左式，沿圈走转至原起势处，右脚在前时，身微右转，左脚向前与右脚并拢，随之两臂外旋，肘部微屈，掌心向上，右掌划至身右侧，然后双掌经体两侧徐徐托起，高过头顶，吸气收腹，眼看前方（图 3-71）。

上动不停，两手臂内旋，两掌合于面前，掌指相对，屈臂经体前向下缓缓拇按至腹前，屈膝坐胯，呼气松腹，气沉丹田，眼平视身前（图3-72）。

接上式，身体慢慢起立，两手臂收于身体两侧，两掌自然下垂，精神内敛，身体放松，恢复预备式姿势（图 3-73）。

图 3-71 图 3-72 图 3-73

重点提示：初习者要按规定一招一式地练习，不要贪多求快。待有了一定基础后，可以用连续动作不停顿地完成此掌各式。

当单换掌左右掌式练完后，可以收势，也可以接"青龙探爪"式推磨转圈向左走转，接练第 4 式至第 13 式，还可以接练第 2 掌……

以下各掌，可以一掌一式重复练习，圈数可根据个人情况自行掌握，不限于 3 圈。可一掌一收势，也可以练习数掌后收势。熟练后，还可以完全不按原有顺序而随意排序练习。

第二掌　双换掌

1. 双推掌（左）

接上式青龙探爪左式，当走转到圆圈的西侧方位，右脚在前时，身向左转，随之左脚外摆，右脚向前（圆心）上一步，脚尖向前，成右弓步；同时两掌略内旋，从胸前向前推出（面向东），掌指相对，掌心向前，两臂撑圆。呼气松腹，气沉丹田。眼看双掌（图 3-74）。

要点：两掌前推要有冲撞之力。

用法：如对方以双掌正面向我胸部推来，我以双掌从其来手上方搭手，双掌下沉（含按劲）以卸其来劲，然后突然上步，同时双掌用力向前推撞对方胸部。

2. 转身掩肘（右）

接上式，身向左转 90°（面向北），随转身，左脚向前上半步，脚尖外摆，右脚不动，重心偏于右腿；同时右手臂外旋，小臂直竖向胸前掩肘；左掌同时划至右肘下，掌心向下。眼看身前（图 3-75）。

要点：腰拧臂转，右手臂要有拧裹之劲。

用法：如对方上左步出左手击我前胸，我可向右闪身上左步至对方左脚后，脚尖外展买住（民间武术术语，即足拿，有绊住、管住之意）对方足跟；同时我向左拧腰，右臂屈肘，小臂直竖向左拧转，拦截对方来手臂，左手藏于右肘下，可随时击打对方胸肋。

3. 指天画地（左）

接上式，以左脚掌为轴，身继续向左转 270°（面向东，对着圆心），随之右脚向前落步，脚尖里扣，成马步；同时右手臂外旋，右掌极力上举，掌心向右，掌指向上，高过头顶；左掌同时外旋，向右腿外侧下插，掌心向外，掌指向下。屈膝坐胯，呼气松腹，气沉丹田。眼看左掌（图3-76）。

要点：两手臂上指下插，手臂要有拧钻之劲，力到指尖。

用法：如对方上右步以右掌击我胸面，我即以右掌从其来手外环接手向上直穿，化解对方来手。同时我以左掌向下插击对方裆腹，使其受创。

图 3-74　　　　图 3-75　　　　图 3-76

4. 左右化手（左）

接上式，两脚不动，身向左转，随之左手内旋，从右下向身左侧划出，掌心向外，掌指向上，置于左肩外上方；右掌内旋，从上向下划至右胯外侧，掌心向下。眼看左掌（图3-77）。

上动不停，身向右转，随之右手上提呈弧形上划至右肩外上方，掌心向外，掌指向上；同时左掌下划至左胯外侧，掌心向下。眼随手转（图3-78）。

要点：两脚不动，以腰劲带动双手向身体两侧划转，手臂要走弧形；眼随手转。

用法：如对方用双掌连续向我面部进攻，我即以双掌向左右划拨敌之来手，并在化解对方进击之时，寻机突发盖掌劈击对方头面。

另外，我以掌背向外、掌心向里左右划拨对方来手时，可突发刀手，削击对方脖颈。此式也被称为"逍遥化手"。

5. 叶底藏花（左）

接上式，身向左转，左脚向前（北）上半步；同时左掌从下向前横掌推出，掌心向前，拇指一侧向下，高与胸齐；右掌同时划至右腹侧，掌心向下。眼看左掌（图 3-79）。

上动不停，右脚向左脚里侧上步，脚尖微里扣，成八字步，两膝微屈，上身左转面向北；同时左掌稍向左带；右掌随之向左腋下平穿，掌心向上，成仰掌；头向左转，眼看左肘（图 3-80）。

要点：第 2 动拧腰左转时，两脚勿动，左臂屈肘环抱，右掌平穿，力达指尖。

图 3-77　　　　　图 3-78　　　　　图 3-79　　　　　图 3-80

6. 青龙返身（右）

接上式，身向右转，右脚沿圈上半步，随之右掌从左肘下向身体右上方（圆圈东南方位）穿摆，指尖向上，高与头齐；同时左手臂外旋，左掌随右掌穿摆置于右肘里侧，两掌均成仰掌。眼看右掌（图 3-81）。

要点：右掌上穿含横摆（拨）之劲。

7. 青龙探爪（右）

上动不停，身腰向右（向圆心）拧转90°，随之两手臂内旋，随转身，两掌螺旋拧转前推，成竖掌。右掌在前，掌指高与眉齐，左掌在后，置于右肘下寸许。呼气松腹，气沉丹田。眼看右掌（图3-82）。

上动不停，左脚经右足内踝向前沿圈上步，脚尖微里扣；两掌位置不变，然后两脚交替向前沿圈向右走转3圈，再换接下一掌式。

要点：身拧步转，两掌前推，屈膝坐胯，蹚泥行步，呼吸自然，意守丹田。

8. 双推掌（右）

接上式"青龙探爪"右式，右转圈走转至圆圈东侧方位，左脚在前时，身向右转，随之右脚向前上步，脚尖外摆；然后左脚向前（圆心）上一步，脚尖向前，成左弓步；同时两掌内旋，从胸前向前横掌推出，掌指相对，掌心向前，两臂撑圆。呼气松腹，气沉丹田。眼看两掌（图3-83）。

要点：与第1式相同，唯左右式及方向相反。

图 3-81　　　　　图 3-82　　　　　图 3-83

9. 转身掩肘（左）

接上式，身向右转 90°（面向北），随转身，右脚向前上半步，脚尖外摆，左脚不动，重心偏于左腿；同时左手臂外旋，小臂直竖拧裹向胸前掩肘；同时右掌划至左肘下，掌心向下。眼看身前（图 3-84）。

要点：与第 2 式相同，唯左右式相反，方向一致。

10. 指天画地（右）

接上式，以右脚掌为轴，身继续向右转 270°（面向西，对着圆心），随之左脚向前落步，脚尖微里扣，成马步式；同时左手臂外旋，左掌极力上举，掌心向左，掌指向上，高过头顶；右掌同时外旋，向左腿外侧下插，掌心向外，掌指向下。屈膝坐胯，呼气松腹，气沉丹田。眼看右掌（图 3-85）。

要点：与第 3 式相同，唯左右式及方向相反。

11. 左右化手（右）

接上式，两脚不动，身微右转，随之右手内旋，从左下方向身体右侧划出，掌心向外，掌指向上，置于右肩外上方；同时左掌内旋，从上向下划至左胯外侧，掌心向下。眼看右掌（图 3-86）。

图 3-84　　　　　图 3-85　　　　　图 3-86

上动不停，身向左转，随之左手上提，呈弧形上划至左肩外上方，掌心向外，掌指向上；同时右掌下划至右胯外侧，掌心向下。屈膝坐胯，呼气松腹，气沉丹田。眼随手转（图3-87）。

要点：与第4式相同，唯左右式及方向相反。

12. 叶底藏花（右）

接上式，身向右转，右脚向前（北）上半步；同时右掌从下向前横掌推出，掌心向前，拇指一侧向下，高与胸齐；随之左掌划至左腹侧，掌心向下。眼看右掌（图3-88）。

上动不停，左脚向右脚里侧上步，脚尖微里扣，成八字步；两膝微屈，上身向右转（面向北），右掌同时稍向右带；左掌随之向右腋下平穿，掌心向上，成仰掌；头向右转。眼看右肘（图3-89）。

图 3-87　　　　图 3-88　　　　图 3-89

要点：与第5式相同，唯左右式及方向相反。

13. 青龙返身（左）

接上式，身向左转，左脚沿圈上半步，随之左掌从右肘下向身体左上方（圆圈西南方位）穿摆，掌指向上，高与头齐；同时右手臂外旋，右掌随左掌穿摆置于左肘里侧，两掌均成仰掌。屈膝坐胯。眼看左掌（图3-90）。

要点：与第6式相同，唯左右式及方向相反。

14. 青龙探爪（左）

上动不停，身腰向圆心拧转90°，随之左手臂内旋。随身左转，两掌螺旋拧转前推，成竖掌。左掌在前，掌指高与眉齐；右掌在后，置于左肘下寸许。呼气松腹，气沉丹田。眼看左掌（图3-91）。

图3-90　　　　　　　图3-91

上动不停，右脚经左足内踝向前沿圈上步，脚尖微里扣；两掌位置不变，然后两脚交替向前沿圈向左走转3圈，再换接下一掌式。

要点：与第7式相同，唯左右式及方向相反。

第三掌　顺势掌

1. 顺势撩衣（左）

接上式青龙探爪左式，以推磨式沿圈向左走转至圆圈西北方位，左脚在前时，身微左转（面向南）。提右膝，向前蹬右脚，脚尖斜向上，高与腰齐，力达脚底。左腿微屈，脚趾抓地。同时，左掌下划至右膝外侧，顺势反手向前撩掌，掌心向前，掌指向右；右掌收至右腰侧，掌心向下。眼看身前（图3-92）。

要点：右蹬脚与左手前撩要协调一致。

用法：如对方上左步出左拳击我胸腹，我可用左掌从其来手外环反手撩其手臂，同时起右脚蹬踢对方左腿膝。

2. 连环三拳

接上式，右脚下落，同时右拳直拳向前打出，拳眼向上，高与胸齐；左拳收至左腰侧，拳心向上。眼看右拳（图3-93）。

上动不停，左脚向前上步，右脚不动，重心偏于右腿，同时左拳直拳向前打出，拳眼向上，高与胸齐；右拳收至右腰侧，拳心向上；然后右脚再向前上一步，左脚不动；随之右拳直拳向前打出，高与胸齐；左拳收至左腰侧，拳心向上。眼看右拳（图3-94、图3-95）。

要点：连续向前上三步打三拳，顺步出拳，连续发力。

用法：对方被我用顺势撩衣右脚蹬踢后，若向后撤步，我可连续上步，用左右连环崩拳追击对方，使其防不可防。

图3-92　　　　图3-93　　　　图3-94　　　　图3-95

3. 抽身换影（左）

接上式，身向左转约135°，随之左脚向前上半步，脚尖外摆；同时右手臂内旋，小臂竖立，向胸前拧转掩肘；左拳变掌向左腰后背插，掌心向外；眼看左肩后（图3-96）。

要点：转身拧腰，两手要前掩后插，动作协调。

用法：如对方用左拳击我前胸，我可用右手臂从其来手外环掩肘化解对方来势；然后随来势向左后转身，左手背插，此为转身接手法。

4.叶底藏花（左）

上动不停，身继续左转90°，左脚不动，右脚向左脚前上步，脚尖里扣，成八字步，屈膝坐胯（面向西北）；左掌提至左胸前，屈肘横臂，掌心向外，掌指向右；身腰向左拧转，同时左掌稍向左带；右掌随之向左腋下平穿，掌心向上，成仰掌。眼看左肘（图3-97）。

要点：拧腰穿手时，两脚勿动，保持身手合一的整体劲。

用法：转身后，对方若近身，我可用横肘顶击对方胸肋。此式的腋下穿掌同抽身换影式的左手背插一样，也是接手法。

5.青龙返身（右）

接上式，身向右转，右脚沿圈上掰步，脚尖向前；右掌从左肘下向身体右上方（圆圈东北方）穿摆，高与头齐；同时左手臂外旋，左掌随右掌穿摆置于右肘里侧，两掌均成仰掌。眼看右掌（图3-98）。

要点：右掌上穿含穿摆横拨之劲。

图 3-96　　　　图 3-97　　　　图 3-98

6. 青龙探爪（右）

上动不停，身腰向右拧转，右手臂随之内旋，随身右转，两掌螺旋拧转前推成竖掌（右掌心对着圆心）。右掌在前，掌指高与眉齐；左掌在后，置于右肘下。屈膝坐胯，呼气松腹，气沉丹田。眼看右掌（图3-99）。

上动不停，左脚经右足内踝向前沿圈上步，脚尖微内扣；两掌位置不变，然后两脚交替向前沿圈向右走转3圈，再换接下一式。

要点：身随步转，掌随身动，行步走转，两掌前推。

7. 顺势撩衣（右）

接上式青龙探爪右式，右转圈行至圆圈的西南方位，右脚在前时，身微右转（面向北），提左膝向前蹬左脚，脚尖斜向上，高与腰齐，力达脚底。右腿微屈，脚趾抓地。同时右掌下划至左膝外侧，顺势反手向前撩出，掌心向前，掌指向左；左掌收至左腰侧，掌心向下。眼看身前（图3-100）。

要点：与第1式相同，唯左右式及方向相反。

图 3-99　　　　　图 3-100

8. 连环三拳

接上式，左脚前落，同时左拳直拳向前打出，拳眼向上，高与胸齐；

右掌变拳收至右腰侧，拳心向上。眼看左拳（图3-101）。

上动不停，右脚向前上步，左脚不动，重心偏于左腿；随之右拳直拳向前打出，拳眼向上，高与胸齐；左拳收至左腰侧，拳心向上；然后左脚再向前上一步，右脚不动，随之左拳直拳向前打出，高与胸齐；右拳收至右腰侧，拳心向上。眼看左拳（图3-102、图3-103）

要点：与第2式相同，唯左右式及方向相反。

图3-101　　　　图3-102　　　　图3-103

9. 抽身换影（右）

接上式，身向右转约135°，随之右脚向前上半步，脚尖外摆；同时左臂屈肘，小臂竖立外旋，向右拧转掩肘；右拳变掌内旋经右肋向腰后背插，掌心向外。眼看右肩后（图3-104）。

要点：与第3式相同，唯左右式及方向相反。

10. 叶底藏花（右）

上动不停，身继续右转约90°，右脚不动；左脚向右脚前上步，脚尖里扣，成八字步，屈膝坐胯（面向西南）。右掌提至右胸前，屈肘横臂，掌心向外，掌指向左；身腰右拧，同时右掌稍向右带；左掌随之向右腋下平穿，掌心向上，成仰掌。眼看右肘（图3-105）。

要点：与第4式相同，唯左右式及方向相反。

11. 青龙返身（左）

接上式，身向左转，左脚沿圈上掰步，脚尖向前；左掌从右肘下向身体左上方（圆圈东南方）穿摆，高与头齐；同时右手臂外旋，右掌随左掌穿摆置于左肘里侧，两掌均成仰掌。眼看左掌（图 3-106）。

要点：左手臂上举有穿摆横拨之劲。

图 3-104   图 3-105   图 3-106

12. 青龙探爪（左）

上动不停，身继续左转，两脚不动，腰身向圆心拧转 90°，随之左掌臂内旋，随身腰拧转，两掌螺旋拧转前推，成竖掌。左掌在前，掌指高与眉齐；右掌在后，置于左肘下寸许。呼气松腹，气沉丹田。眼看左掌（图 3-107）。

图 3-107

上动不停，右脚经左足内踝向前沿圈上步，脚尖微扣，两掌位置不变，然后两脚交替沿圈向前向左走转3圈，再换接下一式。

要点：与第6式相同，唯左右式及方向相反。

第四掌　转身掌

1. 三穿掌（左）

接上式青龙探爪左式，以推磨式沿圈向左走转3圈，走至圆圈的西北方位，左脚在前时，身微左转，右脚沿圈向前上步；同时右掌立掌从左掌上向前穿掌，掌沿向前，掌指向上，高与鼻齐；左掌收至右肘内侧，竖掌，掌心向右。眼看右掌（图3-108）。

上动不停，左脚沿圈向前上步，右脚不动，重心偏后；同时左掌竖掌从右掌上向前穿出，掌指高与鼻齐；右掌收至左肘内侧。眼看左掌（图3-109）。

上动不停，右脚沿圈再向前上一步，左脚不动；同时右掌竖掌从左掌上向前穿出，掌指高与鼻齐；左掌收至右肘里侧。眼看右掌（图3-110）。

图3-108　　　　图3-109　　　　图3-110

要点：两脚连续沿圈（走弧形）上三步穿三掌，动作连贯，手脚协调，力达掌沿。

用法：如对方出左手打我头面，我以左手从其来手外环接手，然后向我身左侧将带，同时上右步，出右掌击打对方头面。上动不停，再连续上左步发左掌，上右步发右掌，连环出手打击对方头面，使其防不胜防。

2. 抽身换影（左）

接上式，身向左转约135°，随之左脚外摆，右臂屈肘竖臂，随转身向胸前掩肘；同时左掌经左肋向腰后背插，掌背轻贴腰后背。眼看左肩后（图3-111）。

要点：转身摆脚掩肘，腰、臂、手都要含拧转之劲。

3. 叶底藏花（左）

上动不停，身继续向左转约90°，左脚不动，右脚向左脚前上步，脚尖内扣，成八字步，屈膝坐胯（面向西）；同时左掌提至左胸前，屈肘横臂，掌心向前，拇指一侧向下，身腰向左拧转，左掌同时稍向左带；右掌随之向左腋下平穿，掌心向上，成仰掌。眼看左肘外（图3-112）。

要点：屈膝坐胯，呼气松腹。拧腰转臂，动作协调，右掌平穿，力达指尖。

4. 青龙返身（右）

接上式，身向右转，右脚沿圈上掰步，脚尖向前；右掌从左肘下向身体右上方（圆圈北方）穿摆，高与头齐；同时左手臂外旋，左掌随右掌穿摆，置于右肘里侧。两掌均成仰掌。眼看右掌（图3-113）。

要点：右掌上穿有穿摆横拨之劲。

图 3-111　　　　　图 3-112　　　　　图 3-113

5. 青龙探爪（右）

接上式，两脚不动，身腰向右、向圆心拧转；随之右掌臂内旋，随转身，两掌螺旋拧转前推，成竖掌，右掌在前，掌指高与眉齐；左掌在后，置于右肘下。呼气松腹，气沉丹田。眼看右掌（图 3-114）。

上动不停，左脚经右足内踝向前沿圈上步，脚尖微内扣；两掌对着圆心；然后两脚交替向前沿圈向右走转 3 圈，再换接下一式（图3-115）。

图 3-114　　　　　图 3-115

要点：腰拧步转掌前推，屈膝坐胯步蹚泥，一气呵成不停顿，呼吸绵绵意丹田。

6. 三穿掌（右）

接上式青龙探爪右式，走转至圆圈的西南方位，右脚在前时，身微右转，左脚沿圈向前上步；同时左掌竖掌从右掌上向前穿掌，掌沿朝前，掌指向上，高与鼻齐；右掌收至左肘里侧，竖掌，掌心向左。眼看左掌（图3-116）。

上动不停，右脚沿圈向前上步，左脚不动，重心偏后；同时右掌竖掌从左掌上向前穿出，掌指高与鼻齐；左掌收于右肘里侧。眼看右掌（图3-117）。

上动不停，左脚沿圈再向前上一步，右脚不动；同时左掌竖掌从右掌上向前穿出，指尖高与鼻齐；右掌收至左肘里侧。眼看左掌（图3-118）。

图3-116　　　　　图3-117　　　　　图3-118

要点：与第1式相同，唯左右式及方向相反。

7. 抽身换影（右）

接上式，身向右转约135°，随之右脚外摆，同时左臂屈肘竖臂，随转身向胸前掩肘；同时右掌沿右肋向腰后背插，掌背轻贴腰后背，眼看右肩后（图3-119）。

要点：与第2式相同，唯左右式及方向相反。

8. 叶底藏花（右）

上动不停，身继续向右转约90°，右脚不动，左脚向右脚前上步，脚尖内扣，成八字步，屈膝坐胯（面向西）；同时右掌提至右胸前，屈膝横臂，掌心向前，拇指一侧向下，身腰向右拧转，右掌同时稍向右带；左掌随之向右腋下屈肘平穿，掌心向上，成仰掌。眼看右肘外（图3-120）。

要点：与第3式相同，唯左右式及方向相反。

9. 青龙返身（左）

接上式，身向左转，左脚沿圈上掰步，脚尖向前，左掌从右肘下向身体左上方（南）穿摆，高与头齐；同时右手臂外旋，右掌随左掌穿摆，置于左肘里侧。两掌均成仰掌。眼看左掌（图3-121）。

要点：与第4式相同，唯左右式及方向相反。

图 3-119　　　　　图 3-120　　　　　图 3-121

10. 青龙探爪（左）

上动不停，两脚不动，身腰向左、向圆心拧转；随之左掌臂内旋，随转身两掌螺旋前推，成竖掌，左掌在前，掌指高与眉齐；右掌在后，置于左肘下。呼气松腹，气沉丹田。眼看左掌（图3-122）。

上动不停，右脚经左足内踝向前沿圈上步，脚尖微里扣；两掌对着圆心；然后两脚交替向前沿圈向左走转3圈，再换接下一式（图3-123）。

要点：与第5式相同，唯左右式及方向相反。

图 3-122   图 3-123

第五掌　背身掌

1. 骀形双托掌（左）

接上式青龙探爪左式，以推磨式沿圈向左走转至圆圈的北侧方位，左脚在前时，右脚向前上步，脚尖内扣；随之身向左转90°（面向圆心）；同时左脚跟略提，脚尖虚着地；右脚不动，重心偏于右脚；随之两掌内旋向两侧划弧，然后外旋收至腹脐两侧，掌心均向上。眼看身前（图3-124）。

上动不停，左脚向前（圆心）上一步，右脚不动，重心偏于右脚；同时两掌向腹前托撞，掌心向前，掌指斜向下。呼气松腹，气沉丹田。眼看掌前（图3-125）。

图 3-124   图 3-125

要点：两掌划弧是蓄劲，上步双托，丹田发力。此式也可在左脚上步时，右脚跟步以助力。

用法：如对方用双掌推击我前胸，我以两手臂从其来手下向上、向左右挑划来手，然后迅速上步以双掌（掌心向前，掌指斜向下）推撞对方腹部。

2. 右仆步扣掌（右）

图 3-126

接上式，身向右转 90°，随之左腿屈膝下蹲，右腿向右侧伸出，右脚尖稍里扣，成右仆步。同时两掌内旋向前扣按，位置在右小腿内侧。右掌在上，左掌在下，虎口相对，掌心向前下方。眼看两掌（图 3-126）。

要点：屈膝下蹲仆腿，不可弯腰低头，即顶劲不丢。双掌下按有扣劲。

用法：如对方以右脚蹬踹我左膝腿，我可向右转身，同时以双手向下扣按拦截对方来腿，然后迅速向左转身，起右脚向前蹬踹对方左膝腿。

3. 转身探掌（右）

接上式，身略上起，右脚尖外摆，左脚向右脚前上步，脚尖里扣，身向右转 270°（面向南，对向圆心），重心移至左腿；右脚向前上步，脚尖虚着地；同时右掌向前探出，掌心向下，掌指向前，高与头齐；左掌同时外旋向腹前探出，掌心向上，掌指向前。呼气松腹，气沉丹田。眼看身前（图 3-127）。

要点：转身要稳，两掌前探，上下相对，两臂尽力前伸，力达指尖。

用法：如对方以右掌打我头面，我可出右手向前探掌拦截来手，同时出左掌直击对方裆腹。这是"指上打下"的手法。

此式还有另一种用法：如对方用单掌击我头面时，我可用一手上接来手，另一手下击对方胸腹；如对方近我身时，可同时起脚蹬踢对方腿膝。这是"三盘并取"的打法。

4. 乌龙缠身（右）

接上式，左脚向右脚前上步，脚尖里扣，成丁八步。随之左掌向前从右臂下向上屈肘托起，掌心向上，掌指向前；右掌同时屈肘收至左肘里侧，掌心向下。眼看左掌（图 3-128）。

上动不停，左掌从左侧经头后旋向右侧，拇指外侧向下，上身随之向右扭转，两脚不动；同时右掌从身前经腹肋绕向身后，掌背轻贴后身，拇指外侧向上，同时头向右转。眼看右肩外（图 3-129）。

要点：左掌上托时，左臂要屈，左腕要屈紧；两腿屈弯，两膝向里紧扣；胸要内含；右掌缠腰时，两肩关节要放松，使之柔活；两掌和转身的动作要协调一致。

用法：此式是八卦掌背身掌典型招式。如与对方交手，我用右探掌式击其头面，对方若用右手拦截，我即以左掌从其来手下向前、向上穿托化解其来势。此时，若有人偷袭我后背，我即迅速向右拧身转项，缠头裹脑、缩身形，蓄势而待发。

图 3-127　　　　　图 3-128　　　　　图 3-129

5. 背身反打（右）

接上式，右脚向前上半步，脚尖微里扣，上身略前倾，重心移至右腿；同时右掌从背后向身前反掌摔打，掌心向上，掌指向前，高与头齐，力到掌背；左掌同时从上屈肘向胸前下按，掌心向下，拇指外侧向里。

眼看右掌（图 3-130）。

要点：右掌前打与左掌下按动作要协调。两臂均呈弧形，肩胯要放松，两掌要用力。

用法：接上式，有人偷袭我身后，我可迅速转身，一手从上向下扣压对方来手；另一手迅速反掌摔打对方头面；此式还暗藏有前足蹬踢对方下盘腿膝之暗腿。

6. 左右化手（左）

两脚不动，身向左转，重心移向左腿，随之左掌向左划至左肩外，掌心向外，掌指向上；同时右掌划至右腰侧，掌心向下。眼看左掌（图 3-131）。

上动不停，身向右转，重心移向右腿，随之右掌从下呈弧形划至右肩外，掌心向外，掌指向上；同时左掌下划至左腰侧，掌心向下。眼看右掌（图 3-132）。

上动不停，身再向左转，重心移至左腿；随之左掌呈弧形上划至左眼左前方，掌心向外，掌指斜向上；右掌下落至腹脐右侧，掌心向下。眼看左掌（图 3-133）。

要点：两脚不动，以腰带手，左右两掌呈弧形运转，眼随手转。

图 3-130   图 3-131   图 3-132   图 3-133

注：以上 1~6 式之动作是在圆圈中心线上南北方向练习的。

7. 叶底藏花（左）

接上式，左脚不动，右脚向左脚前上步，脚尖里扣，成丁八步，两腿微屈，身腰左转（面向南）；同时左掌回落至左胸前，拇指外侧向下，屈肘向左平带；右掌随之内旋，掌心向上，向左腋下平穿。眼看左肘（图3-134）。

要点：两臂屈肘环抱胸前，随身腰拧转，左掌带领，右掌平穿，两掌着力。

8. 青龙返身（右）

接上式，两脚不动，身向右转；右掌从左肘下向身体右上方（圆圈西南方位）穿摆，掌心向上，高与头齐；同时左手臂外旋，随右掌摆动，左掌置于右肘里侧，两掌均成仰掌。眼看右掌（图3-135）。

要点：两脚不动，以腰带动手臂向上穿摆。

9. 青龙探爪（右）

上动不停，两脚不动，身腰向右、向圆心拧转，随之两手臂内旋，随转身，两掌螺旋拧转前推，成竖掌。右掌在前，掌指高与眉齐；左掌在后，置于右肘下。呼气松腹，气沉丹田。眼看右掌（图3-136）。

上动不停，右脚尖外摆，左脚向前经右足内踝向前沿圈上步，身腰继续向右拧转；两掌对着圆心。然后两脚交替向前沿圈向右走转3圈，再换接下一式（图3-137）。

要点：此式第1动，右肩、右肘极力向身体右侧外展，左掌向前推按，腰向右拧转。第2动，此式在走大圈之前，要在圆心内先走两个摆扣步（实际是先走了一个小圈），然后再沿圈向右走转大圈。

图 3-134　　　　　图 3-135　　　　　图 3-136　　　　　图 3-137

10. 鲐形双托掌（右）

接上式青龙探爪右式，以推磨式沿圈向右走转至圆圈的南侧方位，右脚在前时，左脚向前上步，脚尖里扣；随之身向右转 90°（面向北，对向圆心），同时右脚跟略提，脚尖虚着地，左脚不动，重心偏于左腿；同时两掌内旋向身两侧划弧，然后再外旋收至腹脐两侧，掌心均向上；然后右脚向前（圆心）上一步，左脚不动；同时两掌向腹前托撞，掌心向前，掌指斜向下。呼气松腹，气沉丹田。眼看掌前（图 3-138、图 3-139）。

图 3-138　　　　　图 3-139

要点：与第 1 式相同，唯左右式及方向相反。

11. 左仆步扣掌

接上式，身向左转90°，随之右腿屈膝下蹲；左腿向左侧伸出，左脚尖稍内扣，成左仆步；同时两掌内旋向前扣按，位置在左小腿内侧。左掌在上，右掌在下，虎口相对，掌心向前下方。眼看两掌（图3-140）。

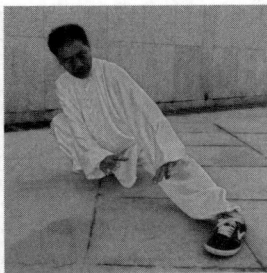

图 3-140

要点：与第2式相同，唯左右式及方向相反。

12. 转身探掌（左）

接上式，身略上起，左脚尖外摆，右脚向左脚前上步，脚尖里扣，身向左转270°（面向北，对向圆心），重心移至右腿，左脚向前上半步，脚尖虚着地；同时左掌向前探出，掌心向下，掌指向前，高与头齐；同时右掌外旋向前探出，掌心向上，掌指向前，位至腹前。呼气松腹，气沉丹田。眼看身前（图3-141）。

要点：与第3式相同，唯左右式及方向相反。

13. 乌龙缠身（左）

接上式，右脚向左脚前上一步，脚尖里扣，成丁八步；右掌同时向前从左臂下向上屈肘托起，掌心向上，掌指向前；左掌同时屈肘收至右肘里侧，掌心向下。眼看右掌（图3-142）。

上动不停，右掌从右侧经头后旋向左侧，拇指外侧朝下，上身随之向左扭转，两脚不动；左掌同时从身前经腹肋屈肘绕向身后，掌背轻贴后身，拇指外侧向上；同时头向左转。眼看左肩外（图3-143）。

要点：与第4式相同，唯左右式及方向相反。

图 3-141   图 3-142   图 3-143

14. 背身反打（左）

接上式，左脚向前上半步，脚尖微里扣，上身略前倾，重心移至左腿；同时左掌从背后向身前反掌摔打，掌心向上，掌指向前，高与头齐，力到掌背；右掌同时从上屈肘向胸前下按，掌心向下，拇指外侧向里。眼看左掌（图 3-144）。

要点：与第 5 式相同，唯左右式及方向相反。

15. 左右化手（右）

接上式，两脚不动，身向右转，重心移至右腿，随之右掌向右划至右肩外，掌心向外，掌指向上；同时左掌划至左腰侧，掌心向下。眼看右掌（图 3-145）。

上动不停，身向左转，重心移至左腿，随之左掌从下呈弧形划至左肩外，掌心向外，掌指向上；同时右掌下划至右腰侧，掌心向下。眼看左掌（图 3-146）。

上动不停，身继续向右转，重心移至右腿，同时右掌呈弧形上划至右眼右前方，掌心向外；左掌同时下落至腹脐左侧，掌心向下。眼看右掌（图 3-147）。

要点：与第 6 式相同，唯左右式及方向相反。

图 3-144   图 3-145   图 3-146   图 3-147

16. 叶底藏花（右）

接上式，右脚不动，左脚向右脚前上步，脚尖里扣，成丁八步，两腿微屈，身腰右转（面向北）；右掌同时下落至右胸前，拇指外侧向下，屈肘向右平带；左掌随手臂内旋，掌心向上，向右腋下平穿。眼看右肘（图 3-148）。

要点：与第 7 式相同，唯左右式及方向相反。

17. 青龙返身（左）

接上式，两脚不动，身向左转；左掌从右肘下向身体左上方（圆圈西北方位）穿摆，掌心向上，高与头齐；同时右手臂外旋，随左掌臂摆动，右掌置于左肘里侧，两掌均成仰掌。眼看左掌（图 3-149）。

要点：与第 8 式相同，唯左右式及方向相反。

18. 青龙探爪（左）

上动不停，两脚不动，身腰向圆心拧转，随之两手臂内旋，随转身，两掌螺旋拧转前推，成竖掌。左掌在前，掌指高与眉齐；右掌在后，置于左肘下。呼气松腹，气沉丹田。眼看左掌（图 3-150）。

上动不停，左脚尖外摆，右脚经左足内踝向前沿圈上步，身腰继续向左拧转，两掌对向圆心；然后两脚交替向前沿圈向左走转 3 圈，再换接下一式（图3-151）。

要点：与第9式相同，唯左右式及方向相反。

图3-148　　　　图3-149　　　　图3-150　　　　图3-151

第六掌　翻身掌

1. 燕子抄水（左）

图3-152　　　　图3-153

接上式青龙探爪左式，沿圈向左走转到圆圈西侧方位，左脚在前时，右脚向左脚前上步，脚尖里扣，身向左转90°（面向东，对向圆心），随转身两掌下落至两胯旁，掌心向下；随之左腿上提，向前踢左脚，脚尖里勾，高过胸；同时两掌外旋，从两胯侧向上、向前撩起双掌，掌心向上，掌指向前，位置在左脚上（略偏里）。眼看身前（图3-152、图3-153）。

要点：转身上步踢腿与双掌上撩要动作连贯，一气呵成。

用法：如对方用双掌推击我前胸，我即以双掌从下向上托起对方双手臂，同时起左（右）脚蹬踢对方腹胸或下颏。

2. 左仆步抱掌（左）

上动不停，身向左转 90°（面向北），左脚向后落步仆腿；同时右腿屈膝下蹲；随之双掌内旋，随左脚下落向后伸出，左掌在上，右掌在下，两掌心相对，犹如抱一小球状，位置在左小腿内侧。眼看双掌（图 3-154）。

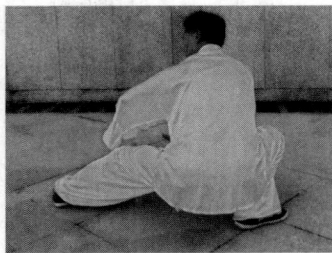

图 3-154

要点：转身仆腿下蹲，双掌相抱，动作要干净利索，不可拖泥带水。

用法：如对方以左脚蹬踹我左膝腿，我迅速身向左转，屈膝坐胯，同时用双手缠抱住对方的小腿部，以缠绕拧转之劲破其来势。

3. 蟒蛇翻身（左）

接上式，左脚尖外摆，右脚向左脚前上步，脚尖里扣，成丁八步，两腿屈膝略下蹲，随之身向左转 270°（面向东，对向圆心），转身时，两掌在腹前翻转，右掌翻向上，左掌翻向下，双掌如抱球上下滚动。眼随手动（图 3-155）。

要点：转身时，要松胯屈膝，身转如球。翻掌要整体滚动，动转如球。

用法：接上式，我借缠绕拧转对方来腿之机，起右脚蹬踹对方腹肋。

4. 黑熊踏水（左）

上动不停，重心移至右腿，左膝上提，左脚自然下垂，成右独立式；同时左掌上提至左耳侧，掌心向后，掌指向上；右掌同时下落至右胯外侧，掌心向下。眼看左侧（图 3-156）。

上动不停，左脚下落，左脚踏实；右膝上提，右脚自然下垂，成左独立式；同时右掌外旋，向上提至右耳侧，掌心向后，掌指向上；左掌同时下落至左胯外侧，掌心向下。眼看右侧（图 3-157）。

要点：左右上提膝、下按掌要有上下对拉之劲。

用法：如对方出右掌击我左胸面，我可用左掌向上挑拨拦截，同时起左脚蹬踏对方前腿膝踝；左掌亦可乘左脚蹬击对方，向下落掌踏击对方腹肋，上下出击，使其防不胜防。

图 3-155　　　　　图 3-156　　　　　图 3-157

5. 黑熊反背（左）

接上式，右脚下落，两腿屈膝坐胯，成马步式，同时右掌内旋，下按于右胯外侧，掌心向下；左掌同时向左胯外下按，掌心向下，两臂撑圆；塌腰坐胯，气沉丹田。眼看右掌，兼顾左掌（图 3-158）。

要点：塌腰坐胯，丹田较劲，以腰身带动龟尾抖颤，发出抖绝之力。

用法：其一，左右下踏掌，可破解左右两侧来敌之拳脚攻击。其二，身腰抖擞发抖绝之劲力，是为了破解身后的突袭抱摔。如被偷袭之人从身后抱住，我可先松胯塌腰、缩身形，以化解对方来势，然后突然丹田抖动，身腰抖颤，即可将身后偷袭之人抖发出去。

6. 左右化手（左）

接上式，两脚不动，身向左转，随之左掌从下向上、向左肩外呈弧形划出，掌心向外，掌指斜向上；右掌位置不变。眼看左掌（图 3-159）。

上动不停，身向右转，随之右掌向右肩外呈弧形划出，掌心向外，掌指斜向上；左掌同时下划至左胯外侧，掌心向下。眼看右掌（图3-160）。

上动不停，身再向左转，两脚不动，同时左掌再向左肩外呈弧形划出，掌心向外；右掌下划至右胯外侧，掌心向下。眼看左掌（图3-161）。

要点：以腰带动两掌左右划动，眼随手动。

图 3-158　　　　图 3-159　　　　图 3-160　　　　图 3-161

7. 叶底藏花（左）

接上式，身向左转90°（面向圆外），右脚向左脚前上步，脚尖里扣，成八字步，两腿微屈；同时左手臂内旋，使拇指外侧向下，屈肘横臂向左平带；右掌随之臂外旋向左腋下平穿，掌心向上，成仰掌。眼看左肘（图3-162）。

要点：屈肘环抱，拧腰转身，腋下穿掌，两掌着力。

8. 青龙返身（右）

接上式，两脚原地不动，上身右转，右掌从左肘下向身体右上方（圆圈东北方）穿摆，掌心向上，高与头齐；同时左手臂外旋，随右掌摆动，左掌置于右肘里侧，两掌均成仰掌。眼看右掌（图3-163）。

要点：两脚不动，以腰身带动手臂向上穿摆。

图 3-162　　　　　图 3-163

9. 青龙探爪（右）

上动不停，两脚不动，身腰向右、向圆心拧转，随之两手臂内旋，随转身，两掌螺旋拧转前推，成竖掌。右掌在前，掌指高与眉齐；左掌在后，置于右肘下。呼气松腹，气沉丹田。眼看右掌（图 3-164）。

上动不停，右脚尖外摆，左脚向前轻磨右足内踝向前沿圈上步，两掌对向圆心；然后两脚交替向前沿圈向右走转 3 圈，再换接下一式（图 3-165）。

要点：身腰继续向右拧转，两手臂随转身极力外展；走圈行步，身要稳，胯要坐，腰要塌，气要沉，步要轻（灵）。

10. 燕子抄水（右）

接上式青龙探爪右式，以推磨式沿圈向右走转至圆圈东侧方位，右脚在前时，左脚向右脚前上步，脚尖里扣，身向右转 90°（面向西，对向圆心），随转身，两掌下落至两胯旁，掌心向下；随之右腿上提，向前踢右脚，脚尖里扣，高过胸。同时两掌外旋，从两胯侧向上、向前撩起双掌，掌心向上，掌指向前，位置在右脚上（略偏里）。眼看身前（图 3-166、图 3-167）。

要点：与第 1 式相同，唯左右式及方向相反。

图 3-164　　　　　图 3-165　　　　　图 3-156　　　　　图 3-167

11. 右仆步抱掌

接上式，身向右转 90°（面向北），右脚向后落步仆腿；同时左腿屈膝下蹲；随之双掌内旋，随右脚下落向后伸出，右掌在上，左掌在下，两掌心相对，犹如抱一小球状，位置在右小腿内侧。眼看双掌（图 3-168）。

要点：与第 2 式相同，唯左右式及方向相反。

12. 蟒蛇翻身（右）

接上式，右脚尖外摆，左脚向右脚前上步，脚尖里扣，成丁八步，两腿屈膝略下蹲，随之身向右转 270°（面向西，对向圆心），转身时，两掌在腹前翻转，左掌翻向上，右掌翻向下，两掌如抱球滚动。眼随手动（图 3-169）。

要点：与第 3 式相同，唯左右式及方向相反。

图 3-168　　　　　　　图 3-169

13. 黑熊踏水（右）

上动不停，重心移至左腿，右膝上提，右脚自然下垂，成左独立式；同时右掌上提至右耳侧，掌心向后，掌指向上；同时左掌下落至左胯外侧，掌心向下。眼看右侧（图 3-170）。

上动不停，右脚下落，松胯屈膝，右脚踏实；左膝上提，左脚自然下垂，成右独立式；同时左掌外旋，向上提至左耳侧，掌心向后，掌指向上；右掌同时下落至右胯外侧，掌心向下。眼看左侧（图 3-171）。

要点：与第 4 式相同，唯左右式及方向相反。

14. 黑熊反背（右）

接上式，左脚下落，两腿屈膝坐胯，成马步式，左掌同时内旋，从上向左胯外侧下按，掌心向下；同时右掌向右胯外侧下按，掌心向下，两臂撑圆；塌腰坐胯，气沉丹田。眼看左掌，兼顾右掌（图 3-172）。

要点：与第 5 式相同，唯左右式及方向相反。

图 3-170　　　图 3-171　　　图 3-172

15. 左右化手（右）

接上式，两脚不动，身向右转，随之右掌从下向上、向右肩外呈弧形划出，掌心向外，掌指斜向上；左掌位置不变。眼看右掌（图 3-173）。

上动不停，身向左转，随之左掌向左肩外呈弧形划出，掌心向外，掌指向上；同时右掌下划至右胯外侧，掌心向下。眼看左掌（图3-174）。

上动不停，身再向右转，两脚不动；同时右掌再向右肩外划出，掌心向外；左掌下落至左胯外侧，掌心向下。眼看右掌（图3-175）。

图 3-173   图 3-174   图 3-175

要点：与第 6 式相同，唯左右式及方向相反。

16. 叶底藏花（右）

接上式，身向右转 90°（面向圆外），左脚向右脚前上步，脚尖里扣，成八字步，两腿微屈；右手臂随之内旋，使拇指外侧向下，屈肘向右侧平带；左掌随之外旋向右腋下平穿，掌心向上，成仰掌。眼看右肘（图 3-176）。

要点：与第 7 式相同，唯左右式及方向相反。

17. 青龙返身（左）

接上式，两脚原地不动，上身左转，左掌从右肘下向身体左上方（圆圈西北方）穿摆，掌心向上，高与头齐；同时右手臂外旋，随左掌穿摆，右掌置于左肘里侧，两掌均成仰掌。眼看左掌（图 3-177）。

要点：与第 8 式相同，唯左右式及方向相反。

图 3-176　　　　　　图 3-177

18. 青龙探爪（左）

上动不停，两脚不动，身腰向左、向圆心拧转，随之两手臂内旋，随转身，两掌螺旋拧转前推，成竖掌。左掌在前，掌指高与眉齐；右掌在后，置于左肘下。呼气松腹，气沉丹田。眼看左掌（图 3-178）。

上动不停，左脚尖外摆，右脚经左足内踝向前沿圈上步；两掌对向圆心；然后两脚交替向前沿圈向左走转 3 圈，再换接下一式（图 3-179）。

要点：与第 9 式相同，唯左右式及方向相反。

图 3-178　　　　　　图 3-179

第七掌　磨身掌

1. 双撞掌（左）

接上式青龙探爪左式，沿圈向左走转至圆圈西侧方位，左脚在前时，右脚向左脚前上步，脚尖里扣，身向左转 90°（面向东，对向圆心）。随转身，两掌下落至腹前，掌心向下；随之左脚向前上步，右脚不动，重心略偏前；同时双掌横掌向前推出，两掌虎口相对，掌心向前，高与胸齐，两臂呈弧形。松腰坐胯，呼气松腹，气沉丹田。眼看双掌（图3-180）。

要点：掌横臂圆，推掌有冲撞之力。

用法：如对方用双掌推击我胸腹，我可用双掌向下按其来手，以卸其力；然后向前上步，突发双掌推撞对方胸部，使其受重创。

2. 上步掩肘（左）

接上式，左脚不动，右脚向左脚前上步，脚尖里扣，成丁八步；身腰随之向左拧转（面向东北）；同时右手臂外旋，小臂竖立向胸前掩肘；左掌按于右肘里侧，掌心向下。眼看身前（图3-181）。

要点：两脚不动，身向左转，身、腰、臂同时拧转，劲成一体。

用法：双方对峙，不论对方用左手还是右手击打我前胸，我都可以用右掩肘式立肘拦截对方来手臂。

其式下一招式可快速变招，即屈肘横臂，肘尖向前顶击对方胸肋；也可变成反背捶抽击对方头面；左手藏于右肘下，可用作替手向前穿托拦截对方来手。

3. 磨身掌（左）

接上式，左脚向右腿后撤步（偷步），同时身体从左向后、向南转；左掌随之从身前经腹肋屈肘绕向身后，掌背贴身，拇指外侧向上；头向左转，眼看左肘；同时右手臂随转身继续向左拧转（图3-182）。

要点：撤步转身、拧腰转臂，上下动作要协调、连贯，不可有丝毫间断。

用法：此式是撤步、磨身、转身接手对敌的一连串招式变化。如上式，我以掩肘式破解了对方的攻击后，再用右反背捶击打对方头面，若对方出手拦截我的右攻手，然后猛推我右手臂，我可迅速向后撤步转身（步子不可过大，应步随身转，如同磨盘原处转动一般），转身后，迅速出左手接拦对方来手，或直接以左手再次攻击对方。

图 3-180   图 3-181   图 3-182

4. 叶底藏花（左）

上动不停，身继续左转，右脚向左脚前上步，脚尖里扣，成八字步，两腿微屈，上身左转（面向东南）；同时左手臂内旋，从背后上提至左胸前，拇指外侧朝下，屈肘横臂向左平带；右手臂随之外旋，右掌掌心向上，向左腋下平穿。眼看左肘（图 3-183）。

要点：两臂屈肘环抱胸前，拧腰转项，眼随身转。

5. 青龙返身（右）

接上式，两脚不动，身向右转，右掌从左肘下向身体右上方（圆圈西南方位）穿摆，掌心向上，高与头齐；同时左手臂外旋，左掌随右掌摆动，置于右肘里侧，两掌均成仰掌。眼看右掌（图 3-184）。

要点：随腰拧转，两掌向前、向上穿摆。

6. 青龙探爪（右）

上动不停，两脚不动，身腰继续向右、向圆心拧转，随之两手臂内旋，随转身，两掌螺旋拧转前推，成竖掌，右掌在前，掌指高与眉齐；左掌在后，置于右肘下。呼气松腹，气沉丹田。眼看右掌（图 3-185）。

上动不停，右脚尖外摆，左脚轻摩右足内踝向前沿圈上步，拧腰转身，两掌对向圆心；然后两脚交替向前沿圈向右行步走转 3 圈，再换接下一式（图 3-186）。

要点：身腰及两手臂边走转边拧转，行步要稳，步距要均匀。

图 3-183　　　　图 3-184　　　　图 3-185　　　　图 3-186

7. 双撞掌（右）

接上式，沿圈向右走转到圆圈的东侧方位右脚在前时，左脚向右脚前上步，脚尖里扣，身向右转 90°（面向西，对向圆心）。随转身，两掌下落至腹前，掌心向下；随之右脚向前上一步，左脚不动，重心略偏前；同时双手横掌向身前推出，两掌虎口相对，掌心向前，高与胸齐，两臂呈弧形。塌腰坐胯，呼气松腹，气沉丹田。眼看双掌（图 3-187）。

要点：与第 1 式相同，唯左右式及方向相反。

8. 上步掩肘（右）

接上式，右脚不动，左脚向右脚前上步，脚尖里扣，成丁八步；身腰随之向右拧转（面向西北），同时左手臂外旋，小臂竖立向胸前掩肘；右掌按于左肘里侧，掌心向下。眼看身前（图 3-188）。

要点：与第 2 式相同，唯左右式及方向相反。

9. 磨身掌（右）

上动不停，右脚向左腿后撤步（偷步），同时身体从右向后、向南转；右掌随之从身前经腹肋屈肘绕向身后，掌背贴身，拇指外侧向上；头向右转，眼看右肘；同时左手臂随转身继续向右拧转（图3-189）。

要点：与第3式相同，唯左右式及方向相反。

图 3-187　　　　　图 3-188　　　　　图 3-189

10. 叶底藏花（右）

上动不停，身继续右转，左脚向右脚前上步，脚尖里扣，成八字步；两腿微屈，上身右转（面向西南）；同时右手臂内旋，从背后上提至右胸前，拇指外侧朝下，屈肘横臂向右平带；左手臂随之外旋，左掌掌心向下，向右腋下平穿。眼看右肘（图3-190）。

要点：与第4式相同，唯左右式及方向相反。

11. 青龙返身（左）

接上式，两脚不动，身向左转，左掌从右肘下向身体左上方（圆圈东南方）穿摆，掌心向上，高与头齐；同时右手臂外旋，右掌随左掌摆动，置于左肘里侧，两掌均成仰掌。眼看左掌（图3-191）。

要点：与第5式相同，唯左右式及方向相反。

图 3-190　　　　图 3-191

12. 青龙探爪（左）

上动不停，两脚不动，身腰继续向左、向圆心拧转，随之两手臂内旋，随转身，两掌螺旋拧转前推，成竖掌，左掌在前，掌指高与眉齐；右掌在后，置于左肘下。呼气松腹，气沉丹田。眼看左掌（图 3-192）。

上动不停，左脚尖外摆，右脚经左足内踝向前沿圈上步，拧腰转身，两掌对向圆心；然后两脚交替向前沿圈向左行步走转 3 圈，再换接下一式（图 3-193）。

要点：与第 6 式相同，唯左右式及方向相反。

图 3-192　　　　图 3-193

第八掌　回身掌

1. 上步掩肘（左）

接上式青龙探爪左式，沿圈向左走转至圆圈的西北方位，右脚在前时，左脚向右脚前上步，脚尖里扣，成丁八步；随之身向右转（面向北）；左手臂外旋，屈肘竖臂向胸前掩肘，掌心斜向内，掌指向上，高与眉齐；右掌置于左肘内侧，掌心向下。眼看左掌（图3-194）。

要点：拧身掩肘，劲成一体。

2. 回身掌（左）

接上式，身继续向右转（面向东南），同时右掌内旋，经腹肋屈肘向身后反手背插，转身后，右脚向前上半步，脚尖外摆；同时右手臂外旋向身前穿托，成仰掌，掌心向上，掌指向前，高与鼻齐；同时左掌下落至右肘里侧，掌心向下。眼看右掌（图3-195）。

要点：回身摆脚、穿掌，动作连贯，劲力顺达。

用法：此式与前式上步掩肘（左掩肘）连起来是一组防前打后招法。如前面有人出左拳击我胸部，我以左掩肘式破解对方攻击；随即迅速向右转身，转身后，以右手拦截对方的连续进攻，或以右手快速穿击对方头面；如与对方身体相近，可同时起右脚蹬击对方腿膝。

此式实战时，转身不可走远，两脚一摆一扣，基本是在原地转了一圈。回身后，出手要快，不论是拦手，还是打手，贵在一个"快"字。回身如换影，出手似闪电，此式用好了，可打人一个猝不及防。

3. 移花接木（左）

上动不停，左脚向前上一步（东南方位），右脚不动，重心偏于右腿；同时左掌外旋，从右小臂下向前穿出，掌心向上，掌指向前，高与眉齐；右掌随之内旋，收至左肘里侧，掌心向下。眼看左掌（图

3-196）。

要点：两掌交错前穿后收，要含拧钻之劲。

用法：此式是替手法。如双方对峙，我以右手穿击对方头面，对方若出手拦截我右手，我可迅速上左步，同时出左手向前穿击替换我的右手。此法应用时讲究一个"快"字，两手连续出击，势如穿梭。

图 3-194　　　　　图 3-195　　　　　图 3-196

4. 旱地行兵（左）

接上式，左脚尖里扣，身向右转（面向西，对向圆心），同时两手臂内旋，于胸前相交，左手臂在上，右手臂在下，掌心均朝下；随转身，右脚向右侧横跨半步，两腿屈膝坐胯，成马步式。两掌随之从胸前向两胯外侧下按，掌心向下，两臂呈弧形。眼看右掌，兼顾左掌（图 3-197）。

要点：两腿屈膝坐胯，塌腰直背；两掌外撑下踏，呼气松腹，气沉丹田。

图 3-197

5. 左右化手（左）

两脚不动，身向左转，重心略向左移；随之左掌从下向上、向左肩外划弧，掌心向外；右掌位置不变。眼看左掌（图 3-198）。

接上式，两脚不动，身向右转，重心略偏于右腿；随之右掌从下呈弧形向上划至右肩外侧，掌心向外；左掌下落至左胯外侧，掌心向下。眼看右掌（图 3-199）。

上动不停，身再向左转，重心移至左腿；同时左掌从下呈弧形向上划至左眼左前方，掌心向外；右掌同时下落至腹脐右侧，掌心向下。眼看左掌（图 3-200）。

要点：以上 3 个动作是一串连续动作，练习时，两脚要原地不动，以腰带手，左右划弧，眼随手转，一气呵成。

图 3-198　　　　　　图 3-199　　　　　　图 3-200

6. 叶底藏花（左）

接上式，左脚不动，右脚向左脚前上步，脚尖里扣，成八字步，两腿微屈，身腰左转（面向南）；同时左掌回落至左胸前，拇指外侧向下，屈肘横臂向左平带；右手臂随之外旋，掌心向上，向左腋下平穿。眼看左肘（图 3-201）。

要点：两脚不动，两臂屈肘环抱胸前，拧腰带肘，右掌平穿，两掌着力。

7. 青龙返身（右）

接上式，两脚不动，身向右转，右掌从左肘下向身体右上方（圆圈的西南方）穿摆，掌心向上，高与头齐；同时左手臂外旋，左掌随右掌摆动，置于右肘里侧，两掌均成仰掌。眼看右掌（图 3-202）。

要点：两脚不动，拧腰转臂，两掌向上穿摆。

图 3-201　　　　图 3-202

8. 青龙探爪（右）

接上式，两脚不动，身腰继续向右拧转，同时两手臂内旋，随转身，两掌螺旋拧转前推，掌心对向圆心，成竖掌，右掌在前，掌指高与眉齐；左掌在后，置于右肘下。呼气松腹，气沉丹田。眼看右掌（图 3-203）。

上动不停，右脚尖外摆，左脚轻摩右足内踝向前沿圈上步；同时腰身向右拧转，两掌对向圆心，然后两脚交替向前沿圈向右行步走转 3 圈，再换接下一式（图 3-204）。

要点：边走边转，同时身腰、手臂要一起向圆心拧转，右肩肘极力向身体右侧伸展，左掌前推，两掌着力。

9. 上步掩肘（右）

接上式青龙探爪右式，沿圈向右走转至圆圈的西南方位，左脚在前时，右脚向左脚前上步，脚尖里扣，成丁八步。随之身向左转（面向南）；同时右手臂外旋，屈肘竖臂向胸前掩肘，掌心斜向内，掌指向上，高与眉齐；左掌置于右肘里侧，掌心向下。眼看右掌（图 3-205）。

要点：与第 1 式相同，唯左右式及方向相反。

图 3-203　　　　　图 3-204　　　　　图 3-205

10. 回身掌（右）

上动不停，身继续向左转（面向东北），同时左掌内旋，经腹肋屈肘向身后背插；转身后，左脚向前上半步，脚尖外摆；同时左手臂外旋，向身前穿托，成仰掌，掌心向上，掌指向前，高与鼻齐；右掌同时下落于左肘里侧，掌心向下。眼看左掌（图 3-206）。

要点：与第 2 式相同，唯左右式及方向相反。

11. 移花接木（右）

上动不停，右脚向前上步（东北方位），左脚不动，重心偏于左腿；同时右掌外旋，从左小臂下向前穿出，掌心向上，掌指向前，高与眉齐；左掌随之内旋，收至右肘里侧，掌心向下。眼看右掌（图 3-207）。

要点：与第 3 式相同，唯左右式及方向相反。

12. 旱地行兵（右）

接上式，右脚尖里扣，身向左转（面向西，对向圆心），同时两手臂内旋，于胸前相交，右手在上，左手在下，掌心均朝下；随转身，左脚向左侧横跨半步，两腿屈膝坐胯，成马步式。两掌随之从胸前向两胯外侧下按，掌心向下，两臂呈弧形。眼看左掌，兼顾右掌（图3-208）。

要点：与第4式相同，唯左右式及方向相反。

图 3-206　　　　图 3-207　　　　图 3-208

13. 左右化手（右）

接上式，两脚不动，身向右转，重心略向右移；随之右掌从下向上、向右肩外侧划弧，掌心向外；左掌位置不变。眼看右掌（图3-209）。

上动不停，两脚不动，身向左转，重心偏于左腿；随之左掌从下向上呈弧形划至左肩外，掌心向外；右掌下落至右胯外侧，掌心向下。眼看左掌（图3-210）。

上动不停，身向右转，重心移向右腿；随之右掌从下向上呈弧形划至右眼右前方，掌心向外；左掌同时下划至腹脐左侧，掌心向下。眼看右掌（图3-211）。

要点：与第5式相同，唯左右式及方向相反。

图 3-209　　　　图 3-210　　　　图 3-211

14. 叶底藏花（右）

上动不停，右脚不动，左脚向右脚前上步，脚尖里扣，成八字步，两腿微屈，身腰右转（朝向北方）；同时右掌回落至右胸前，拇指外侧向下，屈肘横臂向右平带；左手臂随之外旋，掌心向上，向右腋下平穿。眼看右肘（图3-212）。

要点：与第6式相同，唯左右式及方向相反。

15. 青龙返身（左）

接上式，两脚不动，身向左转，左掌从右肘下向身体左上方（圆圈的西北方位）穿摆，掌心向上，高与头齐；同时右手臂外旋，右掌随左掌摆动，置于左肘里侧，两掌均成仰掌。眼看左掌（图3-213）。

要点：与第7式相同，唯左右式及方向相反。

16. 青龙探爪（左）

接上式，两脚不动，身腰继续向左拧转，同时两手臂内旋，随转身，两掌螺旋拧转前推，掌心对向圆心，成竖掌，左掌在前，掌指高与眉齐，右掌在后，置于左肘下。呼气松腹，气沉丹田。眼看左掌（图3-214）。

上动不停，左脚尖外摆，右脚经左足内踝向前沿圈上步；同时腰向左拧转，两掌对向圆心，然后两脚交替向前沿圈向左走转3圈，再换接下一式（图3-215）。

图3-212　　　　图3-213　　　　图3-214　　　　图3-215

要点：与第 8 式相同，唯左右式及方向相反。

17. 收势

接上式青龙探爪左式，沿圈向左走转到原起势处对面（圆圈中线的正南方位），右脚在前时，身向左转 90°（面向东），左脚向前（圆心）横跨一步，随之左掌内旋，横掌向左侧切掌，掌心向下，高与胸齐，力到小指一侧掌沿；随之右掌外旋，掌心向上，向左腋下平穿。眼看左侧（图 3-216、图 3-217）。

上动不停，身向右转 180°（面向西），随转身，右脚向左腿后倒步，左脚尖里扣，成八字步；同时左掌外旋，掌心向上，从右肘下向前平穿；右掌同时内旋，掌心翻向下，置于左肩上方。眼看右侧（图 3-218）。

图 3-216　　　　图 3-217　　　　图 3-218

上动不停，身继续向右转 180°（面向东），随转身，右脚尖外摆，左脚向右脚前上步，脚尖里扣。随转身，左手臂外旋向里合肘，小臂直竖胸前；右掌同时经腹肋向身后背插；转身后，右掌从背后划至左肩前，掌心向下，掌指向左；左掌从右腋下向前平穿，掌心向上。眼看右肩外（图 3-219、图 3-220）。

图 3-219　　　　　图 3-220

上动不停，右脚向左腿后退一步，身向右转（面向南），重心移至右腿，随右转退步，左掌从右肘下向前穿出，掌心向上，掌指向前，高与鼻齐；随之右掌外旋向身右后侧伸出，两掌心均向上，高与肩齐。眼看身前（图 3-221）。

上动不停，两脚不动，两掌向上托起，高过头时，两掌向头前相合，然后沿胸向下捋按至腹前，变拳，拳心向下，两臂掤圆，眼看身前（图 3-222）。

上动不停，重心前移至左腿；右脚上步与左脚并拢，屈膝坐胯。徐徐起立，两拳撒开变掌，两掌收至两大腿外侧，两手臂自然下垂，眼平视前方。身体放松，精神内敛，恢复预备式姿势（图 3-223）。

图 3-221　　　　　图 3-222　　　　　图 3-223

要点：这套八卦掌与其他套路不一样，练完第 8 掌后，不是马上收势，而是以推磨式继续沿圈向左走转至圆圈中线的正南方位，然后向圆心上左步切左掌，再向右转身 450°，随之右腿连续向后倒退两步。在连续转身倒步时要做出叶底藏花、抽身换影、背身掌等拳式动作。此式在本门传承中被称为倒转葫芦头或倒转葫芦蔓。

　　用法：此式是败中取胜的实战招法。如我遇到强敌攻击，不可与之硬抗，而是采用迂回后退的战术，避其锋芒，寻机反击。退不是一味地退，而是一边撤步，一边出手拦截对方的进攻；一边转身，一边变换招式，即边退边转边打。总之，要临危不惧，不慌不乱，不失主动。这是本门绝技"倒转葫芦头"的妙用。

第三节　龙形掌

一、龙形掌简述

2011 年 4 月初，我与刘志勇师兄一起到河北廊坊，拜访了在此地居住的张鸿庆先生的亲传徒孙张国才老师。张老师虽年届耄耋，但他老人家思维清晰，动作敏捷。更难能可贵的是，他老人家身上仍葆有燕赵古风，就像他老人家所演练的拳术，古朴敦厚，让人回味。

这次见面虽然仅一天时间，但张老师与我们一见如故，特别是谈到家乡的人和事时，大家更是倍感亲切。张老师不仅向我们讲述了很多张鸿庆先生当年在宁河老家的传奇佳话，还向我传授了当年张鸿庆先生亲传于他的形意连环拳和连环剑这两个形意小套路。

5 月 2 日，为了探寻张鸿庆先生所传形意拳、八卦掌的奥秘，我又一次踏上了去廊坊之路，再次拜访了张国才老师，并且受到了张老师及其全家的热情接待。这次，我在廊坊住了 3 天，与张老师朝夕相处，近距离接受他老人家的教导。3 天里，我详细地了解了当年张鸿庆老先生的诸多鲜为人知的武林轶事。张老师毫无保留地向我传授了张鸿庆先生的绝学——龙形系列拳械套路，以及许多内家拳练功秘要心得，使我受益匪浅。本节所述"龙形掌"套路，就是其中之一。

龙形掌是张鸿庆先生在李存义先师所传八卦掌基础上创编的套路，至今已在本门中传承近百年了。这个套路属于八卦掌活步散架子练法，全套掌法虽然动作简单，但涵盖了传统八卦掌中诸多重要掌式，如青龙出水、乌龙摆尾、乌龙缠身、金鱼合口、乌龙探爪、脱身换影、行步走圈，等等。

龙形掌演练时，要求做到：行步走圈如蹚泥踏水，稳如坐轿；转身换式要轻灵迅捷，似行云流水；穿掌走势，阴阳转换如虎坐龙行，鹰翻猿转，变化莫测。整个套路演练如江河流水，滔滔不绝，连绵不断。这也是龙形掌的特点之一。

龙形掌的另一特点是，节奏分明，招式清晰。习练者经师稍加指点，就可明晰其中掌法之技击妙用。悟性好者，更可举一反三，一通百通，尽得其奥妙无穷之深义。

二、龙形掌动作名称

1. 预备式	2. 起势	3. 青龙出水
4. 转身摔掌	5. 连环穿掌	6. 转身风轮掌
7. 乌龙摆尾	8. 双合掌	9. 上步分掌
10. 右弧形上步	11. 上步风轮掌	12. 右蹬脚
13. 转身左蹬脚	14. 腰缠玉带	15. 行步左转圈
16. 蛇形穿掌	17. 乌龙缠身（右）	18. 金鱼合口（右）
19. 金鱼合口（左）	20. 金鱼合口（右）	21. 乌龙探爪（右）
22. 脱身换影	23. 连环穿掌	24. 行步右转圈
25. 蛇形穿掌	26. 乌龙缠身（左）	27. 龙形穿掌（右）
28. 龙形穿掌（左）	29. 龙形穿掌（右）	30. 乌龙探爪（左）
31. 脱身换影	32. 连环穿掌	33. 转身风轮掌
34. 乌龙摆尾	35. 转身双合掌	36. 上步分掌
37. 左弧形上步	38. 上步风轮掌	39. 左蹬脚

40.转身右蹬脚　　　41.腰缠玉带　　　42.转身摔掌

43.抽身换影　　　44.收势

三、龙形掌动作说明

1. 预备式

两脚并立，右脚尖外撇45°（面向东，略偏东南），双手臂自然垂于身体两侧，全身放松，心平气和，心无杂念。头领、项竖、唇闭、齿轻叩、舌顶上腭、下颏微收，眼平视前方，气沉丹田，降至涌泉（图3-224）。

注：以上要点要贯穿于套路的始终，不再重述。

图 3-224

2. 起势

两手臂外旋，从身体两侧向上托举，掌心向上，吸气。当两掌举过头顶后，两手臂略内旋，两掌于头前相合，掌心相对，然后沿胸向下挼按至腹前，虎口相对，掌心斜向前。屈膝坐胯，呼气松腹，气沉丹田。眼看两掌前（图3-225、图3-226）。

上动略停，两掌变拳，手臂外旋，拳心向上，收至腹脐两侧。然后重心移至左腿；右手臂贴胸向上拧转至颏下，再向前钻出，小指一侧向上，高与鼻齐。眼看右拳（图3-227）。

上动不停，重心移至右腿，左拳上提至右肘里侧，拳心向上，不停，左拳沿右小臂里侧向前钻至右腕里侧时，两拳内翻变掌，左掌从右掌上向前推出，掌心向前，掌指向上，高与鼻齐；同时右掌收至腹脐右侧，掌心向下。左肩松沉，左肘尖下坠，左手臂极力前伸，但不可伸直；右肩微扣，右肘臂呈弧形，小臂桡骨一侧轻靠右劼。左脚同时向前上一步，右脚不动，重心偏于右腿。呼气松腹，气沉丹田。眼看左手食指前（图3-228）。

要点：龙形掌起势有两个含义。第1动，两掌上托下按是调呼吸；后2动，两拳起钻落翻，上步落势是三体式，其含义是：龙形掌是形意门中的八卦掌。两拳上钻时，要走出拧钻劲，两掌下翻，左掌向前推出，内含向上的托劲，到落点时要有向下的沉劲；右掌回收要有采捋之意。

图3-225　　　　图3-226　　　　图3-227　　　　图3-228

3. 青龙出水

接上式，身微右转，左脚回收半步，脚尖虚着地，重心偏于右腿。同时两掌变拳，左手臂外旋，向胸前内掩，屈肘竖臂，拳心向内，高与口齐，力到尺骨一侧；右拳位置在腹脐右侧，拳心向下。眼看身前（图3-229）。

上动不停，身微左转，随之左脚向前上一步，成左弓步。同时右拳平拳向前打出，拳心向下，高与胸齐；左拳收至腹脐左侧，拳心向上。眼看右拳（图3-230）。

要点：身腰转动要活，肩要松，肘要坠，胯要坐。上步出拳，动作要连贯，力到拳面。

用法：如对方出右拳击我胸，我即以左手臂尺骨一侧内掩拦截其右手臂，同时快速上步，出右拳猛击对方胸腹。

4. 转身摔掌

接上式，身向右转135°（面向西），随之左脚尖里扣，右脚顺直，重心前移，成右弓步。随转身，右拳变掌从后向上、向前反手抢摔（掌），掌背朝下，掌指向前，高与头齐；左拳变掌，位置在左腹前，掌心向下，眼看右掌（图3-231）。

要点：转身要快，出手要疾，右肩放松，右手臂向前摔掌要像抽鞭子一样甩出去，力达掌背。

用法：接上式，当我向前出拳时，若身后有人突然偷袭，我可迅速转身，同时随转身以右手臂向前反抽对方头面。

图 3-229　　　　　　图 3-230　　　　　　图 3-231

5. 连环穿掌

接上式，右脚后退一步，重心后移，左膝提起，成右独立式。同时左掌从右小臂下向前穿出，掌心向上，掌指向前，高与鼻齐；右掌收至左小臂内侧，掌心向下。眼看左掌（图3-232）。

上动不停，左脚向前下落，随之右脚向前上一步，重心前移至右腿，左膝提起，成右独立式。同时右掌从左小臂下向前穿出，掌心向上，掌指向前，高与鼻齐；左掌收至右小臂里侧，掌心向下。眼看右掌（图3-233）。

图3-232　　　　　　图3-233

要点：上步提膝穿掌，上下动作要协调。两掌前穿后收都要走出拧转劲，后掌向前穿时，手臂尽量前伸，但不可伸直，仍保持肩松肘坠、手指前顶的状态。总之，两掌要有伸缩劲。

用法：随对方来势，边退步边出掌，拦截对方的攻击。随对方后退之势，迅速进步穿击对方头面。进退都含有足踢脚踏之暗腿用法。

6. 转身风轮掌

身向左转135°（面向东），随之左脚向前下落，成左弓步。同时左掌向前抢劈，掌心向前，掌指向上，高与肩齐；右掌下落至右腰侧，掌心向下。眼看左掌（图3-234）。

上动不停，右脚向前上步，左脚不动，成右弓步。随之右掌从下向后、向上，再向前抢劈，掌心向前，掌指向上，高与肩齐；左掌收至左腰侧，掌心向下。眼看右掌（图3-235）。

两脚不动，左掌从下向后、向上，再向前抡劈，掌心向前，掌指向上，高与头齐；右掌收至腹前，掌心向下。眼看左掌（图3-236）。

图 3-234　　　　　　　图 3-235　　　　　　　图 3-236

要点：此式的特点是连续上两步劈三掌。劈掌时，两手臂要走弧形，手臂向前抡劈犹如鞭子甩出去一样干净利索，掌到，劲到。

用法：这是典型的进攻手法，即与敌交手，双掌连续向前抡劈对方头面。实战时，我手劈出，不管对方拦与不拦，出手就是三下，迅猛异常，快如闪电，故谓之"风轮掌"。

注：平时可将此式作为单操手，单独操练。练习时，可原地不动，唯两手反复抡劈；也可配合步法，边上步边抡劈，灵活掌握前进、后退和转身。

7. 乌龙摆尾

接上式，身向左转135°，随之左脚向右腿后倒插步，两腿交叉，右腿前弓，左腿后伸；随之双掌于胸前相交，左掌在上，右掌在下，掌心均向外；然后双手内旋，向左右两侧展开，左掌伸至左眼左前方，掌心向外；右掌伸至右胯后侧，掌心向下；腰身极力向右扭转。眼看右手前（图3-237）。

要点：撤步扭腰，两手臂前后极力伸展。腰要活，胯要坐，肩要松，两掌着力。

用法：如对方出左手击打我前胸，我可用左手拦截其手腕，并向我身左侧将带，随之我身左转，左腿向右腿后倒插，同时可以右掌击打对方腹肋。

8. 双合掌

接上式，身向左转270°（面向东南），随转身，左脚向前上半步，右脚向左脚前上一步，重心偏于左腿；随左脚向前上步（垫步），双手臂于胸前相交，左手在内，右手在外，掌心均朝外；然后随右脚上步，两手臂向两侧划弧撑开，再内旋向面前合掌相击。眼看双掌（图3-238）。

要点：步动身随，掌随身动，两掌先开后合，相击见响。

用法：如对方用双掌推击我前胸，我先以双手相交，然后向外撑开对方双手臂，进而快速上步，同时顺势以双掌合击对方头面。

图3-237　　　　　　图3-238

9. 上步分掌

身向右转约45°，随之右脚尖外摆，脚尖向前，左脚不动；同时两掌右前左后展开，右掌前推，掌心向前，掌指向上，高与肩齐；左掌向左后反手撩出，掌心反向上（也可成勾手）。眼看右掌（图3-239）。

上动不停，左脚沿弧形向前上一步，脚尖微里扣；同时两手臂于胸前相合，左手臂在外，右手臂在内，然后两手再向前后展开，右掌划至身前，手臂极力前伸，掌心向前，掌指向上，高与肩齐；左掌反手划至身后，掌心反向上（或变勾手）。眼看右掌（图3-240）。

图 3-239　　　　　　图 3-240

要点：转身摆脚，弧形上步；右掌前推，左掌后撩，上下协调一致。连续上步和双掌抢劈都要走弧形。

用法：此式是八卦掌走偏门、打侧面的用法。与人较技，步走弧形，绕至对手侧面，然后连续出手抢劈对方头面。

10. 右弧形上步

接上式，身微右转，两手不动，两脚沿弧线从左向右行走半圈，即右脚向前上一步，左脚向前上一步；然后右脚再向前上一步，左脚再向前上一步，共向前沿弧线上 4 步。眼看身前右手（图 3-241、图 3-242、图 3-243、图 3-244）。

图 3-241　　　　　图 3-242　　　　　图 3-243　　　　　图 3-244

要点：行步向前走弧形（半圈），塌腰、坐胯、屈膝、蹚步。身体不可上下起伏。

用法：如与对方交手，我不与其正面对抗，而是绕走弧形，走偏门，寻机攻击对方。

11. 上步风轮掌

接上式，右脚向前（东）上一步，左脚不动，成右弓步。随之左掌从后向上、向前呈弧形抢劈，掌心向前，掌指向上，高与肩齐；同时右掌从前向下、向左划至左腋下，然后右掌从腋下再向上、向前抢劈，掌心向前，掌指向上，高与肩齐；同时左掌从前划至左后方，掌心反向上。眼看右掌（图3-245、图3-246）。

图 3-245

上动不停，左脚向前上一步，成左弓步；同时左掌从后向前抢劈，掌心向前，高与头齐；右掌下划至右腰侧，掌心向下。眼看左掌（图3-247）。

图 3-246

上动不停，两脚不动，右掌从下向上、向前抢劈，掌心向前，高与头齐；左掌同时划至右肘里侧，掌心向下。眼看右掌（图3-248）。

要点：上步抢劈要以腰带臂，两手臂如风轮转动，视若无形。

用法：行步过程中，两掌连续轮番劈击对方头面，其势如电闪雷鸣。

图 3-247

12. 右蹬脚

身向左转90°（面向北），重心移至左腿，右膝上提，右脚向右侧蹬出，脚底向前，脚尖斜向上，高与腰齐；同时两掌先合于胸前，然后向身体两侧撑开，掌心向外，掌指斜向上，右掌略高于右肩，左掌略低于左肩，两臂呈弧形，身略向左侧倾

图 3-248

斜。眼看右脚前（图3-249）。

要点：左膝微屈，身微左倾，独立步要稳；蹬足有力，两掌外撑。

用法：右脚蹬踹对方腹肋；两手臂外撑有两个作用：一是拦截对方上盘手攻击，二是起稳定平衡作用。

13. 转身左蹬脚

接上式，身向左转180°（面向南），右脚下落至左脚里侧约20厘米处，脚尖微里扣，重心略偏于右脚，两腿屈膝下蹲；同时左手搭在右手腕背上，手心向下，位置在胸前；上动不停，身略上起，右腿微屈，提左脚向身左侧（东）横向蹬出，脚底朝外，脚尖略里勾，高与腰齐；同时两掌略内旋，向身体左右两侧展开，掌心向外，掌指斜向上，左掌略高于左肩，右掌略低于右肩。眼看左脚前（图3-250、图3-251）。

要点：转身下蹲，双手在胸前相搭是蓄劲。转身蹬左脚，力达脚底。两掌同时向两侧展开，要有外撑之劲。

用法：本式与上式为一组连续动作，意在快速转身换式，左右脚连续蹬踹对方腹肋。

图 3-249   图 3-250   图 3-251

14. 腰缠玉带

身向左转约45°（面向东），随之左脚向前下落，成左弓步。同时左掌向下、向身体右后划弧，然后向前反手摔掌，掌心向上，掌指向前，高与肩齐；右掌收至右胯外侧，掌心向下。眼看左掌（图 3-252）。

上动不停，右脚向前上一步，左脚不动，重心略前移，成半马步。同时右掌外旋，从后向前伸出，然后略向后捋带，小指一侧斜向下，掌指向前，掌心斜向左；位置在胸前一臂远；左掌收至左胯外侧，掌心向下。眼看右掌（图 3-253）。

要点：左弓步摔掌，力达掌背。右掌前伸后捋，暗含缠带劲。

用法：上步反手摔打对方头面。接上式，对方若接我左手，我左手立刻翻腕扣拿对方手腕并向回带，同时上步以右掌挫击对方腰肋或缠带对方腰身。

图 3-252　　　　　　　　图 3-253

15. 行步左转圈

接上式，右脚尖里扣，身向左转约 135°〔面向西），左脚尖顺直，重心偏于右腿。随之两掌外旋，收至胸前，掌心均向上。然后右脚向左脚前上步，脚尖微里扣；身微左转，同时两掌向身体两侧平行展开，掌心向上，高与肩齐。眼看左手。此式名曰"大鹏展翅"（图 3-254、图 3-255）。

上动不停，左脚经右足内踝向前上步，然后两脚交替向前沿圈向左走转一圈至本式起点处时，左掌位置不变，右掌从右侧划至左肘里侧，手心向上；然后随走转，两掌内旋，掌心拧转向外，掌指向上，成竖掌。左掌指高与眉齐，右掌位于左肘里侧，两掌心随转身对向圆心，内含推劲。此式名曰"青龙探爪"。上动不停，两掌不变，两脚交替继续向前沿圈向左再走转一圈。眼看右掌（图3-256、图3-257）。

要点：以上两式的展示都是在走转中进行的。大鹏展翅式是两掌向身两侧平行展开，两掌有上托之意。青龙探爪式是边走边转边换式，同时身腰手臂都要向圆心拧转。

用法：与敌交手，我用行步走转之法与之周旋，边走转边换式，伺机攻击对方。

图3-254　　　　图3-255　　　　图3-256　　　　图3-257

16. 蛇形穿掌

接上式，行步走转至圆圈的西南方，右脚在前时，身向左转135°（面向东），随之左脚向左前方斜角上一步；同时右掌从左小臂下向前穿出，掌心向上，掌指向前，高与鼻齐；左掌收至右肘里侧，掌心向下。眼看右掌（图3-258）。

上动不停，身向右转（面向东南），随之右脚向右前方斜角上一步；同时左掌从右小臂下向前穿出，掌心向上，高与口齐；右掌收至左肘里侧，掌心向下。眼看左掌（图3-259）。

上动不停，身微左转（面向东），随之左脚向前上一步，右脚再向左脚前上一步，脚尖微向里扣，重心略偏左。随右脚上步，右掌从左小臂下向前穿出，掌心向上，高与口齐；左掌收至右肘里侧，掌心向下。眼看右掌（图3-260）。

图 3-258　　　　　　图 3-259　　　　　　图 3-260

要点：前两掌是左右斜行上步，拗步穿掌。第三掌是左右脚向前连环上步，穿右掌。斜行拗步穿掌要走出以腰带手的动势（态），要体现出蛇的活泼灵动之态。

此式平时可以拿出来单独操练，对提高散手的步法、身法、手法功夫都有很大用处。

用法：如与敌交手，我用左右晃动的身法和斜行进步的步法，配合左右穿手的手法，攻击对方胸面。

17. 乌龙缠身（右）

接上式，右掌屈肘从右侧向头后旋（划）向左侧，拇指外侧向下。腰身随之向左扭转；两脚不动，同时左掌从身前经腹肋屈肘绕向身后，掌背贴身，拇指外侧向上；头向左转，眼看左肘（图 3-261）。

图 3-261

要点：右掌向头后划动时，右臂要屈；两腿微屈，两膝要向里紧扣；胸要内含，在左掌缠腰时，两肩关节要放松，使之柔活，不可有丝毫拙劲。两掌与转身动作要协调一致。

用法：此式是防守动作，右手上护头，左手下护腰。即藏头缩身，拧腰转身，静观其变。

18. 金鱼合口（右）

接上式，身向左转约135°（面向西），随之左脚外摆，同时左掌内旋，从身后划至左胸前，掌心向下；同时右掌从脑后下划至左腹前，掌心向上，与左掌上下相对。眼看身前（图3-262）。

上动不停，身向右转90°，随之右脚向右前方斜角（西北方位）上步；左脚向右脚前上一步；右脚再向左脚前上一步。随左右脚向前上步，两掌随之，左掌外旋，翻转至右腹前，掌心向上；右掌内旋，翻转至右胸前，掌心向下，两掌心上下相对，随上步双掌向右前方带领。眼看双掌（图3-263、图3-264、图3-265）。

图3-262   图3-263   图3-264   图3-265

要点：两掌上下翻转相合，随转身上步，向右前方带领。

用法：此式有两种用法。一是边行走边将带对方手臂；二是一手将带对方来手，一手横切对方腹肋。

19. 金鱼合口（左）

接上式，身向左转90°（面向西南），随之左脚向左前方斜角上步；右脚向左脚前上一步；左脚再向右脚前上一步。随转身上步，左掌内旋，上翻至左胸前，掌心向下；同时右掌外旋，下翻至左腹前，掌心向上，两掌上下相合。眼随手动（图3-266、图3-267、图3-268）。

  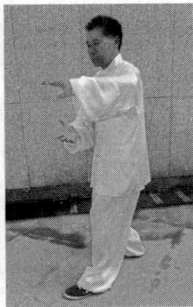

图 3-266   图 3-267   图 3-268

要点：与第 18 式第 2 动相同，唯左右式及方向相反。

20. 金鱼合口（右）

动作及说明与第 18 式第 2 动相同。（参阅图 3-263、图 3-264、图 3-265）

21. 乌龙探爪（右）

接上式，身微左转（面向西），左脚向前上一步，成左弓步。同时左掌内旋，屈肘横臂于胸前，掌心向下，掌指向右；同时右掌外旋，从左掌上向前穿出，掌心向上，掌指向前，高与喉齐。眼看右掌（图 3-269）。

图 3-269

要点：上步穿掌，左手横掌（臂）下压，右掌前穿，力达指尖。

用法：左掌下压拦截对方来手之进攻，同时出右掌穿击对方喉面。

22. 脱身换影

接上式，身向右转 180°（面向东），随转身，右脚外摆，同时右掌内旋，屈肘向上托举至头顶，掌心向上；左掌位置在右胸前，掌心向下。

身继续右转180°（面向西），随之左脚向右脚前上步，脚尖里扣；同时右掌在头顶从前向左、向脑后，再向右划一小圆，然后手臂外旋，随转身从脖颈右侧下划至胸前，掌心向上；左掌划至左腹前，掌心向下。眼看身前（图3-270、图3-271）。

上动不停，右脚向后退半步，随之重心后移，左脚跟略提，脚尖虚着地，成左虚步。同时左掌从右掌上向前横掌推出，掌心向下，小指外侧向前，高与胸齐；右掌收至右腰侧，掌心向上。眼看左掌（图3-272）。

图3-270　　　　　　图3-271　　　　　　图3-272

要点：拧腰转身，右手臂外旋，在脑后划圆拧转，要求肩松腰活；两腿屈膝坐胯，两脚摆扣步法清晰。这是脱身换影含脑后摘盔的练法。

用法：此式第1动是摔法。如对方出右手击打我前胸，我以右手抓住对方来手之腕部，同时左手上托其肘臂，然后顺势拧腰转身，摆脚上半步，同时向下甩腰将其摔出。

第2动，如身后有人偷袭，我可迅速转身，同时左手向下拦截对方打来之手臂，右手随之攻击对方胸面。左脚虚点地，暗含踢踏对方膝足之暗腿。

23. 连环穿掌

接上式，左脚踏实，右脚向前上步，同时右掌从左掌上向前穿出，掌心向上，掌指向前，高与口齐；同时左掌收至右肘里侧，掌心向下。眼看右掌（图3-273）。

上动不停，左脚向前上一步，重心移至左腿，右膝上提，右脚自然下垂，左腿独立，膝微屈；随上步，左掌外旋，从右小臂下向前穿出，掌心向下，高与口齐；同时右掌收至左肘里侧，掌心向下。眼看左掌（图3-274）。

要点：上步穿掌，手脚相合，穿掌要有拧钻之劲。

用法：这是连环上步、连环掌击的打法。双掌连续向前穿击对方头面。右腿上抬内含膝顶、足蹬之暗腿。

24. 行步右转圈

接上式，身向右转，随之右脚向前落步，脚尖向前；同时右掌外旋，向身右侧平行伸展，掌心向上，略高于肩；左掌同时向身左侧平行伸展，掌心向上，略高于肩。眼看右掌（图3-275）。

上动不停，左脚经右足内踝向前弧形上步，然后两脚交替向前沿圈向右走转一圈；两掌位置不变，右掌一侧对着圆心。当走转至本式起点处时，左掌划至右肘里侧，掌心仍向上，然后两掌均内旋，掌心向外，掌指向上，成竖掌，两掌螺旋外推，右掌在前，掌指高与眉齐；左掌在后，位置在右肘里侧。眼看右掌。同时两脚行步不停，交替向前沿圈向右再走转一圈（图3-276）。

要点：行步转圈，第1圈是大鹏展翅式，第2

图 3-273

图 3-274

图 3-275

图 3-276

圈是青龙探爪式。换式时，下盘步子不可停，边走转，身腰、手臂边向圆心拧转。两掌始终对着圆心。眼随掌转。

用法：与敌交手，我以大鹏展翅和青龙探爪之式与敌周旋走转，伺机变招攻击对方。

25. 蛇形穿掌

接上式，行步右转圈至圆圈的西北方，左脚在前时，身微右转，随之右脚向右前方斜角上一步，同时左掌从右小臂下向前穿出，掌心向上，掌指向前，高与口齐；右掌收至左肘里侧，掌心向下。眼看左掌（图3-277）。

上动不停，身向左转90°（面向西南），随之左脚向左前方斜角上一步；同时右掌从左小臂下向前穿出，掌心向上，高与口齐；左掌收至右肘里侧，掌心向下。眼看右掌（图3-278）。

上动不停，身微右转（面向西），随之右脚向前上一步，左脚向右脚前再上一步，脚尖微里扣，重心略偏右；随左脚上步，左掌从右小臂下向前穿出，掌心向上，高与口齐；右掌收至左肘里侧，掌心向下。眼看左掌（图3-279）。

图3-277　　　　图3-278　　　　图3-279

要点和用法与第16式相同，唯方向相反。

26. 乌龙缠身（左）

接上式，左掌屈肘，从左侧向脑后划向头上（偏右侧），拇指外侧向下；腰身随之向右扭转，两脚不动；同时右掌从身前经腹肋屈肘绕向腰后，掌背贴身，拇指外侧向上，头向右转，眼看右肘（图3-280）。

要点和用法与第17式相同，唯左右式及方向相反。

27. 龙形穿掌（右）

接上式，身向右转约135°（面向东南），随之右脚向前上半步，脚尖外摆，同时右掌外旋，从身后向前探掌，掌心向上，掌指向前，高与口齐；同时左掌从头顶经右颈下划至右肘里侧，掌心向下。眼看右掌（图3-281）。

图3-280　　　　　图3-281

上动不停，左脚向右脚前上一步，右脚向左脚前上一步，两掌位置不变，然后左脚再向右脚前上一步。随之左掌从右小臂下向前穿出，掌心向上，高与口齐；右掌收至左肘里侧，掌心向下。眼看左掌（图3-282、图3-283、图3-284）。

图3-282　　　　图3-283　　　　图3-284

要点：两脚连续向右前方斜角上步，两掌前穿，力达指尖。

用法：这是连环上步，快速穿击敌人的掌法。

28. 龙形穿掌（左）

接上式，左脚尖里扣，身向右转135°，随转身，右脚尖外摆，同时左手臂内旋，向胸前掩肘；同时右掌经腹肋向身后背插，掌背轻贴后腰。身再向右转135°（面向东北），然后随右脚外摆，右手臂外旋，右掌向前穿出，掌心向上，高与口齐；左掌收至右肘里侧，掌心向下。眼看右掌（图3-285、图3-286）。

上动不停，左脚向前上一步，同时左掌从右小臂下向前穿出，掌心向上，高与口齐；右掌收至左肘里侧，掌心向下。眼看左掌（图3-287）。

上动不停，右脚向前上一步，左脚不动，重心偏于左腿。随上步，右掌从左小臂下向前穿出，掌心向上，掌指向前，高与口齐；左掌收至右肘里侧，掌心向下。眼看右掌（图3-288）。

图3-285　　　　图3-286　　　　图3-287　　　　图3-288

要点：手随步动，边上步边穿掌，步到掌到，力达掌指。

用法：接上式，突然转身，右掌前探，以迎身后来者之偷袭，然后连续上步出掌穿击对方头面。

29. 龙形穿掌（右）

接上式，右脚尖里扣，身向左转135°，随转身，左脚尖外摆，同时右手臂外旋，屈臂立肘向胸前内掩；同时左掌经腹肋向身后背插，掌背轻贴腰后。身再向左转135°（面向东南），随之左脚尖外摆，左掌同时外旋，向前探出，掌心向上，高与口齐；右掌收至左肘里侧，掌心向下。眼看左掌（图3-289、图3-290）。

上动不停，右脚向前上步，随之右掌从左小臂下向前穿出，掌心向上，高与口齐；左掌收至右小臂内侧，掌心向下。眼看右掌（图3-291）。

上动不停，左脚向前上步，脚尖微内扣，右脚不动，重心偏于右腿，随上步，左掌从右小臂下向前穿出，掌心向上，掌指向前，高与口齐；右掌收至左肘里侧，掌心向下。眼看左掌（图3-292）。

图3-289　　　　　图3-290　　　　　图3-291　　　　　图3-292

要点和用法与第28式相同，唯左右式及方向相反。

30. 乌龙探爪（左）

接上式，身向右转135°（面向西），随转身，右脚尖外摆，同时左手臂外旋，向胸前掩肘，随之右掌经腹肋向身后背插，掌背轻贴后腰。眼看右肩（图3-293）。

上动不停，左脚向右脚前上步，脚尖里扣，身再向右转 180°（面向东）；随转身，右脚尖外摆，同时右掌外旋，从身后向前探掌，掌心向上，掌指向前，高与口齐；同时左掌收至右肘里侧，掌心向下。眼看右掌（图 3-294、图 3-295）。

上动不停，左脚向前上一步，随之左掌从右掌下向前穿出，掌心向上，高与口齐；右掌收至左小臂里侧，掌心向下。眼看左掌（图 3-296）。

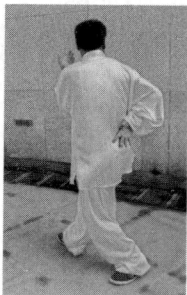   

图 3-293　　　　　图 3-294　　　　　图 3-295　　　　　图 3-296

上动不停，右脚向前上一步，同时右掌从左小臂下向前穿出，掌心向上，高与口齐；左掌收至右小臂里侧，掌心向下。眼看右掌（图 3-297）。

上动不停，两脚不动，重心前移至右腿；同时左掌从右掌上

图 3-297　　　　　图 3-298

向前穿出，掌心向上，掌指向前，高与胸齐；右掌收至左肘下，掌心向下，掌指向左。眼看左掌（图 3-298）。

要点：身随步转，掌随身动，步到掌到，上下协调，力达掌指。

用法：利用灵活的身法、步法，连续上步穿击对手胸面。

31. 脱身换影

接上式，身向左转 180°（面向西），随转身，左脚尖外摆，同时左

掌内旋，屈肘向上托举至头顶，掌心向上；右掌位于左胸前，掌心向下。身继续向左转135°，随之右脚向左脚前上步，脚尖里扣；同时左掌在头顶从前向右、向脑后，再向左划一小圆，然后手臂外旋，随转身从脖颈左侧下划至胸前，掌心向上；右掌划至右腹上，掌心向下。眼看身前（图3-299、图3-300）。

上动不停，左脚向后退半步，随之重心后移至左腿，右脚跟略提，脚尖虚着地，成右虚步。同时右掌从左掌上向前横掌推出，掌心向下，小指外侧向前，高与胸齐；左掌收至左腰侧，掌心向上。眼看右掌（图3-301）。

要点和用法与第22式相同，唯左右式及方向相反。

图 3-299　　　　　图 3-300　　　　　图 3-301

32. 连环穿掌

接上式，右脚踏实，左脚向前上步，同时左掌从右掌上向前穿出，掌心向上，掌指向前，高与口齐；同时右掌收至左肘里侧，掌心向下。眼看左掌（图3-302）。

上动不停，右脚向前上一步，右掌同时从左掌上向前穿出，掌心向上，高与口齐；左掌收至右肘里侧，掌心向下。眼看右掌（图3-303）。

上动不停，左脚再向前上一步，随之右膝上提成左独立步；同时左掌从右掌上向前穿出，掌心向上，高与口齐；右掌收至左肘里侧，掌心向下。眼看左掌（图3-304）。

要点和用法与第23式相同，唯左右式及方向相反。

图 3-302   图 3-303   图 3-304

33. 转身风轮掌

接上式，身向右转 135°（面向西），随之右脚向前下落，成右弓步。同时右掌向前抡劈，掌心向前，掌指向上，高与肩齐；左掌下落至左腰侧，掌心向下。眼看右掌（图 3-305）。

上动不停，左脚向前上一步，右脚不动，成左弓步。随之左掌从下向后，再向上、向前抡劈，掌心向前，掌指向上，高与肩齐；右掌收至右腰侧，掌心向下。眼看左掌（图 3-306）。

双脚不动，右掌从下向后、向上，再向前抡劈，掌心向前，高与肩齐；左掌收至腰前，掌心向下。眼看右掌（图 3-307）。

图 3-305   图 3-306   图 3-307

要点和用法与第 6 式相同，唯左右式及方向相反。

34. 乌龙摆尾

接上式，身向右转约 135°，随之右脚向左腿后倒插步，两腿交叉，左腿前弓，右腿后伸；同时两掌于胸前相交，右掌在上，左掌在下，掌心均朝外；然后双掌内旋向左右两侧展开，右掌伸至右眼右前方，掌心向外，掌指斜向上；左掌伸至左胯后侧，掌心向后，两臂极力伸展，腰身极力向左扭转。眼看左手前（图 3-308、图 3-309）。

要点和用法与第 7 式相同，唯左右式及方向相反。

35. 转身双合掌

接上式，身向右转约 270°（面向西南）。随转身，右脚向前垫半步，左脚向前上一步，重心偏于右腿；随右脚垫步，双手臂于胸前相交，右手在内，左手在外，掌心均朝外；然后随左脚上步，两手臂向两侧划弧分开，然后再从两侧向面前合掌相击。眼看双掌（图 3-310、图 3-311）。

要点和用法与第 8 式相同，唯左右式及方向相反。

图 3-308　　　　图 3-309　　　　图 3-310　　　　图 3-311

36. 上步分掌

接上式，身向左转约 45°，左脚外摆，脚尖向前，右脚不动；随之两掌左前右后前后展开，左掌前推，掌心向前，掌指向上，高与肩齐；右掌向右后反手撩出，掌心反向上。眼看左手（图 3-312）。

上动不停，右脚向前沿弧形上步，脚尖微里扣；同时两手臂于胸前相合，右手臂在外，左手臂在内，然后两手再向前后展开，左掌划至身前，手臂极力前伸，掌心向前，掌指向上，高与肩齐；右掌反手划至身后，掌心反向上（或变勾手）。眼看左掌（图3-313）。

要点和用法与第9式相同，唯左右式及方向相反。

37.左弧形上步

接上式，身微左转，两手不动，两脚沿弧线从右向左走转半圈，即左脚向前进一步，右脚向前上一步，然后左脚再向前上一步，右脚再向前上一步，共向前沿弧线上4步。眼看身前左手（图3-314、图3-315）。

要点和用法与第10式相同，唯左右式及方向相反。

图3-312　　　　　　　图3-313

图3-314　　　　　　　图3-315

38.上步风轮掌

接上式，左脚向前（西方位）上一步，右脚不动，成左弓步。随之右掌从后向上、向前抡劈，掌心向前，掌指向上，高与肩齐；同时左掌从前向下、向右划至右腋下，掌心向下（图 3-316）；上动不停，左掌从右腋下向上、向前抡劈，掌心向前，高与肩齐；同时右掌从前划向右后，掌心反向上。眼看左掌（图 3-317）。

上动不停，右脚向前上一步，成右弓步；同时右掌从后向前抡劈，掌心向前，掌指向上，高与肩齐；左掌下划至左腰侧，掌心向下。眼看右掌（图 3-318）。

上动不停，两脚不动，左掌从下向上、向前抡劈，掌心向前，高与肩齐；右掌同时划至左肘里侧，掌心向下。眼看左掌（图 3-319）。

图 3-316　　　　　　　　　图 3-317

图 3-318　　　　　　　　　图 3-319

要点和用法与第 11 式相同，唯左右式及方向相反。

39. *左蹬脚*

接上式，身向右转约 90°（面向北），重心移至右腿，随之提左脚，向左侧横脚蹬出，脚底向前，脚尖斜向上，高与腰齐；同时两掌先合于胸前，然后向身体两侧撑开，掌心向外，掌指斜向上，左掌略高于左肩，右掌略低于右肩，两臂呈弧形，身略向右侧倾斜。眼看左脚前（图 3-320、图 3-321）。

 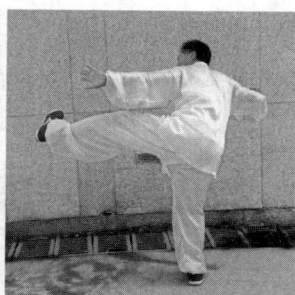

图 3-320   图 3-321

要点和用法与第 12 式相同，唯左右式及方向相反。

40. *转身右蹬脚*

接上式，身继续向右转 180°（面向南），左脚下落至右脚里侧约 20 厘米处，脚尖微里扣，重心略偏于左脚，两腿屈膝略下蹲；同时两手于胸前相交，右手在上，左手在下，掌心均朝外。眼看身右侧（图 3-322）。

上动不停，身略上起，左腿微屈，提右脚向身右侧横向蹬出，脚底朝外，脚尖微里勾，高与腰齐。同时两掌略内旋，向身体左右展开，掌心向外，掌指斜向上，右掌略高于右肩，左掌略低于左肩。眼看右脚前（图 3-323）。

要点和用法与第 13 式相同，唯左右式及方向相反。

图 3-322　　　　　　　　　图 3-323

41. 腰缠玉带

接上式，身向右转约 45°（面向西），随之右脚向前下落，成右弓步，同时右掌从前向下、向身体左后划弧，然后向前反手摔掌，掌背朝下，掌指向前，高与肩齐；左掌收至左胯外侧，掌心向下。眼看右掌（图 3-324）。

上动不停，左脚向前上一步，右脚不动，重心略向前移，成半马步。同时左掌外旋，从后向前探出，然后略向后将带，小指一侧斜向下，掌指向前，掌心斜向右；位置在胸前一臂之远；右掌收至右胯外侧，掌心向下。眼看左掌（图 3-325）。

要点和用法与第 14 式相同，唯左右式及方向相反。

42. 转身摔掌

接上式，左脚尖里扣，右脚尖外摆，身向右转 180°（面向东），重心移至右腿，成右弓步。随转身，右掌反手从下向上、向前抡劈，掌背朝下，高与头齐；左掌同时收至左腹外侧，掌心朝下。眼看右掌（图 3-326）。

要点：以身带掌，手臂走弧形，力达掌背。

用法：转身快速反手击打对方头面。

图 3-324　　　　　　图 3-325　　　　　　图 3-326

43. 抽身换影

接上式，身微右转，右脚向后撤一步，重心偏于右腿。随撤步，左掌从右小臂下向前穿出，掌心向上，指尖向前，高与口齐；右掌收至右腹侧，掌心向下。眼看左掌（图 3-327）。

要点：两掌前穿后收，均要拧转而动。

用法：边撤步边出手，迎击对方的追击。

上动不停，左脚尖里扣，右脚尖外摆，身向右转 135°（面向西）；随转身，左手臂屈肘，竖臂外旋，向胸前掩肘；同时右掌经腹肋向身后背插，掌背贴身，拇指外侧向上。眼看右肩（图 3-328、图 3-329）。

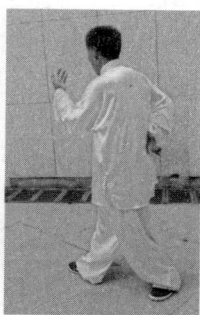

图 3-327　　　　　　图 3-328　　　　　　图 3-329

上动不停，左脚向前上步，脚尖里扣，身继续向右转 180°（面向东），随之右脚尖外摆；同时右掌外旋，从身后向胸前探出，掌心向上，掌指向前，高与口齐；左掌收至右肘里侧，掌心向下。眼看右掌（图3-330）。

上动不停，身继续右转45°，随之右脚向后撤一步，左脚不动，重心偏于右腿；同时左掌从右小臂下向前穿出，掌心向上，掌指向前，高与口齐；右掌同时收至右腹侧，掌心向下。眼看左掌（图3-331）。

图 3-330   图 3-331

要点：步动身随，掌随身发，手眼身法步动作协调一致。

用法：这是八卦背身掌技法，招法随势而变，转身如影随形，快如鬼魅。

44. 收势

接上式，两脚不动，身微右转，右掌外旋，掌心向上、向右后伸出，然后两掌左前右后向上平举，掌心向上，举过头顶，吸气收腹；然后身微左转，两掌略内旋，向头前合拢，掌心相对（图3-332）。

上动不停，两掌经胸前向下捋按至腹前，两掌变拳，拳心斜向前，两臂呈弧形；松胯屈膝，呼气松腹，气沉丹田。眼看身前（图3-333）。

上动不停，重心前移，右脚收至左脚内侧，两脚并步；然后身体缓缓上起，随之两拳变掌收至大腿两侧，手臂自然下垂，恢复预备式姿势。身体放松，精神内敛，眼平视前方（图3-334、图3-335）。

图 3-332 　　　　　　　 图 3-333

图 3-334 　　　　　 图 3-335

要点：两掌向上托举时吸气收腹，两掌下按时呼气松腹，气沉丹田。收势动作要稳，呼气要均匀深长，心宁神敛。

第四节 龙形八卦掌

一、龙形八卦掌简述

龙形八卦掌源自形意拳、八卦掌大师李存义先生。民国初年，张鸿庆先生得李存义先生形意拳、八卦掌之真传。然而当年李存义老先生传授张鸿庆先生的只是一些龙形八卦掌的散招和八卦掌的主要身法、步法。后经过张鸿庆先生多年的刻苦修炼、精研，这些技法才逐渐形成了一套完整的龙形八卦掌套路。至今，这个套路在本门中已传承近百年之久。

张鸿庆先生所传龙形八卦掌，与社会上流传的常见八卦掌套路有所不同。常见的八卦掌大多是按八卦走圈步的形式练习，即每个掌式都要刻意围绕一个固定的圆圈走转换式（即按八卦的乾、坎、艮、震、巽、离、坤、兑8个方位转掌操练）。龙形八卦掌演练时不固定走圆圈，而是直行斜绕，纵横交错，前后左右，四面八方，身随步转，掌随身绕，龙行虎坐，鹰翻猿转，形如游龙，气似行云，潇洒自如。

龙形八卦掌的步法相当丰富，整个套路中穿插有直行步、连环步、斜行步、龙形步、弧形步、走圈步、摆扣步等多种步法，演练时，既不限于走圈步，也不是直来直去，而是有其独特的风格和特点。练习时，整个套路都体现了龙之灵性：步法灵活，身手敏捷；动作刚柔相济、节奏分明；姿势优美，古朴大气。总的要求是，内外一致，纵横连贯，一气呵成。

龙形八卦掌是一个既可用于表演，又可专于修炼功夫、研习技击实战的八卦游身行步练法的套路。要想练好此套路，应当先学好前面介绍的八卦走圈蹚泥步、转掌八式、八卦掌、龙形掌等基本套路，这也是本门先师教授龙形八卦掌的必经程序，这样下来，再学习龙形八卦掌，可收到事半功倍之效。

龙形八卦掌保留了传统八卦掌古朴大气、简练易学的运动方式，适宜各层次大众学练。只要坚持日久，一招一式必见功夫，一招一式必得其味。总之，此套龙形八卦掌，可使习练者得到强身健体、怡情益智之效，也可使喜欢研习八卦掌技击术者得到步法、身法、掌法、体能等诸多方面的强化锻炼，进一步深悟八卦掌法之精奥妙用。

二、龙形八卦掌动作名称

第一组

1. 预备式　2. 起势　3. 懒龙卧道　4. 摔盖掌　5. 摔盖掌　6. 转身摔盖掌　7. 鹞子钻天　8. 上步摔盖掌　9. 潜龙下降（左）10. 青龙探爪　11. 蛰龙升天　12. 潜龙下降（右）13. 乌龙摆尾　14. 转身双合掌　15. 上步掖掌　16. 鹞子钻天　17. 飞燕抄水　18. 叶底藏花　19. 青龙返身　20. 青龙探爪　21. 行步右走圈

第二组

22. 摔盖掌　23. 右龙形腿　24. 右落步摔掌　25. 转身盘步　26. 左龙形腿　27. 左落步摔掌　28. 腰缠玉带　29. 大鹏展翅　30. 行步左走圈

第三组

31. 指天画地　32. 左斜行穿掌　33. 右斜行穿掌　34. 抽身换影　35. 移花接木　36. 黄鹰打旋　37. 白鹤亮翅　38. 大鹏展翅　39. 叶底藏花　40. 青龙返身　41. 青龙探爪　42. 行步右走圈

第四组

43. 摔盖掌　44. 右龙形腿　45. 落步摔掌　46. 转身盘步　47. 左龙形腿　48. 落步摔掌　49. 腰缠玉带　50. 大鹏展翅　51. 行步左走圈

第五组

52. 行步乌龙缠身　53. 乌龙探爪　54. 脱身换影　55. 上步切掌　56. 转身合掌　57. 金鱼合口（右）　58. 金鱼合口（左）　59. 金鱼合口（右）

第六组

60. 背身掌　61. 童子鸳鸯腿　62. 龙盘步　63. 转身盘步　64. 状元腿　65. 转身盘步　66. 龙形腿　67. 落步摔掌　68. 上步盖掌

第七组

69. 转身双合掌　70. 右切掌　71. 转身推窗望月　72. 金刚通背掌　73. 落步左切掌　74. 白蛇吐信　75. 抽身换影　76. 收势

三、龙形八卦掌动作说明

第一组

1. 预备式

与龙形掌预备式相同（参阅图 3-224）。

2. 起势

与龙形掌起势相同（参阅图 3-225、图 3-226、图 3-227、图 3-228）。

3. 懒龙卧道

接上式，右脚向后退半步，随之左脚退至右脚前，脚尖虚着地，重心偏于右腿；同时左小臂外旋，向胸前掩肘，小臂直竖，掌指向上；身微右转，右手位置不变。眼看左手前（图3-336）。

上动不停，左脚向前（东方位）上一步，右脚向左脚前盖步，两腿相交，右脚尖外摆，两腿屈膝下蹲，成半盘步；同时右掌从左掌上向左肩前穿出，掌心向上，掌指向前；左掌内旋下划至右肋侧右肘下方，掌心朝下。眼看右掌（图3-337）。

要点：退步掩肘上下相随，左手臂要有拧裹劲。盖步要稳，两手臂相交，左手回落有推按劲；右手有前穿劲。

用法：退步掩肘可化解对方的拳式攻击。左手向后捋带对方攻腹之手臂，同时出右手穿击对方喉面；右脚盖步可蹬踏对方膝足。

4. 摔盖掌

接上式，身略起，左脚向前上一步，右脚不动，重心偏于右腿；随之左掌从右肘下向前反手摔掌，掌背朝下，高与头齐；右掌同时收至右腹侧，掌心向下。眼看左掌（图3-338）。

上动略停，左脚尖外撇，右脚向前上一步，重心偏于左腿；同时右掌上提至右耳侧，然后向前盖拍，掌心向下，掌指向前，高与头齐；左掌收至左腰侧，掌心向下。眼看右掌（图3-339）。

要点：左掌前摔有甩、抽、摔、打之劲，力达掌背；右手前盖含劈、拍、盖、按、打之劲，力达掌心。

用法：摔掌是反手摔打对方头面，盖掌是盖拍对方头面。实战时，两掌运用要连续快捷，摔劈盖打一气呵成。

图 3-336　　　　　图 3-337　　　　　图 3-338　　　　　图 3-339

5. 摔盖掌

接上式，身微左转，随之右手从身前向下、向左后下划，然后身微右转，随之右脚原地外摆，同时右掌从左后向上、向前反手抢摔，掌背朝下，掌指向前，高与头齐；左掌位置不变。眼看右掌（图 3-340）。

上动不停，左脚向前上一步，右脚不动，重心偏于右腿。随上步，左手上提至左耳侧，然后向前盖掌，掌心向下，掌指向前，高与头齐；同时右掌收至右腹侧，掌心向下。眼看左掌（图 3-341）。

要点和用法与第 4 式相同，唯左右式相反。

6. 转身摔盖掌

接上式，左脚尖里扣，身向右转 180°（面向西），右脚向前上半步，重心略向前移；随之右手从下向上、向前反手摔出，掌心向上，高与头齐；左掌收至左腹侧，掌心向下。眼看右掌（图 3-342）。

上动不停，左脚向前上一步，右脚不动，重心偏于右腿；随之左手上提至左耳侧，然后向前盖掌，掌心向下，掌指向前，高与头齐；右掌收至腹脐右侧，掌心向下。眼看左掌（图 3-343）。

要点和用法与第 5 式相同，唯方向相反。

图 3-340   图 3-341   图 3-342   图 3-343

7. 鹞子钻天

接上式，右脚向前上半步，脚尖微里扣，身向左转约90°（面向西南），随之重心移至右腿，左膝上提，成右独立式。同时右掌从左掌上向上穿出，手臂极力上举，掌指向上，高过头顶；左掌收至右腋下，掌心向右。眼看身体左前方（图3-344）。

图 3-344

要点：独立步要稳。右掌上穿，手臂要有拧钻螺旋之劲。

用法：左手下拦敌手，右手上穿对方喉面；左脚上提是暗腿（有膝顶、足踢之意）。

8. 上步摔盖掌

接上式，身微左转（面向东），左脚向前下落，脚尖外摆，右脚不动，重心偏于右腿；随之左掌向前反手摔出，掌心朝上，掌指向前，力达掌背，高与头齐；右掌收至右胯外侧，掌心向下。眼看左掌（图3-345）。

上动不停，右脚向前上一步，左脚不动，重心偏于左腿，随之右掌上提至右耳侧，然后向身前盖掌，掌心向下，高与头齐；左掌收至左腹侧，掌心向下。眼看右掌（图3-346）。

要点和用法与第4式相同。

图 3-345　　　　　　　图 3-346

9. 潜龙下降（左）

接上式，左手前伸与右手齐，手心均朝下，然后两手一起向后抓拧，两手边回抓边握拳，收至腹脐两侧，两拳握实，拳心翻向上。眼看身前（图 3-347、图 3-348）。

上动不停，重心略向后移，提右脚向前蹬出，脚尖回勾，力达脚跟，高不过腰；同时两拳沿胸上提至颏下，再向前钻出，右拳在前，左拳在后，位置在右小臂内侧，两拳心均朝上。眼看右拳（图 3-349）。

上动不停，右脚前落，脚尖外摆，后（左）脚脚跟稍离地，身体略向前扑，两腿相交，屈膝坐胯下蹲，成盘步姿势。随右脚下落，两拳内翻变掌，左掌从右掌上向前下方劈出，位置距地面约30厘米，掌心向前下方，左臂前伸呈浅弧形，肘尖下坠；右掌收至右胯外侧偏后，掌心向下，右臂呈弧形。眼看左掌（图 3-350）。

图 3-347　　　　图 3-348　　　　图 3-349　　　　　图 3-350

要点：两手回收有抓捋之意。右脚上提有蹬踏之意。两拳上钻有拧钻之劲，下落时要手翻肩扣，身子拧，塌腰坐胯，斜身拗步，头顶项竖，气沉丹田，力到掌心。

用法：如对方出拳击我胸腹，我以双手合住（拦截）其手臂，然后顺势向后抓捋，其中暗含拿法。

再如，对方出手击我前胸，我上边起手拦截其来手，下边同时可起右脚蹬踏对方膝足；敌若后退，我可顺势上步，一手向后采捋对方手臂，另一手向前劈击其臂膀。

10. 青龙探爪

接上式，身略起，随之左脚向前上一大步，脚尖外摆，重心前移，成左弓步；同时左掌外旋，沿胸上提至颏下，然后向前穿出，掌心向上，掌指向前，高与口齐；右掌收至腹右侧，掌心向下。眼看左掌（图3-351）。

要点：左掌前穿要有拧钻劲，力到指尖。

用法：上步穿击对方喉面。

11. 蛰龙升天

重心前移，左脚踏实，右腿提膝向前蹬脚，脚尖上翘，高过腰，力到脚跟；同时右手外旋，沿胸向前穿出，掌心向上，高与口齐，力达指尖；左掌收至腹脐左侧，掌心向下。眼看右掌（图3-352）。

要点：左脚抓地，独立步要稳，右脚前蹬，力达脚跟。右手前穿要有拧钻劲。

用法：接上式，对方若接我左穿掌，我左手立刻翻掌向下采捋对方手臂，然后欺身上步，以膝顶、脚蹬、掌穿手脚并用之法攻击对方中门。

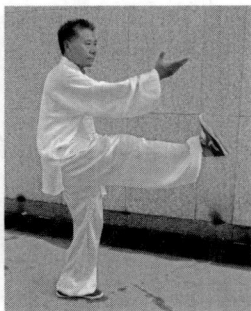

图 3-351　　　　　　　　图 3-352

12. 潜龙下降（右）

接上式，左脚蹬地跃起，两脚在空中交替（即右腿变后腿，左腿倒向前腿），右脚下落，接着左脚向右脚前下落，脚尖外摆，两腿屈膝下蹲，成盘步，右脚跟稍离地，身略前俯。当左脚蹬地跃起时，左掌向前探出，掌心向下，高与口齐；右掌收至右胸前，掌心向下；当左脚前落时，右掌从左掌上向前下方扑按，掌心向下，同时左掌收至左胯后侧，掌心向下。眼看右掌（图 3-353、图 3-354）。

要点：左脚蹬地，两腿在空中迅速倒脚，右脚先落地，左脚后落地，成盘步。两脚交替时，上边两手也同时交替向前探掌。

用法：接上式，连续向前穿手、踢腿，追击后退之敌。

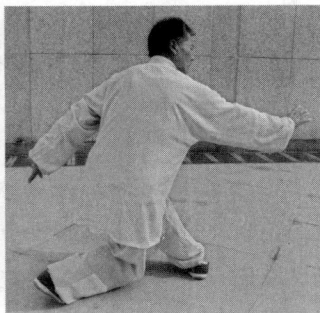

图 3-353　　　　　　　　图 3-354

13. 乌龙摆尾

接上式，身略起，右脚向前上步，脚尖内扣，同时左掌向前划至右腕上，两腕相交，两掌心均向外，位置在胸前。眼看身前（图3-355）。

上动不停，身向左转约135°（面向北），随之左脚向右腿后插步，左腿伸直，右腿前弓，右脚尖外摆；随转身，两手臂向左右展开，左掌伸至左额左前方，掌心向前；右掌划至右胯后侧，掌心向后。眼看右掌（图3-356）。

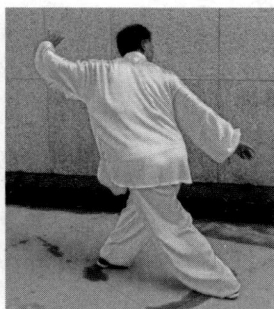

图 3-355　　　　　图 3-356

要点：插步转身，身略前倾，但腰向右扭，头部顶劲不丢。两手臂前后展开，左前掤，右后撑；右腿弓，左腿蹬，左右、上下有对称劲。

用法：如对方左手击我头面，我用双手上架拦截对方来手；然后，我左手向我身左侧带领对方左手腕，右掌切击对方腹肋。

此式另一种用法是摔法。如对方出左手击我前胸，我以左手从其来手外环拦拿其腕，然后身向左转，同时拧腰甩头，左腿后插倒步，右手向上托其左大臂，两手用力向我身左侧摔放对方。

14. 转身双合掌

接上式，右脚尖里扣，身向左转270°（面向东），左脚尖外摆，随转身，两掌外旋，收至腰两侧，掌心均向上，然后两掌内旋，掌背轻贴腰肋向身后倒插（图3-357）。

上动不停，右脚向前上步，成右弓步；随上步，两掌从身后向身前合击，掌心相合，掌指斜向上，高与口齐。眼看双掌（图3-358）。

要点：双掌倒插走拧劲，向前合击，见响有力。

用法：双掌合击对方头面。

15. 上步掖掌

身微左转，右脚向前上半步，左脚跟进半步，重心略偏后，成半马步。同时右掌内旋，横掌向前踏出，掌心向下，小指一侧向前，高与腰齐，肘臂呈浅弧形；同时左掌外旋，收至腹左侧，掌心向上。眼看右掌（图3-359）。

要点：右掌有横切踏按之劲，左脚跟步是助力。

用法：上步掖踏对方腹肋。

图3-357　　　　　图3-358　　　　　图3-359

16. 鹞子钻天

接上式，右脚尖里扣，身向左转约135°（面向西北），左脚尖外摆，重心偏于右腿；同时左掌内旋，向胸前横推，掌心向下；右掌划至右胯后侧，掌心向下。眼看左掌（图3-360）。

上动不停，右脚向左脚前上步，脚尖稍内扣，重心前移至右腿，身微左转，左膝上提，成右独立步。同时右掌从左掌上向前上方穿出，掌

心向左，掌指向上，高过头顶；左掌收至右腋下，掌心向右。眼看身左侧（图3-361）。

图 3-360　　　　图 3-361

要点：转身摆步横推掌，手脚相合；上步穿掌，独立步要稳，穿掌有力，劲达指尖。

用法：左掌拦截对方来手，右掌上穿对方喉面。

注：此式左脚外摆、右脚上步、左膝上提，都有八卦暗腿之法，习练者可细细研析。

17. 飞燕抄水

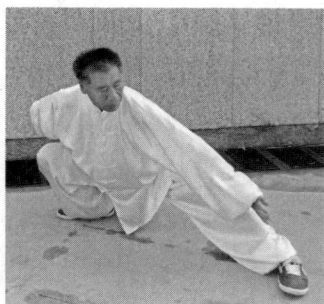

图 3-362

接上式，身微左转，右腿屈膝下蹲，左腿向后方（东南方位）撤步仆腿；同时两手臂内旋，从胸前向左右两侧反手伸展，左手沿左腿内侧伸至左膝前；右手伸至身右侧，稍高于右肩，两手掌心均反手向上，指尖向前。眼看左手前（图3-362）。

要点：仆腿与两手臂伸展动作要协调一致，手臂走拧劲。

用法：屈膝下蹲，左掌拦截对方下盘攻击之脚，右手后伸是对称劲。另外，屈膝下蹲、左脚后仆亦有蹬铲对方脚踝之意（也是暗腿）。

18. 叶底藏花

接上式，身略起，两膝微屈，左脚不动，右脚向左脚里侧上步，脚尖里扣，成八字步。然后身微左转（南方位），左手臂屈肘，掌横于胸前，掌心向外，掌指向右；右掌外旋，平掌穿至左腋下，掌心向上，掌指向左。眼看左肘外（图3-363）。

要点：两脚不动，腰向左扭转，带动左手臂向左转动，右掌平穿成仰掌，力达指尖。

用法：左手捋带对方来手，右手暗藏，伺机攻其胸肋。

19. 青龙返身

接上式，身向右转（面向西），右脚尖外摆，右手臂随转身自左臂下向前上方穿出，掌心向上，掌指向前，高与头齐；同时左手臂外旋，左掌掌心向上，置于右肘里侧，眼看右掌（图3-364）。

要点：身手一体向右拧转，右掌上穿有拨转之劲。

用法：右掌向外拦拨对方击我头面之手。右脚尖外摆是暗腿，有买住对方前脚和起脚蹬踏对方前腿脚踝之意。

图3-363　　　　　图3-364

20. 青龙探爪

接上式，左脚经右足内踝向前上步，脚尖微里扣；同时两手臂内旋，随腰身向右拧转，两掌向身右侧螺旋前推，掌心均向外。右掌在前，掌指向上，高与眉齐；左掌在后，置于右肘之下。然后两脚交替沿圈向右走转。眼看右手前（图3-365）。

要点：边走边转边拧腰转臂，两掌螺旋前推，右掌心始终对向圆心。

用法：以走转之法与对方周旋，伺机攻击对方薄弱之处。

21. 行步右走圈

接上式，以青龙探爪右式沿圈向右走转 3 圈（图 3-366）。

图 3-365　　　　　图 3-366

要点：行步走圈时，要屈膝坐胯，塌腰正脊，头顶项竖，虚胸实腹，蹚步前行，步要稳，气要沉。边走边转，身体不可上下起伏，两脚前行要平起平落，做到：一蹚、二提、三磨、四蹚、五踏，步若蹚泥，身如磨转。每圈走 8 步，也可走 10 步，圈数多少，可根据个人情况而定。

第二组

22. 摔盖掌

接上式，当走转至上式起点处，左脚在前时，右脚向前（西方位）上步，成右弓步；同时右掌反手向左下方划弧，然后再向上、向前反掌摔出，掌心向上，高与头齐，力达掌背；

图 3-367　　　　　图 3-368

左掌置于腹脐左侧，掌心向下。眼看右掌（图 3-367）。

上动不停，身微右转，左脚向前上步，右脚不动，重心偏于右腿；左掌同时上提至左耳侧，然后随上步向前盖掌，掌心向下，掌指向前，高与头齐；右掌收至腹右侧，掌心向下。眼看左掌（图 3-368）。

要点：右掌摔掌，需先在身体左侧从下向上划一立圆，然后再向前反掌摔出，力达掌背。

左掌上盖有劈、拍、盖打之意。左掌前出，右掌回收，出是打，回也是打（回手有抓捋之意），出入都不是虚的。

用法：连续上步出手，用摔盖掌法击打对方头面。左右脚连续上步，在八卦掌中称连环步，是一种连环踢法。

23. 右龙形腿

接上式，身微左转，左脚原地外摆，两腿左前右后屈膝下蹲，成盘步，右脚跟稍离地；同时左掌微内旋，向上托起，掌心向上，位于头顶略偏左侧，臂呈弧形；同时右掌划至左腋下方，掌心向上，成仰掌。眼看身体右前方（图 3–369）。

上动不停，身略起，重心移至左腿，提右脚向右侧横脚侧踢，脚心斜向下，脚尖向左内勾，身体略向左侧倾斜；两手位置不变。眼看右脚（图 3–370）。

要点：盘步身下坐，腰下塌、背上拔，头部顶劲不丢。左掌含上托之劲，两臂呈弧形。

左腿独立，膝微屈，右脚侧踢，力点在脚沿外侧。

用法：左手向上拦截对方上盘攻击手，同时起右脚侧踢对方胸肋。

图 3–369　　　　　　　　图 3–370

24. 右落步摔掌

右脚向前下落，成右弓步；同时右掌向前摔出，掌心向上，高与头齐；左掌收至左腰侧，掌心向下。眼看右掌（图3-371）。

要点：落步摔掌，动作一致，力达掌背。

用法：上步摔掌，击打对方头面。落步有蹬踹之法，上打下蹬（踢），手脚并用。

25. 转身盘步

身向左转约135°（面向东），左脚尖外摆，同时右掌内旋，向头顶托起，掌心向上；左掌同时沿腰肋反手向身后背插，掌背轻贴腰后，拇指一侧向上。眼看左肩（图3-372）。

上动不停，以左脚掌为轴，身继续向左转约90°（面向北），随转身，右脚向左脚前盖步，脚尖外撇，两腿屈膝下蹲，成盘步。同时左掌外旋，从身后划向胸前，掌心向下，右掌划至左小臂下，掌心向下，然后两掌划开，右掌上划至头顶，掌心向上，略偏右；左掌划至右腋下，掌心向上，两臂呈弧形。眼看身左侧（图3-373）。

要点：转身盘步要稳，两手臂运转走弧形。

用法：此式也是八卦掌脱身换影式之用法。快速转身以迷惑对方，随之变换招式，击敌不备。

图3-371　　　　图3-372　　　　图3-373

26. 左龙形腿

身略起，右腿微屈独立，左脚提起向左侧横脚侧踢，脚心斜向下，脚尖略向里勾；身微向右侧倾斜。两手臂位置不变。眼看左脚（图3-374）。

要点和用法与第23式相同，唯左右式及方向相反。

27. 左落步摔掌

接上式，左脚向前下落（西方位），成左弓步；同时左掌反手向前摔出，掌心向上，掌指向前，力达掌背，高与头齐；右掌同时下落至右腰侧。眼看左掌（图3-375）。

要点和用法与24式相同，唯左右式及方向相反。

28. 腰缠玉带

身微左转，右脚向前上一步，左脚不动，重心略向前移，成半马步；同时右掌向身前伸出，掌心向左，拇指一侧向上，其余四指前；左掌收至左腰侧，掌心向下。眼看右掌（图3-376）。

要点：右掌前伸，暗含往回抓捋之意。

用法：接上式，对方若接我左手，我左手立即内翻，扣拿回带对方手腕，同时我右手向前抓拿对方腰身。

图3-374 图3-375 图3-376

29. 大鹏展翅

接上式，右脚尖里扣，身向左转约135°（面向东），左脚尖外摆，随之右掌收至右腹侧，掌心向上，然后两掌同时上提至胸前颏下，再向左右两侧展开，掌心均向上，高与肩齐；同时腰身向左扭转，左掌指对向圆心。眼看左掌（图3-377）。

要点：两掌左右展开有穿托之劲，两臂极力前伸，但不可伸直，仍保持松肩坠肘之态。

用法：两掌平穿，以拦截对方前攻之手。

30. 行步左走圈

接上式，身微左转，右脚经左足内踝向前上步，脚尖微里扣；然后左脚向前上步，右脚再向左脚前上步，边走转，腰身边向左扭转，两掌位置不变，左掌始终对向圆心。眼看左掌。如

 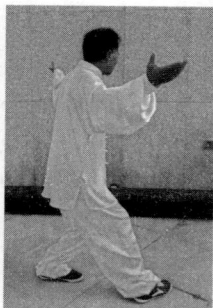

图 3-377　　　　　　　图 3-378

此两脚交替向前沿圈向左走转3圈（图3-378）。

要点和用法与第21式相同，唯左右式及方向相反。

第三组

31. 指天画地

接上式，当走转至上式起点处，左脚在前时，右脚向左脚前约20厘米处上步，脚尖里扣，然后右脚踏实，身向左转90°（面向南），左脚以

前脚掌为轴，脚跟里转，朝向右脚里侧，两腿略屈膝下蹲，成反丁开步；左掌划至右胸前，掌心向下；同时右掌收至左掌上，然后再向上穿出，掌心斜向后，掌指向上，高过头顶；左掌同时向右膝外侧下插，掌心向右，掌指向下。眼看身体左侧方（图3-379）。

要点：两腿屈膝下蹲，两手上指下插，两手臂极力伸展，要有拧钻之劲。

用法：左手拦截对方下盘膝足攻击，右手穿击对方喉面。

32. 左斜行穿掌

接上式，身向左转135°（面向东北），随之左脚向左前方斜角上步，脚尖外摆；同时左掌向前穿出，掌心向上，掌指向前，高与口齐；右掌收至胸前，掌心向下。眼看左掌（图3-380）。

上动不停，右脚向左脚前上步，两手位置不变，然后左脚向右脚前上步；随之右掌从左小臂下向前穿出，掌心向上，高与口齐；左掌收至右肘里侧，掌心向下。眼看右掌（图3-381、图3-382）。

要点：两脚上步不要停顿。两掌前穿，手臂要有拧钻劲。

用法：连续上步穿击对方喉面。

图3-379 　　　图3-380 　　　图3-381 　　　图3-382

33. 右斜行穿掌

上动不停，身向右转90°（面向东南），随之右脚向右前方斜角上步，脚尖外摆；同时右掌向右前方穿出，掌心向上，高与口齐；左掌内旋，划至右肘里侧，掌心向下。眼看右掌（图3-383）。

上动不停，左脚向右脚前上步；随之左掌从右小臂下向前穿出，掌心向上，掌指向前，高与口齐；右掌收至左肘里侧，掌心向下。眼看左掌（图3-384）。

要点：转身斜行上步、穿掌，上下动作协调一致。

用法：左右斜行上步穿掌，利用灵活的步法、身法和掌法，忽左忽右，以迷惑对方，穿击对方喉面。

34. 抽身换影

接上式，右脚不动，左脚尖里扣，随之左小臂屈肘，竖臂外旋，向胸前掩肘；右手沿腹肋反手向身后背插，掌背轻贴腰后，拇指一侧向上；同时身向右转90°，随之右脚向左腿后倒步（图3-385）。

上动不停，身继续向右转180°（面向东南），转身后，右脚外摆，左脚不动，重心偏于左腿；随之右掌外旋，从身后向身前探掌，掌心向上，掌指向前，高与鼻齐；左掌收至右肘里侧，掌心向下。眼看右掌（图3-386）。

要点：摆扣步清晰。转身、倒步、上步穿掌，这是一连串动作，要求转身要快，要稳，身、手、步不乱。

用法：当遭遇前后夹击时，要身心不乱，利用自身灵活的身、手、步法之变化，从容对敌。

图 3-383　　　　图 3-384　　　　图 3-385　　　　图 3-386

35. 移花接木

接上式，左脚向前（东南方位）上一步，随之左掌从右小臂下向前穿出，掌心向上，高与鼻齐；右掌收至左肘里侧，掌心向下。眼看左掌（图 3-387）。

上动不停，右脚向左脚前上一步，脚尖略内扣，左脚不动，重心偏于左腿；同时右掌从左小臂下向前穿出，掌心向上，高与口齐；左掌收至右肘里侧，掌心向下。眼看右掌（图 3-388）。

要点：连续上步穿掌，步法轻灵，穿掌迅捷有拧钻劲。

用法：与对方相搏，前手既出，不管对方接不接手，后手迅速出击，然后以连环穿击法，迅猛穿击对方喉面，不给对手丝毫喘息机会。

36. 黄鹰打旋

接上式，身向左转 180°（面向西北），随之左脚外摆，右脚向前（西北方位）上一步，重心偏于左腿；随转身，两手臂向身前平摆，右手心朝上，高与胸齐；左手心向下，位于左胸前。眼看右手（图 3-389）。

要点：摆脚上步，身随步转，掌随身动，两手平摆有领（捋）带之劲。

用法：随转身，两手捋带身前之敌之手臂，下边右脚可同时扫挂对方前腿之脚踝。

图 3-387　　　　　　图 3-388　　　　　　图 3-389

37. 白鹤亮翅

接上式，身微左转（面向西），左脚不动，右脚向身前平摆，前脚掌虚着地，重心偏于左脚；同时两手于胸前相交，左手在外，右手在内，掌心均向外；然后左掌向上托举至头顶偏左侧方，掌心向上；右掌划至右胯外侧，掌心向下。眼看身前（图3-390）。

要点：两手臂先于胸前相交，然后左掌上托，右掌下按，两掌含对称劲，手臂均呈弧形。

用法：左手划开对方前攻之手，右手下沉，随时出击。右脚是暗腿，向身前横摆（扫）有扫挂对方前腿之意。

38. 大鹏展翅

接上式，左脚不动，右膝上提，右脚尖自然下垂，成左独立式；随之右掌外旋，上提至胸前，掌心向上，右肘尖与右膝上下相对；同时左手臂外旋，下划至身体左侧偏后，掌心向上，略高于肩。眼看右掌（图3-391）。

要点：两手臂右起、左落，要走弧形，独立步要稳。

用法：右手前伸是接对方来手。提右膝是暗腿，如敌近可用膝顶，远则可起脚踢敌裆腹。左手后划有平衡身体作用。

39. 叶底藏花

接上式，右脚下落于左脚前，脚尖里扣，两腿微屈，成八字步；同时上身微向左转扭腰（面向南），左手臂内旋，划至左胸前，掌心向外，小指一侧向上，屈肘环抱于胸前，同时手臂稍向左带；右手臂随之外旋，掌心朝上，向左腋下平穿。眼看左肘外（图3-392）。

要点：八字步是八卦掌的典型步法，要屈膝坐胯，松腰沉气。叶底藏花是两脚不动，以腰的转动带动两手臂的运转，使身带手形成一个整体劲。

用法：左掌横带对方来手，右掌暗藏杀机。

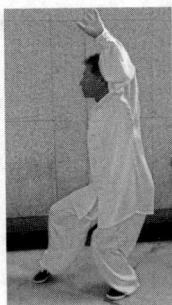  

图 3-390　　　　图 3-391　　　　图 3-392

40. 青龙返身

接上式，两脚不动，上身右转，右掌从左肘下向身体右上方穿摆上举，掌心向里，掌指向上，高与头齐；同时左手臂外旋，左掌随右掌移动置于右肘里侧，两掌皆成仰掌。眼看右掌（图 3-393）。

要点：拧腰转臂，右掌有向前上方划摆之劲。

用法：转身拧腰带动手臂向外拦截对方来手。

41. 青龙探爪

接上式，左脚不动，右脚尖略向外摆。身腰继续向右扭转，同时两手臂内旋，随身腰向右拧转，两掌向身右侧螺旋前推，掌心向外，右掌心对向圆心，右掌在前，掌指高与眉齐；左掌在后，置于右肘下。眼看右掌。

上动不停，左脚经右足内踝向前上步，脚尖微里扣，右脚再经左足内踝向前上步，如此两脚交替沿圈向右走转（图 3-394）。

要点和用法与第 20 式相同。

42. 行步右走圈

接上式，向右沿圈走转 3 圈。边走转，身腰边向右拧转，两掌始终对向圆心（图 3-395）。

要点和用法与第 21 式相同。

图 3-393　　　　　图 3-394　　　　　图 3-395

第四组

43. 摔盖掌

接上式，当走转至圆圈的北侧方，左脚在前时，右脚向前（东方位）上一步，成右弓步；同时右掌反手向左后侧划弧，然后再翻掌反手向前摔掌，掌心向上，高与头齐，力达掌背；左掌划至左腹侧，掌心向下。眼看右掌（图 3-396）。

上动不停，身微右转，左脚向前上一步，右脚不动，重心偏于右腿；同时左掌上提至左耳侧，然后随上步向前盖掌，掌心向下，掌指向前，高与头齐；右掌收至右腹侧，掌心向下。眼看左掌（图 3-397）。

图 3-396　　　　　图 3-397

要点和用法与第 22 式相同，唯方向相反。

44. 右龙形腿

动作说明与第 23 式相同，唯方向相反（图 3-398、图 3-399）。

45. 落步摔掌

动作说明与第 24 式相同，唯方向相反（图 3-400）。

图 3-398　　　　　　　　图 3-399　　　　　　　　图 3-400

46. 转身盘步

动作说明与第 25 式相同，唯方向相反（图 3-401、图 3-402）。

47. 左龙形腿

动作说明与第 26 式相同，唯方向相反（图 3-403）。

48. 落步摔掌

动作说明与第 27 式相同，唯方向相反（图 3-404）。

49. 腰缠玉带

动作说明与第 28 式相同，唯方向相反（图 3-405）。

图 3-401　　　　图 3-402　　　　　图 3-403　　　　　图 3-404

50. 大鹏展翅

动作说明与第 29 式相同，唯方向相反（图 3-406）。

51. 行步左走圈

动作说明与第 30 式相同，唯方向相反（图 3-407）。

图 3-405　　　　　图 3-406　　　　　图 3-407

第五组

52. 行步乌龙缠身

接上式，以大鹏展翅姿势向左走转 2 圈后，当走到圆圈的南侧方位（面向东）右脚在前时，左脚继续向前上步，同时两手臂内旋，右掌向上划至头顶，掌心向上；左掌划至身后，掌背对着后腰，拇指一侧向上，身腰向左拧转。眼看圆心（图 3-408）。

上动不停，右脚继续沿圈向前上步，两掌位置不变；然后两脚交替继续沿圈（此时圈变小）向左再各上 2 步（前后共上 6 步，走完小圈）（图 3-409）。

要点：行步大鹏展翅姿势变换成行步乌龙缠身姿势，步不停，随走随变势。大鹏展翅走的是大圈，一圈 8 步；而变成乌龙缠身后走的是小圈，走 6 步。

53. 乌龙探爪

接上式，走小圈至第 6 步，右脚在前时（面向西），右脚尖里扣，身向左转 180°（面向东）；随之左脚向前上半步，脚尖直向前，重心略向前移，左掌同时从身后划向身前，屈肘横掌，掌心向前；同时右掌从头顶向脑后下划（绕），手掌外旋划至右腰侧，然后向前从左掌上向身前穿出，掌心向上。眼看右掌前（图 3-410、图 3-411）。

要点：此式右掌从头顶向脑后缠绕，名曰"脑后摘盔"。练习时，要身体放松，松肩屈肘，旋臂转腕。

用法：左手拦截对方正面来手进攻，右手穿击对方喉面。

图 3-408　　　图 3-409　　　图 3-410　　　图 3-411

54. 脱身换影

接上式，左脚尖内扣，身向右转 135°（面向西），随之右脚尖外摆，重心偏于左腿；同时右掌内旋，向头顶上托，掌心向上，臂呈弧形；同时左掌外旋，划至右腋下，掌心向上。眼看身前（图3-412）。

上动不停，身继续右转90°（面向北），随之左脚向右脚前上步，脚尖里扣。右掌位置不变，左掌内旋，掌心向下，位置在右肋侧。眼看右肩外（图3-413）。

上动不停，身继续右转135°（面向东），随转身，右脚向后撤一步，左脚尖顺直，重心偏于右腿；同时右掌外旋，从头顶旋绕至脑后，然后旋肘转臂，手掌从脑右侧下沉至胸前，松肩坠肘，掌心向上，然后收至右肋侧，掌心向上，掌指向前；左掌在右掌下沉时，从其掌上向前横掌推出，掌心向下，小指外沿向前，屈臂横肘。眼看身前（图3-414）。

图3-412　　　　图3-413　　　　图3-414

要点：拧腰转身，右手臂外旋缠头裹脑。要求肩松腰活，两腿屈膝，两胯松沉，两脚摆扣清晰，身随步转，掌随身动。

用法：此式含捽法。如对方以右拳击我前胸，我以右手反抓对方手腕，左手托其肘臂，然后我向右拧腰转身，甩头变脸，可将其捽出。转身后如其不倒，可迅速出左掌击其胸面。

55. 上步切掌

接上式，右脚向前（东方位）上步，脚尖微里扣，随之左脚跟进半步至右脚内侧，前脚掌着地，脚跟内旋与右脚跟斜相对，成反丁开步。身微左转，重心偏于右腿；随上步左掌外旋、右掌内旋，右掌从左掌上向前横掌推出，掌心向下，小指一侧向前，左掌收至腹前，掌心向上。眼看右掌（图3-415）。

要点：上步横切掌，力点在右掌小指外沿一侧，两臂呈弧形。以上第52式至第55式是一组连续动作，练习时，边走边转边变式，手眼身法步紧密配合，上下左右协调一致，动作顺畅，如行云流水，一气呵成。

用法：以灵活巧妙的身形步法，不断变换招式，指前打后，忽左忽右，使对手防不胜防。

56. 转身合掌

接上式，身向左转约135°（面向西），随之左脚向前上半步，右脚不动，重心偏于右腿；同时左掌内旋，上划至左胸前，屈臂横肘，掌心向下，掌沿向前；右掌外旋，下划至左腹上，掌心向上，两掌心上下相对。眼看身前（图3-416）。

要点：两掌上翻下划有合力，两臂呈弧形。

用法：此式是拿法。如对方在我身后用左手偷袭我，我转身后即以左手缠拿对方左手腕，同时右手外旋托其肘臂以助力。

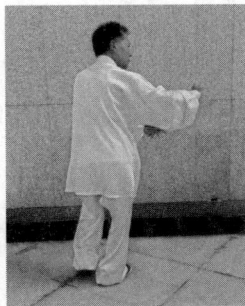 

图3-415   图3-416

57. 金鱼合口（右）

接上式，身向右转45°（面向西北），随之右脚向前方斜角上步，然后左脚向右脚前上步，右脚再向左脚前上步，重心偏于左脚；随上步，右掌内旋，划至右胸前，屈臂横肘，掌心向下；同时左掌外旋，划至右腹上，掌心向上，与右掌心上下相对。眼看右掌前（图 3-417、图 3-418、图 3-419）。

图 3-417　　　　　图 3-418　　　　　图 3-419

要点：身转步行，两掌随身而动，上下翻转，两臂呈弧形。

用法：如对方以右手攻击我前胸，我身右转，以双手合住对方来手，向我身右侧将带之。

58. 金鱼合口（左）

接上式，动作不停，身向左转 90°（面向西南），随之左脚向左前方斜角上步；右脚向左脚前上步；左脚再向右脚前上步，重心偏于右腿；随上步，左掌内旋，划至左胸前，屈臂横肘，掌心向下；右掌外旋，划至左腹上，掌心向上，与左掌心上下相对。眼看左掌前（图 3-420、图 3-421、图 3-422）。

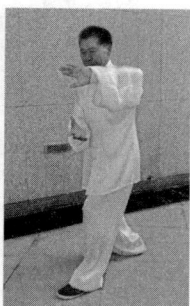

图 3-420　　　　　图 3-421　　　　　图 3-422

要点和用法与第 57 式相同，唯左右式及方向相反。

59. 金鱼合口（右）

动作说明、要点、用法与第 57 式相同（图 3-423、图 3-424、图 3-425）。

图 3-423　　　　　图 3-424　　　　　图 3-425

第六组

60. 背身掌

接上式，右脚尖里扣，左脚外摆，身向左转约 180°（面向东），随转身，右手臂外旋，向胸前掩肘，屈肘竖臂，手臂内掩，掌心向内，掌指向上，高与鼻齐；同时左掌内旋，经腹肋反手插向身后，掌背轻贴后腰，拇指一侧向上。眼看右手前（图 3-426）。

上动不停，右脚向左脚前上步，脚尖里扣，左脚不动，成丁八步；同时身向左转 90°，两手位置不变。眼看左肩外（图 3-427）。

上动不停，身继续向左转 90°（面向西），随转身，左脚向前上半步，脚尖外摆，重心偏于后脚（右脚）；同时左掌从身后向身前探掌，掌心向下，高与口齐；右掌同时划至右腹侧，掌心向下。眼看左掌（图 3-428）。

要点：身随步转，掌随身动，上下协调，步到掌到。

用法：连续快速转身出掌，以迎身前身后之敌。

图 3-426　　　　　图 3-427　　　　　图 3-428

61. 童子鸳鸯腿

接上式，右脚向左脚前上一步，左脚不动，重心偏于左腿；随上步，右掌向前探掌，掌心向下，高与口齐；左掌收至左腹侧，掌心向下。眼看右掌（图 3-429）。

上动不停，重心前移，右脚蹬地跃起，身体腾空，左脚前踢，脚尖向前，高过腰部，同时左掌向前探出，掌心向下，掌指向前，高与口齐；右掌收至右腹侧，掌心向下。眼看左脚（图 3-430）。

上动不停，在左脚下落且未落地之时，右脚在空中向前踢脚，脚尖向前，高与胸齐；同时右掌向前合击右脚背，左掌划向左肩后，掌心向下。眼看右脚（图 3-431）。

图 3-429　　　　　图 3-430　　　　　图 3-431

要点：脚踢手拍，上下相合。该式与长拳之二起脚相似，右脚蹬地，身子腾空而起，左右脚在空中连续前踢，同时两掌先后向前击掌。

用法：左右脚、手连续合击对方，蹬地前跃踢腿是为了加大攻击力度。

62. 龙盘步

接上式，左脚下落，右脚向左脚前下落，脚尖内扣。身向左转约135°（面向东南），随之左脚向右腿后倒插步，两腿屈膝下蹲，成盘步；同时两手臂相交合于胸前，左手在外，右手在内，然后左手划至头顶左侧，手心向上；右手划至右胯外侧，手心向下。眼看右侧（图3-432、图3-433）。

图 3-432　　　　　　　　图 3-433

要点：龙盘步要两腿夹紧，右脚在前，脚尖外撇，左脚在后，脚跟稍离地面。塌腰坐胯，身略前倾，头部顶劲不丢。两掌左上右下，不失外撑之劲。

用法：这是一个守势（蓄势），两手上护头，下护身，待机而动。

63. 转身盘步

接上式，身略上起，随之右脚里扣，左脚外摆，身体原地左转180°（面向西北），两腿左前右后盘腿下坐，成坐盘步；随转身，两手臂从两侧向胸前相交，右手臂在上，左手臂在下，手心均朝下，然后两掌向两侧弧形划开，左掌划至头顶左上方，掌心向上；右掌从右侧划至左腋下，掌心向上。眼看右前方（图3-434、图3-435、图3-436）。

图 3-434   图 3-435   图 3-436

要点：转身盘步身要稳，两手舞花要走弧圆形。

用法：与敌相交，突然变换身形、步法、手法，以迎击对方进攻。

64. 状元腿

接上式，重心移至左腿，身略起，提右脚向右前方（西北方位）蹬出，脚底向前，脚尖向上，力达脚跟。两手位置不变，身体略向左侧倾斜。眼看右脚（图3-437）。

要点：左腿微屈，脚趾抓地，独立步要稳，蹬脚有力。

用法：接上式转身后，迅速起脚蹬踹对方胸肋。

65. 转身盘步

接上式，以左脚掌为轴，身向左转约270°（面向北），随转身，右脚向左脚前下落，脚尖外摆，两腿屈膝坐胯下蹲，成盘步；同时右掌内旋，上翻至头顶，掌心向上；左掌同时外旋，下划至右腋下，掌心向上。眼看左前方（图3-438）。

要点：转身既快又稳，身体不可乱晃，两手臂下划上翻走弧形。

用法：与敌对峙，突然变换身形、步法、掌法，以迎敌之攻击。

66. 龙形腿

接上式，身略起，重心移至右腿，右膝微屈，脚趾抓地，成独立步；提左脚向左侧横脚踢出，脚底斜向下，脚尖里勾，高过腰部，力达脚外沿一侧，身体略向右侧倾斜；两手位置不变。眼看左脚（图 3-439）。

要点：龙形腿是侧踢腿，力点在脚掌外沿一侧。

用法：转身后，迅速起脚蹬踢对方胸肋。

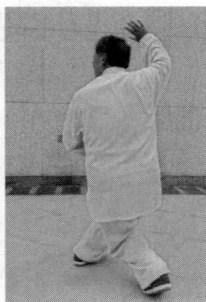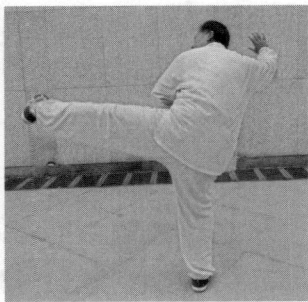

图 3-437   图 3-438   图 3-439

67. 落步摔掌

上动不停，左脚向前（西方位）下落，成左弓步；同时左掌反手向前摔掌，掌背朝下，指尖向前，高与头齐；右掌随之下落至右腹侧，掌心向下。眼看左掌（图 3-440）。

要点：落步摔掌，力达掌背，出掌要有抽打之劲。

用法：上步出掌，抽击对方头面。

68. 上步盖掌

接上式，右脚向前上步，左脚不动，重心偏于左脚；随上步，右手上提至右耳侧，然后向前盖掌，掌心向前下方，掌指斜向上，高与头齐；左手收至左腹侧，掌心向下。眼看右掌（图 3-441）。

要点：步到掌到，发力浑厚，发掌含盖、劈、拍打之力。

用法：掌击对方头面。

图 3-440　　　　　　　　　图 3-441

第七组

69. 转身双合掌

接上式，右脚尖里扣，身向左转 180°（面向东），左脚撤至右脚前，前脚掌着地，成左虚步。同时右掌收至右腹侧，左掌位置不变，两掌心均朝上。眼看身前（图 3-442）。

上动不停，左脚向前上半步（垫步），然后右脚向前上一大步，成右弓步。同时两掌内旋，以腕为轴，划小圆贴肋向身后倒插，然后随右脚上步，两掌外旋，从身后向身前合击，掌心相合，高与头齐。眼看双掌（图 3-443）。

要点：双掌后插前击，两肩及臂腕要松活。上步合击，双掌用力，响声清脆。

用法：实战时，此式可双掌合击对方两耳，被称为"双峰贯耳"。

70. 右切掌

接上式，身微左转，右脚向前上一步，脚尖略内扣，左脚不动，重心偏于左脚。随上步，右掌略内旋，屈臂横肘向前横掌切出，掌心向下，掌指向左，力达掌沿一侧，高与腰齐；左掌外旋收至左腹侧，掌心向上。眼看右掌（图3-444）。

要点：右掌横切，发力短促有力。

用法：上步突发右掌，猛击对方腹肋。

图 3-442　　　　　　图 3-443　　　　　　图 3-444

71. 转身推窗望月

接上式，右脚尖里扣，身向左转180°（面向西），左脚向前垫步，脚尖外摆，右脚向前上一大步，成右弓步。随转身上步，左掌内旋，从下向上托举至头顶，掌心向上；同时右掌从后向前撩出，掌心向前，掌指向前下方，高与腹齐。眼看右掌（图3-445）。

要点：左掌有向上托举之劲，右掌有向前撩击之劲。

用法：左手上截敌手以护头，上步出右掌撩击对方裆腹。

72. 金刚通背掌

接上式，右脚尖里扣，身向左转180°（面向东），随之左膝提起，左脚自然下垂；右腿独立，膝微屈，脚趾抓地。同时右掌上提至右耳侧，然后向身前盖掌，掌心向前，掌指向上，高与头齐；左掌随之外旋，收至腹前，掌心向上，指尖向右。眼看右掌（图3-446）。

要点：独立步要稳。右掌前盖，左掌回收，两掌有合力。两臂呈弧形。

用法：左掌回收化解对方来手，右掌盖拍对方头面，此式要发力迅猛。左膝上提是暗腿，有膝顶足踢之意。

73. 落步左切掌

接上式，左脚向前下落，脚尖微里扣，右脚不动，重心偏于右腿。同时左掌内旋，从右掌上向前推出，掌心向下，掌沿外侧向前；右掌随之外旋，收至右腹侧，掌心向上。眼看左掌（图3-447）。

要点：左掌前切，力达掌外沿一侧，臂呈弧形。左掌前切，右掌回收，两掌要有对称劲。

用法：接第72式，我出右掌，对方若接我右手，我立即拧转缠拿对方之手腕向回捋带，同时出左掌切击对方腹肋。运用此式时，我左脚可起暗腿踢踏对方膝足。

图 3-445　　　　　图 3-446　　　　　图 3-447

74. 白蛇吐信

两脚不动，重心略前移，同时右掌从左掌上向前穿出，掌心向上，掌指向前，高与口齐；左掌同时收至右肘下，掌心向下。眼看右掌（图3-448）。

要点：右掌前穿，力达指尖。

用法：左手下拦敌手。右掌突发穿击对方喉面。

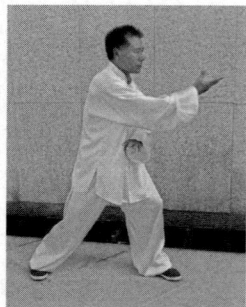

图 3-448

75. 抽身换影

接上式，左脚尖里扣，右脚尖外摆，身向右转约 135°（面向西）。随转身，右掌内旋，屈臂横肘于胸前，掌心向下；同时左掌外旋，掌心向上，从右肘下向前穿出。眼看身前（图 3-449）。

上动不停，左脚向右脚前上步，脚尖里扣，身继续向右转 135°（面向北），同时左手臂外旋，屈肘竖臂向胸前掩肘；右掌同时沿腹肋向身后倒插，掌背轻贴腰后，拇指一侧向上。眼看右肩外（图 3-450）。

上动不停，身继续向右转 90°（面向东），随之右脚向前上半步，脚尖直向前，重心偏于左脚。同时右掌外旋，从身后向身前穿出，掌心向上，高与口齐；左掌同时内旋，收至左腹侧，掌心向下。眼看右掌（图 3-451）。

图 3-449　　　　　图 3-450　　　　　图 3-451

要点：连续向右转身 360°，两脚摆扣清晰，肩松腰活，掌随身动，如影随形。

用法：与人交手，突然转身换位，步不远去，身随步转，掌随身动，变化莫测。

76. 收势

上动不停，右脚向后撤一步，左脚不动，重心偏于右腿。随撤步，右掌回收，同时左掌外旋，从右掌下向前穿出，掌心向上，掌指向前，高与口齐；右掌收至右腹侧，掌心向上。眼看左掌（图 3-452）。

上动不停，两脚不动，身微右转，左手不动，右手臂向右肩外侧伸展，掌心向上（图 3-453）。

上动不停，两掌向上托起，高过头顶。然后身微左转，两掌里合，从上向下沿胸前向下捋按至腹前，两掌虎口相对，掌心向前下方，两臂呈弧形，然后两掌变拳，拳心向下（图 3-454）。

上动不停，重心前移至左脚，右脚向前与左脚并步。然后身体起立，两拳松开变掌收至大腿两侧，掌心向内，掌指向下，眼平视前方，还原至预备式姿势（图 3-455）。

要点：两掌向上托起时吸气收腹，两掌向下捋按时呼气松腹，气沉丹田。收势动作要稳，身体放松，精神内敛。

图 3-452　　　　　图 3-453　　　　　图 3-454　　　图 3-455

第五节　八卦散手掌

一、八卦散手掌简述

八卦散手掌亦称八卦散练掌。此套掌法相传由武林号称"闪电手"的津门形意、八卦掌大师张占奎首创。20 世纪 20 年代，在天津中华武士会期间，张先生将此艺传授张鸿庆等少数几位弟子，20 世纪 30 年代初，在南京期间，老先生又将此掌授与八卦掌名家郭孟申（董海川再传弟子，刘宝珍高徒，在武林中有"郭快手"美誉）。

八卦散手掌是八卦门的高级练法，在熟练掌握前面所述基础八掌及八卦掌定架子、活架子、散架子等基础套路后，再经师父稍加指点，方可水到渠成，至此，八卦掌功夫方有所成。

八卦散手掌是集八卦掌基础套路功夫的深层次演练之法，也是八卦掌由套路练习过渡到实战技法的个人练功之法。全套掌法系统且完整，共分 8 套，并配以相应的 8 套八卦双钺法。

常练八卦散手掌，可以加深身法、步法、眼法、心法运用于实战的感悟，深刻体会拳论"前面无人似有人"的临战含义。另外，常练此套掌法对提高习练者身体的协调性、灵活性，以及活络全身经脉、改善人体微循环都有一定益处。

八卦散手掌是八卦门的珍贵技艺，一百年来，她秘传于八卦门一些流派之中，很少示人。当年本人有幸学得其中 3 套，遗憾的是，随着岁月流逝，如今我也仅记得其中一套了。今借本书出版之机，将这套八卦散手掌奉献给读者，谨供喜爱八卦掌的朋友们研究参考。

二、八卦散手掌动作名称

1. 预备式　2. 倚马问路　3. 鸿雁出群（右）　4. 右行步　5. 上步推托 6. 退步带领　7. 叶底藏花（右）　8. 浪子踢球　9. 锦鸡撒膀　10. 左右 乌龙探爪　11. 乌龙摆尾　12. 乌龙缠身　13. 叶底藏花（左）　14. 鸿雁 出群（右）　15. 右行步　16. 上步左穿掌　17. 左掩肘回身　18. 叶底藏 花（右）　19. 鸿雁出群（左）　20. 左行步　21. 上步右穿掌　22. 右掩肘 回身　23. 上步左右穿掌　24. 转身迎面腿（左）　25. 转身左右横摆手 26. 转身鹞子钻天　27. 燕子抄水（左）　28. 上步左穿掌　29. 左掩肘 回身　30. 上步左右穿掌　31. 白猿献果　32. 上三步　33. 上步右穿掌 34. 乌龙缠身　35. 叶底藏花（左）　36. 大鹏展翅　37. 右弧形步　38. 上 步左穿掌　39. 左掩肘回身　40. 上步左右穿掌　41. 右掩肘回身　42. 转 身鹞子钻天　43. 燕子抄水（右）　44. 上步左右穿掌　45. 翻掌下按　46. 转 身行步撩阴手　47. 浪子踢球　48. 锦鸡撒膀　49. 左右乌龙探爪　50. 乌 龙摆尾　51. 狮子张嘴　52. 左弧形步　53. 迎面腿（右）　54. 转身双摔 掌　55. 上步左右穿掌　56. 转身左蹬脚　57. 回身右穿掌　58. 上步左穿 掌　59. 左掩肘回身　60. 左右化手　61. 上步左右穿掌　62. 右掩肘回身 63. 上步左右穿掌　64. 左掩肘回身　65. 收势

三、八卦散手掌动作说明

1. 预备式

面向东方，沿圆圈北端开步站立，两脚间距与肩同宽，两手臂自然下垂，手指朝下，手心向里轻贴大腿外侧。眼平视前方（图 3-456）。

要点：头顶项竖，虚领顶劲，松肩坠肘，含胸拔背，松胯塌腰，气沉丹田，精神内敛，全身放松。

2. 倚马问路

重心移至左腿，右脚向前迈进一步。随上步，两掌由下向前、向上伸出，两掌心均向上，成仰掌，右掌在前，指尖高与眉齐，左掌偏后，伸至右肘里侧略偏前。两手臂极力前伸，但不可伸直，肘部略屈。眼看右掌（图 3-457）。

要点：松肩坠肘，塌腰松胯，右掌高不过眉，左掌在右掌里侧，两掌用力均衡。

用法：此式为接手法。如对方突然上步，以右掌穿击我喉面，我即可上步，出右掌或上托，或向外化拨，以手臂拦截化解对方进击之手。

3. 鸿雁出群（右）

两脚原地不动，身腰向右拧转，同时两手臂内旋，随腰身向右拧转，两掌向身右侧螺旋前推，右掌在前，掌指高与眉齐，掌心对向圆心；左掌在后，置于右肘之下，掌心向外，掌指斜向上。眼看右掌（图3-458）。

要点：松胯塌腰，气沉丹田，以腰身拧转之劲带动两手臂向圆心旋转推掌。

用法：如对方出右掌攻击我胸面，我两脚不动，以腰身之力带动手臂旋转，化解对方之攻击。

图 3-456　　　　图 3-457　　　　图 3-458

4. 右行步

接上式，身腰继续向右拧转，随之左脚经右足内踝向前蹚进一步，脚尖略里扣，然后右脚向前上步，如此两脚交替沿圈从北向东、南、西，再向北走转一圈，走转时，两掌始终对向圆心。眼看右掌（图 3-459）。

要点：沿圈走蹚泥步，塌腰坐胯，气沉丹田，边走边拧腰转臂，两掌螺旋前推，右掌始终对向圆心。行步要稳，身体不可上下起伏。

用法：以走转之法与对手周旋，伺机攻击对方薄弱之处。

5. 上步推托

右行步走至上式起点处（东南方位）右脚在前时，身略左转，左脚向前（东南方位）上一步，右脚跟上半步，停在左脚内侧，前脚掌虚着地；同时，随跟步，右掌外旋，从上向下、向左上方呈弧形推托，掌心斜向上，高与胸齐；左掌至右肘内侧，掌心向下。眼看右掌（图 3-460）。

要点：此式右掌走两个劲，先推后托。手臂从下向上走弧形。

用法：推托法是八卦掌中常用掌法。此掌法在实战应用时变化多端。如对方用右掌击我前胸，我可用左掌从其来手外环下压其手臂，同时以右掌横击（含拍、推之劲）对方胸肋。

又如，对方以左掌击我胸面，我可用右掌从其来手肘底部向上、向前推托对方肘臂，同时以左掌向前踏按对方腹肋。另外，此式左脚上步，右脚跟步都可作为暗腿使用。

总之，应用此式时，可视对方临场出手之变化而随机灵活变动。

图 3-459　　　　　　图 3-460

6. 退步带领

右脚向后撤一大步，随之身向右转约 180°（面向西北），随转身，左脚尖里扣，右脚尖顺直，重心向前，成右弓步。随撤步转身，右掌内扣，向前带领至右胸前，掌心向下；左掌划至腹前，掌心向上，两臂呈弧形。眼看右掌（图 3-461）。

要点：身随步动，以身带手，手臂走弧形。

用法：如对方以右拳（掌）击我胸部，我以右手从其来手臂外环接其手，然后顺其来势撤步转身，同时用右手向后捋带其腕，左手同时回采其右肘臂，身手步合力将其采带至我身右后方，使其跌出。

7. 叶底藏花（右）

左脚向右脚里侧上步，脚尖里扣，两腿微屈，成八字步。随之上身右转（面向北方），同时右掌屈肘向右平带，掌心向下至右胸前；左掌随之向右屈肘平穿，掌心向上。眼看右肘外（图 3-462）。

要点：以身带肘，头向右转，眼看右肘。

用法：如对方以右拳击我前胸，我即以右手从其来手外环抓拶其手腕，我两脚不动，身腰向右拧转，顺对方来势牵动其重心。我左手臂置于右腋下是为藏手，可随机而动。

8. 浪子踢球

身微左转，重心移至左脚，提起右脚向前上方（西北方位）踢出，脚背朝上，脚尖向前，高过腰，身略向后仰。同时两手臂外旋，左掌向前，右掌向后伸出，掌心均向上。眼看右脚（图3-463）。

要点：左独立式要稳，右脚前踢，力达脚尖。两手臂左前右后极力前伸，两掌均高过肩。

用法：左手划开对方来手，同时起右脚踢击对方裆腹。

图3-461　　　　图3-462　　　　图3-463

9. 锦鸡撒膀

身向右转90°，随之左腿屈膝下蹲，右腿向右后（东南方位）仆出。同时两手臂内旋，从两腰侧向左右反臂伸出，手心反向上。左手臂伸至左肩后，略高于左肩；右手伸至右小腿里侧。眼看右手（图3-464）。

图3-464

要点：松胯塌腰，头部顶劲不丢，两手臂反臂前伸，手臂要尽力伸直。

用法：如对方在我身后脚踢我下盘，我可转身屈蹲反手拦截。

10. 左右乌龙探爪

身向右转 90°（东南方位），右脚尖外摆，左脚向前上一步，重心偏于右脚。同时右掌上托至头顶，掌心向上；左掌从左腰侧向前穿出，掌心向上，高与胸齐。眼看左掌（图 3-465）。

上动不停，左脚尖外摆，右脚向前上步，重心偏于左脚。同时左掌上托至头顶，掌心向上；右掌同时下划至右腰侧，然后向前平掌穿出，掌心向上，高与胸齐。眼看右掌（图 3-466）。

上动不停，右脚尖外摆，左脚向前上步。同时右掌内旋，上托至头顶，掌心向上；左掌下划至左腰侧，再向前平掌穿出，掌心向上，高与胸齐。眼看左掌（图 3-467）。

图 3-465　　　　　　图 3-466　　　　　　图 3-467

要点：连续向前上三步穿三掌，动作连贯，手脚协调一致。两掌上下运转走弧形。

用法：此式属连续进击之法。步走连环，同时一手向上托举（拦挡）对方来手，另一手向前穿击对方胸喉。

11. 乌龙摆尾

身向左转 90°（面向东北），左脚尖外摆，右脚向左脚右前方拧身上步，右脚尖略向外摆。同时左掌上托至头顶，掌心向上；右掌划至右腰侧，然后向前平穿，掌心向上，高与胸齐。眼看右掌（图 3-468）。

要点：右脚向左脚前上步，脚尖外摆，同时腰身向右拧转。

用法：此式属闪身法，在攻击右侧的对手之时，突然转身迎击左侧来敌。

12. 乌龙缠身

右脚尖里扣，左脚尖外摆，身向左转 135°（面向西南），同时右掌内旋，上托至头顶，掌心向上；左掌下落，反手背插至左腰后，掌背轻贴于腰后。眼看左肩外（图 3-469）。

要点：拧身摆扣脚，步法清晰，身腰灵活。

用法：此式属八卦掌背身掌法，多用于快速转身应对身后之敌。

图 3-468　　　　　　图 3-469

13. 叶底藏花（左）

右脚向左脚里侧上步，脚尖里扣，两腿微屈，成八字步。随之上身左转（面向南方），同时左掌上提至胸前，屈肘横臂稍向左带，掌心向外；右掌同时外旋下划，向左腋下平穿，掌心向上，成仰掌。眼看左肘外（图 3-470）。

要点：拧身带手，头向左转，眼看左肘。

用法：与第 7 式相同，唯左右式不同。

图 3-470

14. 鸿雁出群（右）

接上式，两脚原地不动，上身右转，同时右掌从左腋下向身体右上方移转上举，高与头齐；同时左手臂外旋，左掌随右掌转动置于右肘里侧，两掌均成仰掌。眼看右掌（图 3-471）。

上动不停，右掌内旋，向身体右侧转动，成竖掌；左掌随手臂内旋，屈臂向右胁侧下按，掌心斜向下。上身继续向右转动，头随着右掌向右侧方扭转。眼看右掌（图 3-472）。

要点：腰身向右拧转，右肩、右肘极力向身体右侧外展。右掌高与眉齐，左掌向下、向前推按。

用法：与第 3 式相同。

图 3-471

15. 右行步

接上式，身腰继续向右拧转，随之右脚尖外摆，左脚经右足内踝向前上步，脚尖微里扣，然后右脚向前上步，如此两脚交替沿圈从西向北、东、南，再向西走转一圈（图 3-473）。

要点：行步要稳，塌腰坐胯，身体不可上下起伏。边走边转边拧腰，两掌位置不变，右掌心始终对向圆心。

用法：与第 4 式相同。

图 3-472

图 3-473

16. 上步左穿掌

接上式，当右行步走转至圆圈的西北方位右脚在前时，左脚向前（西北方位）上一步，随之左掌从右掌下向前穿出，掌心向上，掌指向前，高与口齐；右掌收至左肘里侧，掌心向下。眼看左掌（图3-474）。

要点：步到掌到，上下动作一致，力达掌指。

用法：上步穿击对方喉面。

图 3-474

17. 左掩肘回身

图 3-475

左脚尖里扣，右脚尖外摆，身向右转约135°（面向东）。随之左小臂直竖外旋，向胸前掩肘，掌心朝内，掌指向上，高与鼻齐；同时右掌反手沿右肋插向腰后，手背轻贴于后腰部。眼看身右侧（图3-475）。

要点：扣脚摆足，步法清晰。掩肘背插，拧腰转胯，肩松腰活。

用法：此式是防前顾后的招式。掩肘是拦截对方正面攻击，转身背插是应对身后之敌的攻击，背插之手可伺机攻击对方，也可拦截对方来手。

18. 叶底藏花（右）

接上式，左脚向右脚前上步，脚尖里扣，两腿微屈，随之身向右转（面向南方）。同时右掌上提至胸前，稍向右带，掌心向外；左臂同时屈肘，向右腋下平穿，左掌掌心向上，成仰掌。眼看右肘外（图3-476）。

图 3-476

要点：拧腰转臂，头向右转，眼看右肘。

用法：与第7式相同。

19. 鸿雁出群（左）

两脚原地不动，上身左转，同时左掌从右肘下向身体左上方（东北方位）移转上举，掌指与头齐；同时右手臂外旋，随左掌转动，右掌置于左肘里侧。两掌均成仰掌。眼看左掌（图3-477）。

图 3-477

上动不停，左掌臂内旋，向身体左侧转动，成竖掌，掌指高与眉齐；右掌随手臂内旋，屈肘向左胁侧下按，掌心斜向下；身腰继续向左转动，头随着左掌向左侧扭转。眼看左掌（图3-478）。

要点：松胯塌腰，头部顶劲不丢，腰身拧转带动掌臂螺旋外展前推。

用法：与第3式相同，唯左右式相反。

图 3-478

20. 左行步

接上式，身腰继续向左拧转，随之左脚尖外摆，右脚经左足内踝前上步，脚尖微里扣，然后左脚向前上步，如此两脚交替沿圈向左走转一圈（图3-479）。

要点：与第15式相同，唯左右式及方向相反。

用法：与第4式相同。

图 3-479

21. 上步右穿掌

接上式，当左行步沿圈走转至东北方位左脚在前时，右脚向前上一步；同时右掌从左掌下向前穿出，掌心向上，掌指

图 3-480

图 3-481

图 3-482

向前，高与口齐；左掌收至右肘里侧，掌心向下。眼看右掌（图 3-480）。

要点和用法与第 16 式相同。

22. 右掩肘回身

右脚尖里扣，左脚尖外摆，随之身向左转约 135°（面向西），同时右小臂直竖内旋，向胸前掩肘，掌心朝里，指尖向上。随转身，左掌外旋，向身前探出，掌心向上，掌指向前，高与鼻齐；右掌收至右腹前，掌心向下。眼看左掌（图 3-481、图 3-482）。

要点：转身探掌，动作快捷，力达掌指。

用法：右掩肘是拦截身前对手的攻击，快速转身探掌是迎击身后之敌。

23. 上步左右穿掌

右脚向前上一步，左脚不动，重心偏后；同时右掌从左掌下向前穿出，掌心向上，掌指向前，高与鼻齐；左掌收至右肘里侧，掌心向下。眼看右掌（图 3-483）。

上动不停，右脚不动，左脚向前上步；同时左掌从右掌下向前穿出，掌心向上，高与鼻齐；右掌收至左肘内侧，掌心向下。眼看左掌（图 3-484）。

要点：连续上两步穿两掌，脚到手到，上下动作协调一致。

用法：快速上步，连续出击，掌指穿击对方喉面。

24. 转身迎面腿（左）

接上式，左脚尖里扣，身向右转 180°（面向东），随之右脚尖外摆；同时两手臂先内旋，划至两腰侧，然后外旋，从腰侧向上、向前撩起，掌心向上，高过前胸；同时左脚提起，向上、向前踢出，脚尖里勾，高与胸齐。眼看身前（图 3-485）。

要点：转身要稳，踢腿有力，力到脚尖；踢腿与双撩掌动作一致。

用法：此式属转身迎敌的招法。实战时，不管对方是腿踢还是掌击，我方都可以先用双掌拦截，随后迅速起脚踢击对方裆腹。

图 3-483　　　　　图 3-484　　　　　图 3-485

25. 转身左右横摆手

接上式，以右脚掌为轴，身向左转 180°（面向西），左脚随转身向前下落，脚尖外摆，重心偏于右腿；两掌随左脚下落向身体左侧平行横摆，左掌偏前，右掌偏后，掌心均向上，高与胸齐。眼看身左侧（图 3-486）。

上动不停，重心左移，右脚略上提，向右侧摆步，脚尖外摆；同时两掌向身体右侧横摆，右掌偏前，左掌偏后，掌心均向上，高与胸齐。眼看身右侧（图 3-487）。

要点：转身要稳，摆脚与横打动作要协调一致，两掌左右横打以腰身带动手臂发力。

图 3-486

图 3-487

用法：上盘两手臂可拦截对方拳掌之正面攻击，下盘可使暗腿钩挂蹬踢对方膝踝。

26. 转身鹞子钻天

接上式，以右脚掌为轴，身向右转 180°（面向东），随转身，左膝上提，成右独立步；同时两掌随转身向前横摆，右掌偏前，左掌偏后，掌心向上，高与胸齐。眼看身前（图3-488）。

上动不停，左脚向前上步，右膝上提，成左独立步；随之右掌内翻，掌心向下，左掌从右掌下向前上方穿出，掌指向上，高过头顶；右掌收至左肘里侧，掌心向下。眼看左掌（图 3-489）。

图 3-488

图 3-489

要点：转身要稳。上步提膝穿掌，动作迅速，干净利索，不可拖泥带水。

用法：此式属转身连续击敌之法。先是快速转身，用两手臂横打身后之敌；然后上步出掌穿击对方喉面。转身之时，左右两脚亦可随机踢蹬对方下盘腿膝。

27. 燕子抄水（左）

接上式，身向右转 90°（面向南），左腿屈膝下蹲，随之右腿向右侧下落前仆；同时右掌沿右腿内侧向前伸出，掌心向下；左掌伸至左肩后侧，掌心向下。眼看右掌（图3-490）。

图 3-490

上动不停，重心右移，右脚蹬地向前跃起，同时起左脚向前横踢，脚掌向前，高过腰胯；左掌同时从后向下、向前，再向上撩起，掌指向上，高过头顶；右掌划至左肘里侧，掌心向外。眼看身右侧（图3-491）。

图 3-491

上动不停，左脚向前下落，屈膝下蹲，右腿向前仆出；同时两掌内旋，收至两腰侧，然后随右腿前仆，两掌向左右伸出，右掌沿右腿内侧伸至内踝上方，左掌伸至左肩后，两掌均反掌心朝上。眼看右掌（图3-492）。

图 3-492

要点：右脚蹬地有力，跃步要远，两脚在空中倒脚，左脚横踢，右脚前踹，左掌上撩，上下动作要协调一致。此式有 2 次屈膝下蹲、仆腿前跃，上下起伏犹如燕子飞掠水面，故名"燕子抄水"。

用法：第 1 次仆腿，右掌前伸是拦截对方攻我下盘之腿；第 2 次仆腿，左手上撩是拦截对方攻我上盘之手，同时可起连环腿蹬踢对方腿膝，蹬地跃起是加大攻击力度。

28. 上步左穿掌

接上式，身体上起，重心前移，身向右转 90°（面向西），随之左脚

图 3-493

向前上一步，右脚不动，重心偏于右脚，同时左掌从右手臂下向前穿出，掌心向上，掌指向前，高与鼻齐。眼看左掌（图 3-493）。

要点：步到掌到，力达掌指。

用法：快速起身上步，穿击对方喉面。

29. 左掩肘回身

接上式，左小臂直竖，向胸前内掩，掌心向里，掌指向上，高与鼻齐；随之左脚尖里扣，身向右转 180°（面向东），右脚尖外摆，右手随转身沿右肋后插至腰后，掌背轻贴于腰后。眼看右肩外（图 3-494）。

上动不停，左脚向右脚前上步，脚尖里扣，身继续向右转 180°（面向西），右脚外摆，重心偏于左脚；同时右掌外旋，向前探出，掌心向上，高与口齐；左掌下落至左腹侧，掌心向下。眼看右掌（图 3-495、图 3-496）。

要点：原地转身，步法灵活，身手敏捷。

用法：此式是八卦回身掌招式。转身可进可退，可攻可守。上盘手、下盘脚皆可灵活运用。

图 3-494　　　　　图 3-495　　　　　图 3-496

30. 上步左右穿掌

接上式，身微左转约 45°（面向西南），左脚向前上一步，右脚不动，重心偏后；同时左掌从右掌下向前穿出，掌心向上，高与口齐；右手收至左小臂内侧，掌心向下。眼看左掌（图 3-497）。

上动不停，右脚向前上一步，左脚不动，重心偏后；同时右掌从左掌下向前穿出，掌心向上，高与口齐；左掌收至右肘里侧，掌心向下。眼看右掌（图 3-498）。

要点：连环上步，左右穿掌，动作迅猛，劲达掌指。

用法：此式属进攻手法，连续快速上步，两掌连环出击，不给对方喘息机会。

31. 白猿献果

右脚内扣，身向左转 135°（面向东北），随之左脚收至右脚内侧，脚尖虚点地；同时两腿略屈膝下蹲。两手臂向身体两侧前后平行展开，掌心向上，高与肩齐；然后左手臂屈肘收至左胸前，肘尖下坠，与左膝上下相对，掌心向上，指尖朝向东北方；右掌外展于身体右后侧，掌心向上，高与肩齐。眼看左掌前（图 3-499）。

要点：转身撤步，两手臂外展，动作要协调。

用法：蓄势待发。

图 3-497　　　　　图 3-498　　　　　图 3-499

32. 上三步

接上式，两手臂位置不变，两腿屈膝向前（东北方向）上三步。左脚先向前上半步（垫步），然后右脚向前上一步，左脚再向前上一步。眼看左手（图 3-500、图 3-501、图 3-502）。

要点：屈膝蹚步，身体不可上下起伏，两掌有上托之意。

用法：蹚步向前，随时接招应敌。

图 3-500　　　　　　　图 3-501　　　　　　　图 3-502

33. 上步右穿掌

接上式，右脚向前上一步，左脚不动，重心偏后；同时右掌从左掌下向前穿出，掌心向上，掌指向前，高与口齐；左掌收至右肘里侧，掌心向下。眼看右掌（图 3-503）。

要点：上步穿掌，步到掌到，劲达指尖。

用法：上步，以掌指穿击对方喉面。

34. 乌龙缠身

接上式，右脚尖里扣，身向左转 135°，左脚尖外摆。同时右掌内旋，上托至头顶，掌心向上；左掌沿左肋插至左腰后，掌背轻贴腰后。眼看左肩后（图 3-504）。

要点和用法与第 12 式相同。

图 3-503 图 3-504

35.叶底藏花（左）

右脚向左脚里侧上步，脚尖里扣，两腿微屈，成八字步；随之腰身左转（面向南方）；同时左掌上提至胸前，稍向左带，屈肘横臂，掌心向外；右掌同时向左腋下屈肘平穿，掌心向上，成仰掌。眼看左肘外（图 3-505）。

要点和用法与第 13 式相同。

图 3-505

36.大鹏展翅

接上式，两脚不动，身向右转 45°，重心偏于左腿；同时两掌外旋，托于颏下，掌根紧靠，掌指外展，掌心向上。眼看身前（图 3-506）。

上动不停，腰身继续向右转（面向西），左脚不动，右脚尖外摆，同时两手臂向身体两侧平行展开，掌心向上，两掌均略高于肩。眼看右掌（图 3-507）。

图 3-506 图 3-507

要点：第1动，要松肩坠肘，塌腰坐胯，两掌有上托之意。第2动，两手臂应平行伸展，腰拧身转，头外摆。

用法：蓄势待发。

37. 右弧形步

接上式，身微右转，左脚经右足内踝向前弧形上步，脚尖微向里扣；右脚经左足内踝向前沿弧形上步，脚尖直向前，如此左脚再向前上一步，然后右脚再向左脚前上一步。左右脚沿右弧形向前共上4步。随上步，身腰随向右拧转，两手臂位置不变，右掌指始终对向圆心。眼看右掌（图3-508、图3-509）。

要点和用法与第15式相同。

38. 上步左穿掌

接上式，当右行步走半圈至右脚在前时，左脚向前（东南方位）上一步，右脚不动，成左虚步；同时左掌从右手臂下向前穿出，掌心向上，高与口齐；右掌收至左肘里侧，掌心向下。眼看左掌（图3-510）。

要点和用法与第16式相同。

图3-508　　　　　　图3-509　　　　　　图3-510

39. 左掩肘回身

左脚尖里扣，身向右转135°（面向西），随之右脚尖外摆；同时左小臂直竖，向胸前掩肘，掌心向里，掌指向上，高与鼻齐；右掌同时沿右肋向身后背插，掌背轻贴腰后。眼看右肩外（图3-511）。

上动不停，左脚向右脚前上步，脚尖里扣，身继续向右转180°（面向东）。右脚外摆，重心偏于后脚（左脚）；同时右掌随转身外旋，向前探出，掌心向上，高与口齐；左掌下落至左腹侧，掌心向下。眼看右掌（图3-512、图3-513）。

　图 3-511　　　　　图 3-512　　　　　图 3-513

要点和用法与第29式相同。唯左右式及方向相反。

40. 上步左右穿掌

接上式，左脚向前上一步，右脚不动，重心偏后；同时左掌从右掌下向前穿出，掌心向上，高与口齐；右掌收至左肘里侧，掌心向下。眼看左掌（图3-514）。

上动不停，右脚向前上一步，左脚不动；同时右掌从左掌下向前穿出，掌心向下，高与口齐；左掌收至右肘里侧，掌心向下。眼看右掌（图3-515）。

要点和用法与第30式相同，唯方向相反。

41. 右掩肘回身

接上式，右脚尖里扣，身向左转135°（面向西），随之左脚尖外摆。

同时右手臂屈肘直竖，向胸前掩肘，掌心向里，掌指向上，高与鼻齐；左掌同时沿左肋插向身后，掌背轻贴左腰后。眼看左肩外（图3-516）。

要点：身向左拧，头向左转，两脚摆扣清晰。

用法：迅速转身迎击身后之敌。

图3-514　　　　　图3-515　　　　　图3-516

42. 转身鹞子钻天

接上式，以左脚掌为轴，身向左转225°（面向东），同时左掌前伸，掌心向下；右脚向前上步，左膝上提，成右独立式；同时右掌从左小臂下向前上方穿出，掌心向里，掌指向上，高过头顶；左掌收至右肘里侧，掌心向外。眼看右掌（图3-517）。

要点：转身要稳，动作迅速，干净利索，不可拖泥带水。

用法：此式为快速转身法。转身时，身不远去，左掌拦截敌手；右掌穿击对方喉面。转身时，下盘暗藏脚蹬之法。

图3-517

43. 燕子抄水（右）

接上式，身向左转90°（面向北），右腿屈膝下蹲，随之左腿向左侧下落前仆；同时左掌沿左腿里侧向前伸出，掌心向下，位置在左踝上方；右掌伸向右肩后侧，掌心向下。眼看左掌前（图3-518）。

上动不停，重心左移，左脚蹬地跃起；同时右脚向前横踢，随之右掌从后向下、向前，再向上撩起，掌指向上，高过头顶；左掌划至右肘里侧，掌心向外。眼看身左侧（图3-519）。

图 3-518

图 3-519

上动不停，右脚向前下落，屈膝下蹲，左腿向前仆出；同时两掌内旋收至两腰侧，然后随左腿前仆，两掌向左右伸出，左掌沿左腿里侧伸至左踝上方；右掌伸至右肩后方，两掌心均朝下。眼看左掌（图3-520）。

图 3-520

要点和用法与第27式相同，唯左右式及方向相反。

44. 上步左右穿掌

接上式，左脚尖外摆，重心前移，身体上起，同时左掌前伸，掌心向下。

上动不停，右脚向前上一步，左脚不动，重心偏后；同时右掌从左掌下向前穿出，掌心向上，高与口齐；左掌收至右肘里侧，掌心向下。眼看右掌（图3-521、图3-522）。

上动不停，左脚向前上一步，重心偏于右脚，同时左掌从右掌下向前穿出，掌心向上，高与口齐；右掌收至左肘里侧，掌心向下。眼看左掌（图3-523）。

要点：下有连环步法，上有左右穿掌，步到掌到，力达指尖。

用法：此式为进攻手法，连续快速上步，以掌指穿击对方喉面。

图 3-521　　　　　　图 3-522　　　　　　图 3-523

45. 翻掌下按

接上式，右脚向前上一步，左脚不动，同时右掌从左掌下向前穿出，掌心向上，高与口齐；左掌收至右小臂里侧，掌心向下。眼看右掌（图3-524）。

上动不停，右掌内翻，左掌外翻，两手虎口向下切按，右掌在外，虎口向下，反掌，掌心向外；左掌在内，虎口向下，顺掌，掌心向外。两掌位置在右膝头上方；同时重心略向前移。眼看双掌前（图3-525）。

图 3-524　　　　　　图 3-525

要点：两掌先回收，然后翻掌下按，力点在两掌虎口处。

用法：此式是拿法。如对方左手打来，我以左手下按其腕，右手上托其肘底，然后两手向里拧翻其手臂，即可拿住对方。

46. 转身行步撩阴手

接上式，身向左转 135°（面向东南），随之右脚尖里扣，左脚尖顺直，重心偏后；同时右手略外旋，向前撩出，虎口向上，掌指向前，位置在腹前；左手划至左胯外侧，掌心向里，掌指向前。眼看右手前（图3-526）。

上动不停，右脚向前上一步，左脚不动，重心偏左；同时左手向前撩出，虎口向上，掌指向前，位置在腹前；右手撤至右胯外侧，虎口向上，掌心向里。眼看左手前（图3-527）。

上动不停，左脚向前上一步，右脚不动，重心偏于右脚；随之右手向前撩至腹前；同时左手撤至左胯外侧。眼看右手前（图3-528）。

上动不停，右脚再向前上一步，左脚不动，重心偏于左脚；同时左手向前撩出，虎口向上，位置在腹前；右手撤至右胯外侧。眼看左手前（图3-529）。

图 3-526　　　　图 3-527　　　　图 3-528　　　　图 3-529

要点：转身连续向前上 3 步，左右手连续向前撩击，力达虎口处。

用法：此式属进攻手法，连续上步，撩击对方裆腹。

47. 浪子踢球

左脚向前上半步，同时左掌略外旋，向上托举，然后划至左肩后侧，

图 3-530

掌心向上，略高于肩。重心前移至左脚，随之右脚提起，向前踢出，脚尖向前，高与胸齐；同时右掌向前穿出，掌心向上，位置在胸前，身略后仰。眼看右脚（图 3-530）。

要点：右脚前踢，力达脚尖。

用法：此式属手脚并用之法。左手划开对方来手，右脚踢击对方裆腹，同时右掌穿击对方喉面。

48. 锦鸡撒膀

身向右转 90°（面向西南），左腿屈膝下蹲，右腿随转身向右后方（西北方位）伸出仆腿；同时两掌左上右下向身体两侧反臂伸出，两掌心反手向上，左掌伸至左肩后方，高过肩；右掌伸至右小腿里侧。眼看右掌前（图 3-531）。

图 3-531

要点：仆腿不可撅臀，松胯塌腰，两手臂极力伸展。

用法：身走下盘，右手反手拦拿对方攻我下盘之腿。

49. 左右乌龙探爪

接上式，重心前移，身向上起，随之右脚尖外展，左脚向前（西北方位）上一步，重心偏后。身向右转 135°（面向西北），随上步，右掌向上托至头顶，掌心向上；左掌从左腰侧向前穿出，掌心向上，位置在胸前。眼看左掌（图 3-532）。

上动不停，右脚向前上一步，左脚不动，重心偏于左脚；同时左掌内旋，上托至头顶，掌心向上；右掌外旋，下划至右腰侧，然后向前穿出，掌心向上，高与胸齐。眼看右掌（图3-533）。

上动不停，右脚不动，左脚再向前上一步；同时右掌内旋，向上托掌至头顶，掌心向上；左掌下划至左腰侧，然后向前穿出，掌心向上，高与胸齐。眼看左掌（图3-534）。

图3-532　　　　　图3-533　　　　　图3-534

要点：连续向前上3步，两掌上托下穿，动作连贯，一气呵成。

用法：此式为连续进攻之法。步走连环，掌随步动，上托下穿，攻防兼备。

50. 乌龙摆尾

接上式，右脚向左脚前上步，脚尖里扣，身向左转90°（面向西南）。同时左掌内旋，上托至头顶，掌心向上；右掌下划至右腰侧，然后平掌向胸前穿出，掌心向上。眼看右掌（图3-535）。

要点：上步拧身，随之两掌内外旋转。

用法：斜身拗步走偏门，上托下穿，攻防兼备。

图3-535

51. 狮子张嘴

接上式，身继续向左转90°（面向东南），随之左脚尖外摆。同时，

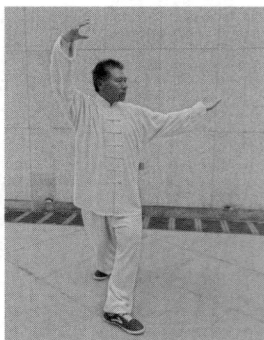

图 3-536

右掌略内旋，上提至头顶，掌心朝下；同时左掌沿左肋反手向身后背插，然后随转身，左手臂外旋，左掌伸向身左侧，掌心向上，高与肩齐。眼看左掌（图3-536）。

要点：腰拧臂转，两掌心相对，上下呼应。

用法：此式用掌为背身掌，属转身接手法。

52. 左弧形步

接上式，身微左转，右脚经左足内踝向前沿弧形上步，脚尖微里扣，两掌位置不变。左脚向右脚前上一步，脚尖向前；然后右脚、左脚再沿弧形向前各上一步。眼看左掌（图3-537、图3-538）。

图 3-537

图 3-538

要点：弧形上步，边走边拧腰转臂，两掌上下呼应。

用法：弧形绕步，与对方周旋。

53. 迎面腿（右）

接上式，左弧形步沿圈走至左脚在前时，左脚尖略外摆，身微左转（西方位），随之右脚向前踢出，脚尖里勾，高过胸。同时两掌先下划至两胯侧，再向上、向前托起，掌心向上，位置在右膝两侧（略偏前）。眼看右脚前（图 3-539）。

图 3-539

要点：右脚前踢，身略后仰，踢腿与双掌上撩动作一致。

用法：两掌划开对方来手，同时出脚蹬踢对方腹胸。

54. 转身双摔掌

上式不停，身向右转 135°（面向东），随之右脚向前下落，成右弓步；同时，两掌先于胸前相交，然后随右脚下落，右掌向前、左掌向后下摔两掌，掌心均向上，高与肩齐。眼看右掌（图 3-540）。

要点：转身要稳。落步摔掌，手脚动作要协调一致。

用法：快速转身，同时抡臂摔掌击打身后之敌。

55. 上步左右穿掌

接上式，左脚向前上一步，右脚不动，重心偏于右脚；同时左掌从右臂下向前穿出，掌心向上，掌指向前，高与口齐；右掌收至左肘里侧，掌心向下。眼看左掌（图 3-541）。

上动不停，左脚不动，右脚向前上一步，同时右掌从左掌下向前穿出，掌心向上，高与口齐；左掌收至右肘里侧。眼看右掌（图 3-542）。

图 3-540

图 3-541

图 3-542

要点和用法与第 23 式相同。

56. 转身左蹬脚

接上式，右脚尖回扣，身向左转 135°（面向西），重心移至右腿，提左膝向前蹬左脚，脚尖里勾，力到脚底，高与腰齐。同时右掌变拳，屈肘竖臂，向胸前掩肘，右拳高与鼻齐；左掌变拳下落至左腰侧，拳心向下。眼看身前（图 3-543）。

要点：转身要稳，蹬脚与掩肘手脚动作要协调一致。

图 3-543

用法：肘截对方击胸之手，足蹬对方裆腹。

57. 回身右穿掌

接上式，左脚下落，脚尖外摆，然后以左脚掌为轴，身向左转 180°（面向东）。随之右脚向前上一步，重心偏于左腿，同时两拳变掌，右掌从左掌下向前穿出，掌心向上，高与口齐；左掌收至右肘里侧，掌心向下。眼看右掌（图 3-544、图 3-545）。

图 3-544　　　　图 3-545

要点：转身要快。上步穿掌，步到掌到。

用法：突然转身掌穿对方喉面。

58. 上步左穿掌

上式不停，右脚不动，左脚向前上一步，重心偏于右脚，同时左掌从右掌下向前穿出，掌心向上，高与口齐；右掌收至左肘里侧，掌心向下。眼看左掌（图 3-546）。

要点：步到掌到，力达指尖。

用法：掌击对方喉面。

图 3-546

59. 左掩肘回身

接上式，左脚尖回扣，右脚尖外摆，身向右转约 135°（面向西），随之左小臂直竖，向胸前掩肘，掌心向内，掌指向上，高与鼻齐；同时右掌反手沿右肋插向身后，掌背轻贴右腰后。眼看右肩后（图3-547）。

要点和用法与第 17 式相同。

图 3-547

60. 左右化手

接上式，身继续向右转 90°（面向北），随之左脚向右脚前上步，脚尖里扣，然后身微右转，右脚向右侧（东方位）横跨半步，成马步。同时右掌从腰后向身右侧上方划出，掌心朝外，掌指向上，略高于肩；同时左掌下落至左腰侧，掌心向下。眼看右掌（图 3-548、图 3-549）。

上动不停，两脚不动，身向左转，同时左掌从下向左上方划出，掌心向外，掌指向上，略高于左肩；右掌同时下落至右腹侧，掌心向下。眼看左掌（图 3-550）。

上动不停，身微右转，同时右掌从下向右上方呈弧形划出，掌心向外，高过右肩；随之左掌下落至左腹侧，掌心向下。眼看右掌（图 3-551）。

图 3-548　　　　　图 3-549

图 3-550　　　　　图 3-551

要点：以腰带动两手臂向左右弧形划拨。此式可作为单式操练，练习时，两脚可左右移动，也可前后进退，活步行进，上边配合两手的左右划拨。

用法：两手左右划拨对方上盘攻击之手，属防守用法。

61. 上步左右穿掌

接上式，身向左转（面向西），随之左脚向前垫半步，脚尖外摆，重心偏于后脚。同时左掌从下向前穿出，掌心向上，高与口齐；右掌收至右腹侧，掌心向下。眼看左掌（图 3-552）。

上动不停，左脚不动，右脚向前上一步，脚尖略向里扣，重心偏于左腿。同时右掌从左掌下向前穿出，掌心向上，高与口齐；左掌收至右肘里侧，掌心向下。眼看右掌（图 3-553）。

图 3-552　　　　　　图 3-553

要点和用法与第 44 式相同。

62. 右掩肘回身

接上式，右脚尖里扣，身向左转 135°（面向东），随之左脚尖外摆；同时右手臂屈肘直竖，向胸前掩肘，掌心向里，掌指向上，高与鼻齐；同时左掌反手沿左肋插向身后，掌背轻贴左腰后。眼看左肩外（图 3-554）。

上动不停，右脚向左脚前上步，脚尖里扣，身继续向左转 90°（面向北），随之腰身向左扭，头向左转，两手臂位置不变。眼向左看（图 3-555）。

图 3-554　　　　　　图 3-555

上动不停，身继续向左转 90°（面向西），随之左脚向前垫半步，脚尖外摆；同时左掌外旋，从身后向前探出，掌心向上，高与口齐；右掌下落至右腹前，掌心向下。眼看左掌（图 3-556）。

图 3-556

要点：身随步转，步法清晰，身腰灵活。

用法：与第29式相同。

注：此式还有另一种练法。接第61式右穿掌，右脚尖里扣，同时右手臂屈肘直竖，向胸前掩肘，掌指向上，高与鼻齐；左掌反手沿左肋向身后背插，掌背贴于腰后。随之腰向左扭，眼向左看。

上动不停，左脚向右腿后倒步，身向左转315°（面向西），随转身，右脚尖里扣，左脚尖外摆。同时左掌外旋，从身后向前穿出，掌心向上，高与口齐；右掌下落至右腹前，掌心向下。眼看左掌。

63. 上步左右穿掌

接上式，右脚向前上一步，左脚不动，重心偏于左脚。同时右掌从左手臂下向前穿出，掌心向上，掌指向前，高与口齐；左掌收至右肘里侧，掌心向下。眼看右掌（图3-557）。

上动不停，左脚向前上一步，重心偏于右腿。同时左掌从右掌下向前穿出，掌心向上，高与口齐；右掌收至左肘里侧，掌心向下。眼看左掌（图3-558）。

要点和用法与第30式相同。

64. 左掩肘回身

接上式，左脚尖回扣，右脚尖外摆，身向右转约135°（面向东），随转身，左小臂直竖内旋，向胸前掩肘，掌心向里，掌指向上，高与鼻齐；同时右掌反手沿右肋向身后背插，随右脚摆步，手臂外旋向身前探出，掌心向上，高与口齐；左掌落至右肘里侧，掌心向下。眼看右掌（图3-559、图3-560）。

要点和用法与第17式相同。

图 3-557

图 3-558

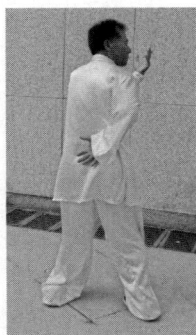

图 3-559

图 3-560

65. 收势

接上式，右脚向后撤一步，身微右转，重心移至右腿，随撤步，右掌撤至胸前，左掌外旋，从右掌下向前伸出，掌心向上，高与胸齐；右掌继续后撤，伸至右肩后方，掌心向上。眼看左掌（图 3-561、图 3-562）。

上动不停，身微左转，两掌向上托起，略过头顶，然后合至头前，沿胸前向下按至腹前，两虎口相对，两掌心斜向前，两臂呈半圆形。眼看身前（图 3-563）。

图 3-561   图 3-562   图 3-563

上动略停，重心前移，右脚向左脚内侧上步，然后身体上起，两掌收至大腿两侧，掌心向内，掌指向下，呼气，气沉丹田。眼看前方，恢复预备式姿势（图 3-564、图 3-565）。

图 3-564   图 3-565

要点：精神内敛，全身放松。气沉丹田，降至涌泉。

第四章

器械套路练习

第一节　龙形刀

一、龙形刀简述

此套龙形刀是形意门中所传八卦掌器械套路之一。由张鸿庆先生首创，后传于河北廊坊张国才老师，本人有幸在张国才老师晚年得到他老人家亲授。

八卦刀是八卦门的主要器械。刀长四尺二寸，把长八寸，刀重 3~4斤。八卦刀的步法依然是八卦掌的摆扣步和蹚泥步的基本步法。八卦刀法不同于一般的单刀练法，主要有闪、砍、劈、抹、扫、扎、撩、捅、刺、云、拿、压、翻、转、架、探、滚、错等。这些技击性很强的刀法融为一体，要求习练者有很强的腕上功力。

演练八卦刀要求习练者松肩沉肘、塌腰坐胯，整个身体动转起来如龙似蟒，钻翻扭转，气势如虹。不论行刀还是走步，都要刀有所指，身有所行，刀走人随，刀转人翻，凭的全是腕上功夫。刀劲不宜刚硬，而应绵长，充分体现出八卦"钻裹"这一风格和特点。

学习八卦刀，需要有八卦掌的基础功夫。习练者通过一定时日的八卦掌套路锻炼，使内气得以充实饱满，劲力才能顺畅沉稳，这样演练八卦刀时，才会展现出形态威武飘逸、动作潇洒舒展、劲力稳健浑厚，精神气力功、手眼身法步协调一致之神韵，并给人以古朴典雅、凝重舒朗之美感。

二、龙形刀基本技法

龙形刀属八卦门刀法，比较直观，没有一般刀法的舞花和缠头裹脑动作。下面介绍几种主要刀法，作为习练者平时单独操练之用。

1. 握刀

以右手握刀为例，常见的握刀方法有 3 种。

（1）刀把放在右手，以虎口包绕刀把，贴靠护手盘，食指和中指、无名指、小指自然弯曲，拇指第一节压在食指第一指节上，多用于劈刀和砍刀动作。

（2）握刀手微松，虎口稍离护手盘；同时右腕微向内收，刀把末端轻贴在右前臂内侧，使刀和臂呈一条直线。多用于扎刀和劈刀动作。

（3）无名指和中指、小指稍放松，拇指和食指轻扣刀把，虎口靠近护手盘，刀与前臂保持一定角度。多用于撩刀和舞花等动作。

要点：握刀的稳、活、松、紧程度，要根据刀法变化而随时调节，不可拘于一法。

2. 抱刀

并步站立，左手握住护手盘外侧，刀尖朝上，刀身直立，刀背紧贴左臂内侧，刀刃朝前，并稍向外倾斜，两臂自然下垂，右手轻贴右腿外侧，五指自然向下伸展。眼看前方。

要点：抱刀要稳，刀背贴靠于左臂内侧，避免刀刃触及手臂。

3. 劈刀

右脚在前，左脚在后，错步站立。右手握刀上举，刀刃向前，刀尖向上；刀由上向下直臂劈至体前。

要点：向下劈刀时，松肩伸臂，刀与臂呈一条直线，力从腰发，达于刀刃。抡劈刀时，刀延身体右侧或左侧抡一立圆，然后顺势向前劈刀。

用法：劈刀属进攻性刀法，意在劈击对方头肩。

4. 撩刀

（1）右脚在前，左脚在后，错步站立。右手握刀，直臂前伸，刀刃朝下，刀尖朝前，高与肩齐，左掌护于右肩前，眼看前方。

（2）右手握刀，臂内旋，直臂向上呈立圆绕至身体右后侧，再外旋向下，沿身体右侧贴身呈弧形向前撩至体前上方，刀刃向上；左掌直臂划至体后侧，掌心向后，眼看刀尖。

要点：撩刀分正撩刀和反撩刀。做撩刀动作时，手腕要活，刀和臂不可呈一条直线，要保持一定的角度，力达刀刃前段。撩刀和劈刀相对应，一阴一阳，刀由下向上挥为撩刀，由上向下挥为劈刀。

用法：撩刀属进攻性刀法，用于由下向上撩击对方裆腹。

5. 砍刀

开步站立，右手握刀直臂举于右斜上方，向左下方斜砍；同时左掌上合，立掌于右肩前，眼看刀尖。

刀向左下方斜劈，为左砍刀；向右下方斜劈，为右砍刀。刀术传统术语中有"立劈斜砍"之说，也有"正手为砍，反手为扫"的说法。

要点：劈刀有力，力达刀刃。

用法：意在斜向劈击对方的肢体或所持器械。

6. 扫刀

（1）左脚后插，两腿屈膝下蹲，成歇步；右手握刀，右臂伸至身体右侧，刀刃与踝关节同高；左掌直臂伸至左斜上方，掌心向外。眼看刀尖。

（2）接上式，身体左转，右臂外旋，刀刃向左，随转体向左旋转平扫一周；左掌合按于右手腕处。

要点：扫刀分为左扫刀（也称正扫刀）、右扫刀（也称反扫刀）和旋转扫刀（要求旋转一周或一周以上）。扫刀时，刀身要平，刀刃向左（或右），与踝关节同高，用力要猛，力达刀刃。

用法：扫刀为下盘攻击性刀法，主要用于横扫对方膝关节以下部位。

7. 扎刀

（1）两脚开立，右手握刀于身体右侧，偏后，刀尖朝前；左手臂直臂向前，立掌，高与肩齐，眼看左掌。

（2）上动略停，右手握刀，右臂屈肘上提，再直臂向前直扎；左掌划至右前臂内侧，立掌。眼看刀前。

要点：扎刀根据扎的高度，分为上扎刀、平扎刀、下扎刀。扎刀时，手臂应先屈后伸，在接近伸直时，突然发力，刀与臂呈一条直线，身、臂、刀贯通一体，力达刀尖。

用法：扎刀属进攻性刀法，实战时，可攻击对方身体的任何部位。

8. 云刀

开步站立，右手握刀，向前直臂侧平举；同时左手臂伸向左侧身后，掌心向后，眼看刀前。

上动不停，右手臂内旋上举，再外旋，使刀在头顶上方平圆绕环一周，头稍后仰；左掌内合按于右前臂处，眼看右前方。

要点：云刀分为面前云刀、头顶云刀、头侧云刀。云刀时，手腕要活，头要配合做侧倒或后仰动作。

用法：云刀属防守性刀法，主要用于保护头部不受伤害。

9. 抹刀

开步站立，右手握刀，直臂向前举刀，刀身平，刀刃朝下，刀尖向前，高与肩平；左掌护于右前臂内侧。眼看刀前。

上动不停，腰向右拧转，右手臂内旋，使刀刃向右，由前向右呈弧形抽回，同时左掌顺势助力，仍按于右前臂内侧。眼随刀转。

要点：抹刀分为左抹刀（也称正抹刀）、右抹刀（也称反抹刀）和旋转抹刀（要求旋转一周或一周以上）。抹刀时，要拧腰、转腕、旋臂，刀走弧形，速度均匀，力到刀刃。

用法：实战时，主要用于扫抹对方脖颈，俗称"抹脖刀"。

10. 架刀

左脚在前，错步站立，右手握刀，直臂前举，刀身横平，刀刃朝下，刀尖向前，高与肩齐。眼看刀前。

上动不停，右臂屈肘内旋，使刀尖摆向左侧，左手附于刀身前段，双手向上横向托起（也可侧身上托），举刀高过头顶，刀刃向上。眼看对方，兼顾刀身。

要点：可单手握刀柄，也可双手握刀柄，托刀上举要过头顶，力达刀身。

用法：架刀为防守性刀法，主要用于挡架袭击头部的对方兵刃。实战时，配合坐胯屈膝、塌腰直背、两膀较劲，力贯刀身。

11. 错刀

开步站立，右手握刀，直臂向前平举，左掌立掌护于右手腕处。眼看刀尖。

上动不停，右手握刀外旋，使手心向上，刀刃朝上，刀尖朝向右前方，刀向后稍平带，再向前推出，此为正错刀（如握刀手内旋，手心朝下，刀尖向左前方，为反错刀）。

要点：刀身要稍高于刀柄。着力点由刀身前段向后划移。

用法：错刀属进攻刀法，是与对方兵器接触相抗时形成的交错推拉动作，用于错击对方所持器械或对方身体。

三、龙形刀动作名称

1. 预备式	2. 推山入海	3. 转身劈刀
4. 白蛇吐信（1）	5. 白蛇吐信（2）	6. 翻身劈刀
7. 蛟龙入海	8. 上步劈刀	9. 犀牛望月
10. 乌龙摆尾	11. 大蟒翻身	12. 青龙探爪
13. 右弧形步	14. 青龙入海	15. 右弓步劈刀
16. 摇旗势	17. 右行步	18. 青龙入海
19. 右龙形刀	20. 左龙形刀	21. 右龙形刀
22. 脱身换影	23. 青龙出水	24. 白蛇吐信（1）
25. 白蛇吐信（2）	26. 探海势	27. 左行步
28. 青龙入海	29. 盘龙刀（右）	30. 盘龙刀（左）
31. 盘龙刀（右）	32. 脱身换影	33. 青龙出水
34. 白蛇吐信（1）	35. 白蛇吐信（2）	36. 翻身劈刀
37. 蛟龙入海	38. 上步劈刀	39. 犀牛望月
40. 乌龙摆尾	41. 大蟒翻身	42. 青龙探爪
43. 右弧形步	44. 青龙入海	45. 右弓步劈刀
46. 摇旗势	47. 右行步	48. 拨云见日
49. 上步劈刀	50. 脱身换影	51. 青龙出水
52. 收势		

四、龙形刀动作说明

1. 预备式

双脚并立，面向南成立正姿势。左手握住刀盘外侧，抱刀于左臂内侧，刀尖向上，刀身直立，刀背紧贴左臂内侧，刀刃朝前；右手臂自然下垂于身体右侧；两肩自然下沉，头顶项竖，两唇自然合闭，舌抵上腭，眼平视前方，精神内敛（图 4-1）。

要点：身体要正，抱刀要直，平心静气，呼吸自然，全身放松，气沉丹田。

2. 推山入海

重心左移，右脚略上提，再原地下落震脚，踏实，身微右转，随之左手握刀从下向上、向右下方划弧；然后身向左转，左脚向前（东方位）上一步，成左弓步；随上步，左手握刀从右下方划至左胯外侧，刀身直立，刀尖向上；同时右掌向前推出，掌心向前，掌指向上，高与胸齐。眼看右掌（图 4-2）。

要点：左手握刀从左向右划一立圆，刀随腰转；上步推掌要有力。

用法：左手刀拦截对方器械之攻击，右手出掌推击对方前胸。

3. 转身劈刀

接上式，左脚尖里扣，身向右转 180°（面向西），右脚向前上半步，重心前移，成右弓步。随转身，右手接过左手刀，握紧刀把，然后随上步向前劈刀，刀刃向下，刀尖朝前，高与胸齐；左手内旋，向上托举至头顶，掌心向上。眼看刀前（图 4-3）。

要点：转身接刀要稳，劈刀走弧形，力达刀刃。

用法：转身猛劈对方头肩。

图 4-1   图 4-2   图 4-3

4. 白蛇吐信（1）

左脚后撤半步，右脚随之退至左脚前约20厘米处，脚尖虚点地，同时右手握刀外旋，带刀至胸前，刀刃朝前，刀尖斜向右上方；左手外旋，收至右手下，手心向上托住右手背。眼看身前（图 4-4）。

上动不停，右脚向前上步，重心前移，右脚踏实；左膝上提，成右独立步。同时右手握刀向前刺出，刀刃朝左，刀尖向前，高与口齐；左手位置不变，顺势助力，与右手合力向前刺刀。眼看刀尖（图 4-5）。

要点：此式左撤步、右进步，要求步法灵活。撤步收刀有划带之意。

用法：与对方短兵相接，撤步收刀是向后划带对方之兵器，若对方后退，可顺势双手握刀合力刺向对方胸喉。

图 4-4   图 4-5

5. 白蛇吐信（2）

动作说明和用法与第 4 式相同（图 4-6、图 4-7）。

图 4-6   图 4-7

6. 翻身劈刀

接上式，身向左转 180°（面向东），随转身，左脚向前下落，右脚向前上一大步，成右弓步。随转身，左脚下落，左手从上向下，再向左上方划至头顶，掌心向上；随右脚上步，右手握刀向前劈，刀刃朝下，刀尖向前，高与胸齐。眼看刀前（图 4-8）。

要点：转身劈刀，刀随步落，力到刀刃。

用法：转身猛劈对方头面。

7. 蛟龙入海

右脚后撤一大步，随之左脚向右腿后撤一步，成右弓步。随右脚撤步，右手刀收至右胯侧；左手同时向前扑打，掌心向前，掌指向上，高与头齐。随左脚撤步，右手握刀内旋，反手（虎口朝下）向前刺出，刀刃朝上，刀尖向前，高与膝齐；同时左手收至右腋下，掌心向下，指尖向右。眼看刀前（图 4-9、图 4-10）。

要点：撤步要快，边撤步边掌劈刀刺，上下协调，前后呼应。

用法：人（步）退刀进，退中有进，败中取胜。

图 4-8

图 4-9

图 4-10

8. 上步劈刀

左脚向前上步，右脚再向左脚前上一大步，成右弓步。随上步右手握刀向前劈，刀刃朝下，刀尖向前，高与胸齐；左手同时向上托举至头顶，掌心向上，眼看刀前（图4-11）。

图 4-11

要点：连续上步，抢刀前劈，右手握刀走弧形。

用法：连续上步追击对方，刀劈对方头面，劈刀要迅猛。

9. 犀牛望月

接上式，两脚不动，身微左转，右手握刀，先外旋收刀至胸前，屈

图 4-12

肘竖臂，刀身直立；左手同时收至右腕里侧，手心向外。眼看身右侧（图4-12）。

上动不停，身向左转约120°，随之左脚向右腿后插步，右腿前弓，左腿伸直，腰向右扭，眼向右看。同时右手握刀内旋，向右后下方扫刀，刀刃向后，刀尖向右后下方；左手同时伸向左额左前上方，掌心向上。眼看刀尖（图4-13）。

要点：（1）以腰带臂，屈肘旋刀。

（2）转身后插步下扫刀，身械协调，动作一致。

用法：胸前掩刀拦截对方兵器，转身撤步下扫刀是横扫身后之敌击来之器械。

图 4-13

10. 乌龙摆尾

接上式，身向左转90°（面向西），右脚顺直，脚尖向前，随之右手握刀，从右下方向前撩刀，刀刃朝上，刀尖向前；同时左手划至左胯外侧，掌心向下。眼看刀前（图4-14）。

上动不停，身继续向左转135°（面向东南），左脚外摆，右脚不动。随转身，右手握刀，从右后向上、向身前劈刀，刀刃向下，刀尖向前，高与胸齐；左手同时划至右腕上，手心向下。眼看刀前（图4-15）。

上动不停，左脚蹬地，右脚向前（东方位）跳一步，随之左脚向右脚后插脚套步，同时身向左转约135°（面向北）右腿前弓，左腿伸直，成右弓步，腰身向右拧转。随跳步，右手握刀从下向左后、向上，再向右前下方抢刀下劈，刀刃向下，刀尖向前，左手位置不变。眼看刀前（图4-16）。

图 4-14

图 4-15

图 4-16

要点：（1）转身撩刀、劈刀，刀法清晰。

（2）跳步要远。刀随身转，刀走立圆，劈刀有力。套步、拧腰、劈刀，动作协调。

用法：此式是应对对方前后夹击的刀法。前撩后劈，套步拧腰，身随步转，刀随身动，刀法不乱。

11. 大蟒翻身

接上式，右脚蹬地，双脚起跳，身体腾空，原地转体360°（面向北），双脚同时落地，成马步。随转身，右手握刀从下向上、向前抡刀下劈，刀刃向前，刀尖斜向上，刀把略低于右肩；左手同时划向左额左上方，手心向上。眼看刀前（图4-17）。

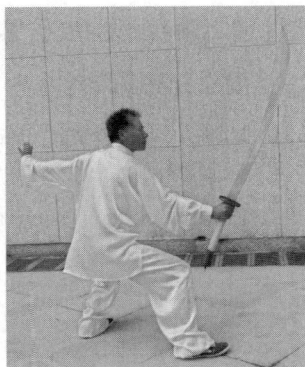

图 4-17

241

要点：原地起跳腾空转体 360°，动作要快，落地劈刀动作协调一致，力达刀刃中部。

用法：突然转身，力劈对方头面。

12. 青龙探爪

图 4-18

接上式，右脚外摆，身向右转 135°（面向东南），左脚向东南斜角上步，脚尖微内扣，重心偏于右腿，成左虚步。随转身，右手握刀外剪花，然后手腕内扣，向身前横刀下压，刀刃向前，刀尖向左，刀把置于左腋下，拳心朝下；左手同时从右手刀上向右斜角上方穿出，掌心向上，指尖向前，高与口齐。眼看左手（图 4-18）。

要点：右手握刀，腕外旋剪腕，然后腕内旋横刀下压，手腕灵活；左手穿掌，力到指尖。

用法：右剪腕属化解对方刀剑攻击之法，左手穿掌进击对方喉面。

13. 右弧形步

接上式，重心左移，右脚经左足内踝向前弧形上步，然后两脚交替向前沿弧形（半圆圈）再向前各上 2 步（前后共上 5 步）。两手位置不变。随上步，腰身向右扭转。眼看右肩外侧（图 4-19、图 4-20）。

要点：沿弧形向前共上 5 步，身随步转，眼看圆心。

用法：以藏刀式行步走转与敌对峙，伺机攻击对方。

14. 青龙入海

接上式，当行步走至右脚在前时，身微右转，左脚向前（东方位）上步，右脚不动，重心偏前。同时右手握刀略向右平划，然后臂内旋，刀向前刺，虎口朝下，刀刃向上，刀尖向前下方，高与左膝齐；左手划至右腕内侧，手心向右。眼看刀前（图4-21）。

要点：行步中，突然转身反手刺出，力达刀尖。

用法：与对方对峙走转中，突然出招下刺对方腿膝。

图 4-19

图 4-20

图 4-21

15. 右弓步劈刀

接上式，右脚向前上一大步，成右弓步。随上步，右手握刀，使刀尖从前向下、向左后沿身体左侧划一立圆，然后向前抢劈，刀刃朝下，刀尖向前，高与胸齐；左手同时划至头顶左侧，掌心向上。眼看刀前（图4-22）。

图 4-22

要点：上步抢劈，刀走立圆，力达刀刃中部。

用法：刀劈对方头面。

16. 摇旗势

接上式，身微左转，左脚向左前

图 4-23

方上步，右脚不动，重心偏于右腿。左手同时先逆后顺从上向下，再向左上方划弧至左肩后上方，掌心向上；同时右手握刀外旋，向前刺出，刀刃朝上，刀尖向前，高与肩齐。眼看刀前（图4-23）。

要点：左脚上步走斜角，两手走弧形；右手刀刺出，刀尖与左脚方向一致。

用法：步走偏门，刀随身转走偏锋。

17. 右行步

接上式，重心前移至左脚，身微右转，右脚经左足内踝向前沿圈上步，两手位置不变，如此两脚交替向前沿圈向右走转2圈，眼看刀尖（图4-24、图4-25）。

要点：行步走转时，身随步转，腰向右扭，手臂外拧，刀尖始终指向圆心。屈膝坐胯，步若蹚泥，松腹沉气，精神贯注于刀尖。

用法：以摇旗势与对方对峙走转，伺机攻击对方。

18. 青龙入海

接上式，右行步走圈到东南方右脚在前时，左脚向前（东南方位）上步，右脚不动，重心偏于右腿。随上步，右手握刀翻腕向前下方刺刀，手心朝下，刀刃向右，刀尖向前下方，高与膝齐；左手划至右腕内侧，手心向右。眼看刀尖（图4-26）。

要点：上步翻腕捅刀，步到刀到，力达刀尖。

用法：走转中，对方来械攻击我胸腹，我翻腕压刀破解对方来力，顺势向前捅刺对方膝腿。

图 4-24   图 4-25   图 4-26

19. 右龙形刀

两脚不动，身向右转（面向西北），重心右移。随之右手握刀向右下方撇刀，刀刃向外，刀尖向前下方。眼看刀前（图4-27）。

图 4-27

上动不停，身向左转，重心左移，随转身，右手握刀先外旋，向上、向左后划立圆，然后身再右转，右脚向前摆步，脚尖外撇，右手握刀内旋，随右脚摆步向右前方斜角（西北方位）反手撩刀，刀刃朝上，刀尖斜向前；左手立掌护于右腕内侧（图4-28、图4-29）。

图 4-28

上动不停，左脚向右脚前上一步，右脚再向左脚前上一步，重心偏于右脚。随上步，右手握刀继续向右前方斜角撩出，刀刃向上，刀尖向前，略高于右肩；左手位置不变。眼看刀前（图4-30、图4-31）。

图 4-29

图 4-30

图 4-31

要点：右撇刀，刀先在身左侧划一立圆，然后行步撩刀，人走刀随，动作连贯，一气呵成。

用法：连续上步，以撩刀法追击敌手。

20. 左龙形刀

接上式，身向左转90°（面向西南），左脚外摆。随之右手握刀外旋，向下、向左前方撩刀，刀刃向上，刀尖向前；左手同时内旋，从右向左前方划弧，掌心向外。眼看刀前（图4-32）。

上动不停，右脚向左脚前上步，左脚再向右脚前上一步，重心偏于右脚。随上步，右手握刀继续向左前方撩出，刀刃朝上，刀尖向前，略高于右肩；左手划至左肩外侧（略偏后），掌心向外。眼看刀前（图4-33、图4-34）。

要点：斜行连环步，步到刀到。此式是正撇刀，力达刀刃前半部。

用法：连环上步，撩击对方身械。

图 4-32

图 4-33

图 4-34

21. 右龙形刀

接上式，身向右转 90°（面向西北），随之右脚尖外摆，同时右手握刀内旋，从上向下反手向前撩刀；左手下划至右腕内侧，立掌，掌心向右。眼看右前方（图 4-35）。

上动不停，左脚向右脚前上步，右脚再向左脚前上一步，重心偏于左脚。随上步，右手握刀继续反手向右前方撩刀，刀刃向上，刀尖向前，略高于右肩；左手位置不变。眼看刀前（图 4-36、图 4-37）。

图 4-35　　　　　　　图 4-36　　　　　　　图 4-37

要点和用法与第 19 式相同。

22. 脱身换影

接上式，左脚向右脚前上步，脚尖里扣，两腿微屈，膝内扣，身向右转 45°（面向北）；同时右手握刀向头上托举，刀刃朝上，刀尖向左；左手护于右腕内侧（图 4-38）。

上动不停，身继续右转 180°（面向南），随之右脚外摆，左脚向右脚前上步，脚尖里扣，右手握刀于头顶，位置不变。身继续向右转（面向西），右脚尖顺直，左脚不动，重心偏于左脚。同时右手握刀外旋，松肩屈肘，从头顶下沉至胸前，掌心向上，刀刃朝左，刀尖向前；左手护于右腕内侧。眼看刀前（图 4-39、图 4-40、图 4-41）。

图 4-38   图 4-39

图 4-40   图 4-41

要点：（1）上步托刀，右手刀极力上举。

（2）上步转身，旋刀下落，肩松腰活、肘下坠。

用法：用灵活的身、步、刀法与对方周旋。实战时，此式若运用得法，有反败为胜之效。

23. 青龙出水

接上式，右脚向前（西方位）上一步，成右弓步。同时，右手握刀向前平刺出，刀刃向左，刀尖向前，高与胸齐；左手伸至左肩外侧，偏后，手心向上，略高于肩。眼看刀前（图 4-42）。

图 4-42

要点：上步刺刀，力达刀尖。

用法：刀刺对方胸喉。

24. 白蛇吐信（1）

动作说明与第4式相同（图4-43、图4-44）。

图 4-43   图 4-44

25. 白蛇吐信（2）

动作说明与第5式相同（参阅图4-43、图4-44）。

26. 探海势

接上式，身向左转（面向南），左脚下落，脚尖外摆，重心偏于右腿。同时右手握刀内旋，向头上托举，刀刃向上，刀尖向左；左手同时划至右腋下，坐腕，掌心向外，指尖向上。腰向左扭，眼看左肩外（图4-45）。

要点：右手托刀极力上举，刀身要平；左脚下落，脚尖外摆，拧腰转身，眼随身转。

用法：托刀上举以护头，拧腰转体以蓄势，伺机而动。

27. 左行步

接上式，身向左转，右脚经左足内踝向前沿圈蹚步，随之腰身继续向左拧转，两手位置不变。然后两脚交替向前沿圈向左走转2圈。眼看左肩外（图 4-46）。

要点：走转时，腰身随之向左拧转，刀尖始终指向圆心。松胯屈膝，松腹沉气，行步要稳，不要上下起伏。

用法：以探海势姿势与对方对峙周旋，伺机攻击对方。

28. 青龙入海

接上式，沿圈向左走转至圆圈的西北方位，右脚在前时，左脚向前（西北方位）上步，右脚不动，重心偏于左脚。同时，右手握刀向前下方刺出，手心向下，刀刃向右，刀尖向前下方，高与膝齐；左手护于右腕内侧，手心向右。眼看刀前（图 4-47）。

要点：上步刺刀亦有下捅、按压之劲。

用法：如对方用刀尖刺我下盘，我可用刀身平压其来械，并顺势向前刺对方腿膝。

图 4-45　　　　　图 4-46　　　　　图 4-47

29. 盘龙刀（右）

接上式，两脚不动，身先向右转，随之右手握刀先外旋，使刀向身右侧平行划抹，刀背向右；然后身微左转，右手刀内旋，刀在头顶云绕一圈，左手始终护于右腕内侧（图 4-48、图 4-49）。

图 4-48　　　　　　　图 4-49

上动不停，身向右转，右脚向前摆步，踏实，然后右脚蹬地跃起，身继续向右转 360°（面向东南），随转身，左脚向右脚前上步，脚尖微内扣，右脚向左脚后倒插步，转身后重心偏于右脚。随转身上步，右手握刀平行向身右侧横扫，手心朝下，刀刃向前，刀尖向左，刀把位于胸前；左手护于右腕内侧，手心向外。眼看刀前（图 4-50、图 4-51、图 4-52）。

要点：云刀时，右手腕要活，转身上步可改为跳步，也可不改。刀随身转，身刀合一。

图 4-50　　　　　　图 4-51　　　　　　图 4-52

用法：遇敌围攻，临危不惧，利用灵活的身形、步法和刀法指前打后，从容对敌。

30. 盘龙刀（左）

接上式，身向左转90°（面向东北），随之左脚向前摆步，同时右手握刀向左侧平抹，手心向下，刀刃向外，刀尖向左，高与胸齐；左手护于右腕内侧，手心向外。眼看刀尖（图4-53）。

上动不停，右脚向左脚前上步，随之身向左转90°，同时右手握刀在头顶外旋，云绕一周；左手护于右腕内侧（图4-54）。

上动不停，身继续向左转270°（面向东北），随转身，左脚向前（东北方位）上一步，重心偏于左脚。同时右手刀划至胸前，手心向上，刀刃向前，刀尖斜向右前方；左手护于右腕内侧，手心朝外。眼看刀前（图4-55）。

图4-53　　　　　　　图4-54　　　　　　　图4-55

要点和用法与第29式相同。

31. 盘龙刀（右）

接上式，身向右转90°（面向东南），随之右脚向前摆步，同时右手刀向前平摆，手心向上，刀刃向外，刀尖向前。眼看刀前（图4-56）。

上动不停，身继续向右转360°（面向东南），同时，右手握刀内旋，在头顶云绕一周。随转身，左脚向前上步，右脚再向左脚前上一步，重心偏于右脚。转身后，右手刀划至胸前，手心朝下，刀刃向前，刀尖向左，高与胸齐；左手护于右腕内侧，手心向右。眼看刀前（图4-57、图4-58）。

图 4-56 图 4-57 图 4-58

要点和用法与第 29 式相同。

32. 脱身换影 33. 青龙出水 34. 白蛇吐信（1）35. 白蛇吐信（2）

以上第 32~35 式动作和要点与前第 22~25 式相同，唯方向相反。

36. 翻身劈刀 37. 蛟龙入海 38. 上步劈刀 39. 犀牛望月 40. 乌龙摆尾 41. 大蟒翻身 42. 青龙探爪 43. 右弧形步 44. 青龙入海 45. 右弓步劈刀 46. 摇旗势 47. 右行步

以上第 36~47 式动作和要点与前第 6~17 式相同，唯方向相反。

48. 拨云见日

接上式，右行步走圈，走到圆圈的西北方位，左脚在前时，身微右转，右脚外摆；同时右手刀先外旋，再内旋，在头顶云绕一周，左手同时划至右腕内侧，手心向外。眼随刀转（图 4-59）。

要点：边走边转，刀随身转，云刀手腕要灵活。

用法：行步中变换身形步法。云刀可拨拦对方进攻我上盘之来械，并有护顶之作用。

图 4-59

49. 上步劈刀

图 4-60

接上式，左脚向前（东方位）上步，同时右手刀与左手向下于胸前向两侧划开，两手心均朝下；然后右脚向前上一步，重心前移，右手握刀先向外剪腕，再向前劈刀，刀刃朝下，刀尖向前，高与胸齐；左手划至右腕里侧，手心向下。眼看刀前（图 4-60、图 4-61）。

要点：步到刀到，力达刀刃前半部。

用法：若对方来械进击我裆腹，我先以刀划开来械，然后迅速上步，挥刀猛劈对方头面。

图 4-61

50. 脱身换影 51. 青龙出水

以上第 50~51 式动作和要点与前第 22~23 式相同，唯方向相反。

52. 收势

接上式，右脚向后撤一大步，重心移至左腿。同时，右手握刀回收至腹前，左手护于右腕上。眼看身前（图 4-62）。

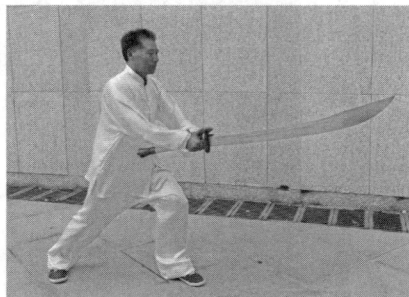

图 4-62

上动不停，右手刀交于左手，左手接刀后握住刀盘，抱刀于左臂内侧，刀刃向前，刀尖向上。身微右转（面向南），左脚撤至右脚前，前脚掌着地，成左虚步。同时，右手从下向右上划摆至头顶，掌心向上。左手握刀姿势不变。眼看身前（图4-63）。

左脚收至右脚内侧，两脚并立，身体上起，右手下落至身体右侧，手臂自然下垂，呼气松腹，气沉丹田，眼平视前方，恢复预备式姿势（图4-64）。

图 4-63　　　　图 4-64

要点：收势要稳，呼吸深沉，精神内敛。

第二节　龙形八卦剑

一、龙形八卦剑简述

八卦剑是八卦门中主要器械之一，历来深受八卦门人重视。

八卦剑比一般武术用剑长，也比一般剑重得多，因此练习难度较大。剑的选择主要看长度和重量。长度以习练者的身高为参照依据，一般来说，剑长为身高的 0.7 倍较为适宜。剑重可依据习练者的体力而定。

另外，配上一条相应的长剑穗子（穗长与剑身相同），可增加习练者在平时演练此套剑术时的练功难度，亦另有一种神采。

龙形八卦剑将八卦、龙形（传说中龙行之状）、剑术融为一体，展现出一种活灵活现的传统武术运动形式，给人以耳目一新之感。

龙形八卦剑以八卦掌为基础，因此其动作、步法、身法等外形变化也要符合八卦掌之拳理。龙形八卦剑以八卦掌的摆扣步为主要步法，以走圈为基本路径而贯穿始终。走圈时而顺转，时而逆行，时而进退纵横。复杂多变的步法路径配合灵活细腻的剑术变化，使得习练者在演练龙形八卦剑时，神出鬼没，变化莫测。

龙形八卦剑以游身之术为主要身法，演练时，习练者将其敏捷的步法、活络的身法、多变的剑法融为一体，要求习练者做到以腰带肩，以肩催剑，身剑一体，神气饱满，起伏转折，上下翻飞，换势如同龙闹海，行进恰似雾中龙，呈现出一派龙形之象。

龙形八卦剑的主要剑法有刺、截、扫、撩、劈、挂、抹、点、挑、穿、带、托、捧、云、削、架等。

二、龙形八卦剑动作名称

1. 预备式	2. 起势	3. 仙人指路	4. 狮子望球
5. 青龙吐信	6. 右弧形步	7. 犀牛望月	8. 行步撩衣
9. 大蟒翻身	10. 怀中抱月	11. 仙人指路	12. 古树盘根
13. 老龙返身	14. 转身抹刺	15. 左弓步刺剑	16. 马步抹剑
17. 扭步勾挂	18. 弓步刺剑	19. 霸王拉弓	20. 懒龙卧道
21. 乌龙绞柱	22. 倒劈华山	23. 乌龙摆尾	24. 大鹏展翅
25. 右行步	26. 行步撩衣	27. 倒行步	28. 倒劈华山
29. 上步撩衣	30. 叶底藏花	31. 大鹏展翅	32. 右行步
33. 乌龙搅海	34. 大鹏展翅	35. 右弧形步	36. 凤点头
37. 凤展翅	38. 凤凰翻身	39. 大鹏展翅	40. 右行步
41. 朝天一炷香	42. 翻身劈剑	43. 退步捧剑	44. 跟步下刺
45. 迎风展翅	46. 乌龙撩云	47. 乌龙吐雾	48. 乌龙摆尾
49. 乌龙撩云	50. 怪蟒回头	51. 玉女认针	52. 横扫千军
53. 猛龙回头	54. 收势		

三、龙形八卦剑基本技法

（一）基本手型及持握剑方法

1. 手型

剑指：中指与食指伸直并拢，其余三指屈于手心，拇指压在无名指和小指的第一指节上。

2. 持握剑法

（1）持剑：手心紧贴护手盘，食指附于剑柄，拇指和其余手指扣紧护手两侧，剑脊轻贴前臂后侧。

（2）正握立剑：手握剑柄，拇指压于食指第二指节上，其余四指并拢，握紧剑柄，虎口向上、剑刃向上下。

（3）反握立剑：手握剑柄，拇指压于食指第二指节上，其余四指并拢，握紧剑柄，虎口向下，剑刃向上下。

（4）俯握平剑：手握剑柄，拇指压于食指第二指节上，其余四指并拢，握紧剑柄，手心向下，也称俯手平剑。

（5）仰握平剑：手握剑柄，拇指压于食指第二指节上，其余四指并拢，握紧剑柄，手心向上，也称仰手平剑。

以上五法是持握剑的基本方法，实际演练时，持握剑手法要灵活，不可一味死握剑柄，握剑之手的腕力、指力要根据剑的招式变化而变化，不可拘于成法。这样，运剑才能不显拙力。随招变势，运用自如，方为得法。

（二）基本剑法

1. 刺剑

立剑或平剑向前直出，力达剑尖，臂与剑呈一条直线；剑刃向上下为立剑，剑脊向上为平剑。

2. 截剑

剑身斜向上或斜向下为截，力达剑身前段。

3. 扫剑

仰手持剑，使剑身平行或斜向上，从后向前走剑为扫，力达剑身中段。

4. 撩剑

立剑由身后向前上方贴身划弧，以剑刃为力点，直臂撩出。

5. 劈剑

立剑由上向下挥剑为劈，臂与剑呈一条直线，力达剑身。抡劈剑是沿身体右侧或左侧绕立圆挥剑。

6. 挂剑

手臂内旋，立剑，剑尖由前向下、向后，或向上、向后走立圆，力达剑身前段。

7. 云剑

持剑手握剑向上平举，使剑刃（身）在头部上方绕平圆。

8. 抹剑

用仰手平剑里刃或俯手平剑外刃，向前做斜割的动作，称为"抹"。

9. 点剑

用正立剑之剑尖，由上往前，再向下栽头，使剑尖向下点击，称为"点剑"。腕要活且有力，力达剑尖。

10. 挑剑

立剑，剑身由下向上运行，沉腕（坐腕），力达剑尖。

11. 穿剑

右手持剑于身前，剑尖经胸腹间呈弧形向前拦腰穿剑，手心向上，力达剑尖，剑身不可触及身体。

12. 带剑

平剑或立剑，由前向左右两侧后上方抽回为带，力达剑身。

13. 架剑

右手持剑于身前，手臂内旋，从下向上托举至头顶，剑身平，剑刃向上，剑尖向前。左手诀置于右肘内侧。

四、龙形八卦剑动作说明

1. 预备式

两脚并立，成立正姿势，面向南方站好。左手反握剑柄，掌心紧扣于护手之上，食指伸直，紧贴于剑柄，剑身平面紧贴左臂后面，剑尖向上；右手五指并拢。贴靠于右大腿外侧，掌心朝里，指尖向下。两肘微屈，两臂自然下垂，两肩松沉。头顶项竖，下颏微收，两唇自然合闭，齿轻叩，舌顶上腭。眼平视前方，精神集中（图4-65）。

要点：身体中正，全身放松，呼吸自然，气沉丹田，精神内敛。

图 4-65

2. 起势

两腿微屈，身微右转，右脚向后撤一步，重心后移，右脚落实，左脚尖点地，成左虚步。随撤步，左手持剑，屈肘上提至胸前，手心向外，剑刃向上下，剑尖向前，高与胸齐；右手合于左手外，两手心相对。眼看剑前（图4-66）。

要点：左手持剑上提，剑横于身前，剑柄收至右胸前，剑身轻贴左前臂。

用法：蓄势待发。

图 4-66

3. 仙人指路

身微左转，左脚向前（南方位）上半步，右脚向前与左脚并步，身

图 4-67

体直立。随上步，左手剑平行向左划，收至身体左侧，剑身直立，贴于左臂后侧，剑尖朝上；右手诀指向身前，手臂伸直，手心向左，指尖向前，高与肩齐。眼看右手剑诀（图 4-67）。

要点：左手剑横划，右手诀直向前穿，力达指尖。

用法：左手剑拦截对方兵器，右手诀直穿对方喉面。

4. 狮子望球

右脚向前上步，身向左转 45°（面向东），左膝上提，成右独立步。同时，左手反手持剑，横剑上提至胸前，屈肘横臂，虎口向下，手心向外，剑柄位置在右胸前，剑脊轻贴左小臂外侧，剑刃向上下，剑尖、肘尖向前；同时，右手诀向右后弧形上划至头顶，略偏右，手心向右。眼看剑前（图 4-68）。

图 4-68

要点：上步、转身、提膝成独立步要稳。左手剑上提，剑要端平；右手诀上划走弧形。

用法：蓄势待发。

5. 青龙吐信

左脚向前下落，脚尖微里扣，重心偏于右脚。同时，右手下落于胸前接剑，然后向右前方平剑穿出，剑脊朝上，剑尖向前，高与胸齐；左手诀同时伸向左侧，手心向上，略比左肩高。眼看右剑前（图 4-69）。

图 4-69

要点：右手剑向前平穿，力达剑尖。

用法：剑刺对方胸喉。

6. 右弧形步

重心前移，身微右转，右脚经左足内踝向前弧形上步，上动不停，左脚经右足内踝向前上步，脚尖微里扣；如此，两脚交替向前沿弧形向右再各上一步，然后右脚再沿弧形向前上一步；同时，腰向右扭，右手剑剑尖始终指向圆心；左手诀位置不变。眼看剑尖（图 4-70、图 4-71）。

图 4-70　　　　　　　　　图 4-71

要点：两脚沿弧形向前共上 5 步，随走随转，剑指圆心。

用法：长剑指向对方，与之周旋，寻机变势出击。

7. 犀牛望月

接上式，右行步向右沿弧形走转至右脚在前时，左脚向右脚前上步，脚尖里扣，随之身向右转，右脚向右侧横跨半步，重心右移，右脚踏实，左膝上提，成右独立式。随之右手剑内旋，使剑尖向左下，再向上划立圆，然后向右侧劈剑，剑刃向上，剑尖向前（右），高与肩齐；左手诀先合于右腕内侧，再划向头顶左上方，手心向上。眼看剑前（图 4-72、图 4-73）。

图 4-72   图 4-73

要点：转身向右（东方位）跨步，独立步时面向北，向右侧劈剑，力达剑身前半部。

用法：行步间突然转身上步劈剑，猛劈对方头肩。

8. 行步撩衣

身向左转（面向西），左脚向前落步，脚尖外摆，同时，左手诀从上向下、向前反手前撩，随之右脚向前上步，左脚再向右脚前上一步，随上步，右手剑从上向右、向下，再向前撩出，剑刃朝上，剑尖向前，高与腰齐；左手诀同时划向左肩后，手心向后，略比肩高。眼看剑前（图4-74、图4-75、图4-76）。

图 4-74   图 4-75

要点：随上步（连环步法），左手诀向前反撩，右手剑向前正撩，手、脚、剑要协调一致，剑步合一。

用法：连续上步，撩击对方裆腹。

图 4-76

9. 大蟒翻身

图 4-77

上动不停，右脚向左脚前上步，脚尖内扣。同时身向左转 135°（面向东南），随之左膝上提，成右独立式。随转身，右手剑从后向上、向前下方劈剑，剑刃向下，剑尖向前，高与腰齐，力达剑身前半部；左手诀划至头顶左上方，手心向上。眼看剑前（图 4-77）。

要点：转身要稳，右手剑前劈要先从后向前划立圆。此式转身时，也可右脚蹬地跃步转身。

用法：突然转身，劈击身后偷袭者。

10. 怀中抱月

左脚向左前方落步，身微右转（面向东南），随之右脚向前上一步，脚尖点地，成右虚步。同时右手剑、左手掌合抱于腹前，右手心向上，左手置于右手下，手心向上，托住右手背，剑身平，剑尖向右前方，高与胸齐。眼看剑前（图 4-78）。

要点：右手剑回收带剑，两手捧剑合抱于

图 4-78

腹前，两臂呈弧形。

用法：回收带剑是随势拦截对方攻击之器械。

11. 仙人指路

右脚向前垫步，左脚向前上一步（东南斜角），右脚再向前上一步，重心偏于左脚。两手抱剑姿势不变。眼看剑前（图4-79、图4-80）。

图4-79   图4-80

要点：连续向右前方斜角上步，随上步，两手捧剑，缓缓向前探出。

用法：彼退我进，随敌后退，我连环上步以剑逼近对方。

12. 古树盘根

左脚向右脚前上步，脚尖里扣，身向右转90°。同时，右手持剑上架至头顶，虎口朝下，剑刃向上，剑身平，剑尖向左；左手诀护于右腕内侧（图4-81）。

上动不停，两脚不动，身腰继续向右拧转约90°（面向西北），随之右手剑略外旋，置于头顶偏右侧，剑身横平，剑尖朝向身右后方；左手诀护于右腕内侧。眼看右肩外（图4-82）。

图4-81   图4-82

要点：上架剑，剑身要横平。两脚不动，拧腰转体，肩、肘、臂、手、剑随之拧转，身剑一体，成一个劲。

用法：上架剑是护顶剑势，即原地拧腰转体变剑势。

13. 老龙返身

接上式，右脚向后撤一步，随之左脚跟步至右脚内侧，脚尖点地，成左丁步。同时身向右转135°（面向东南），右手剑外旋，下落至胸前，手心向上，剑尖向前，然后扣腕变俯手剑向前平刺，手心向下，剑尖向前，略高于胸；左手诀护于右腕内侧。眼看剑前（图4-83）。

图 4-83

要点：右手剑下落，肩肘和刺剑手腕要活，力达剑尖。

用法：快速转身，仰手落剑下压对方来械；俯手扣腕，顺势猛刺对方胸喉。

14. 转身抹刺

图 4-84

右脚向后撤一步，身向左转180°，成左弓步。同时右手剑从后向身前俯手平抹，手心向下，剑尖向前，高与胸齐；左手诀置于右前臂下，手心向下。眼看剑前（图4-84）。

要点：转身俯手抹剑，剑身要平，力达剑刃。

用法：转身扫抹对方胸颈。

15. 左弓步刺剑

右脚向前上半步（垫步），脚尖外摆；同时右手剑、左手诀从胸前向外逆缠，然后再顺缠划小圆，合于胸前，右手心向上平握剑，剑尖向前；

图 4-85

图 4-86

图 4-87

左手诀护于右腕内侧。眼看剑前（图 4-85）。

上动不停，左脚向前上一步，成左弓步。同时右手剑向前平刺，手心向上，剑尖向前，高与胸齐；左手诀护于右腕内侧。眼看剑前（图 4-86）。

要点：随垫步，两手捧剑外划小圆，上步平刺，力达剑尖。

用法：划（圆）剑是化解对方的进攻兵器，然后双手捧剑猛然前刺对方胸喉。

16. 马步抹剑

右脚向后撤半步，身向右转 90°（面向北），成马步。同时，右手翻腕扣剑成俯手剑，向右侧横抹剑，剑身平，剑刃向右，剑尖朝北，右手剑柄位于身右侧，手心向下，高与腰齐；左手诀划至左膝外侧偏上，手心向下。眼看右侧（图 4-87）。

要点：撤步抹剑，剑走横劲，力达剑外刃一侧。

用法：横抹对方腰肋。

17. 扭步勾挂

身向左转，左脚向右脚后倒插一步，前脚掌着地；同时右手剑从右向上、向左侧劈剑，虎口朝上，剑尖向前，高与胸齐；左手诀划至右小臂上，手心向上。眼看剑前（图 4-88）。

上动不停，右手剑向后撤至右胯外侧，虎口向上，剑刃朝下，剑尖向前；同时左手诀从右前臂上向前穿出，手心向上，指尖向前。眼看身右侧（图4-89）。

上动不停，右脚向后退一步，重心右移，右脚踏实，左膝提起，成右独立式。随之右手剑从下向右上挑挂，剑刃朝外，剑尖向上，右手剑护手与肩平；左手诀划至右腕内侧，手心向右。眼看身右侧（图4-90）。

要点：左右脚连续退步，随之右手剑先左劈、右扫，再向上勾挂；插步、退步，身、剑、步动作协调有序。

用法：打前顾后，剑法不乱。

图4-88

18. 弓步刺剑

图4-89

身向左转90°（面向西），左脚向前落步，右脚向左前方上一步，成右弓步。随上步，右手剑先逆后顺划小圆，然后随右脚上步向前平剑刺出，手心向上，剑尖向前，高与胸齐；左手诀同时先向外再向内划小圆，然后与右手相合，划至右腕内侧，手心向上。眼看剑前（图4-91、图4-92）。

要点：随上步，两手先平行划小圆，再向前以仰手剑刺出。

图4-90

图4-91

图4-92

用法：连续上步，剑刺对方胸喉。

19. 霸王拉弓

图 4-93

右脚向后撤一步，左脚不动，重心移向右脚。同时，右手剑内旋，向上托举过头顶，然后向后平行带剑，剑刃朝上，剑尖向前；左手诀同时向身前探出，手心向前，指尖向上，高与鼻齐。眼看左手诀（图4-93）。

要点：右手剑后带（同时后背有后靠劲）与左手诀前伸（有前推劲），前后有对拉之劲。

用法：上架剑为护顶剑法，右手剑后带可顺势带领对方兵器。

20. 懒龙卧道

图 4-94

接上式，右脚尖外摆，身向右转135°，右手剑置于头顶，剑尖向西，左手诀护于右腕内侧（图4-94）。

上动不停，左脚向右脚前上步，脚尖里扣，身继续向右转135°。随转身，右脚收至左脚内侧，脚尖虚点地，两腿屈膝略下蹲。同时右手剑外旋，手心向上，从头顶下沉横剑下压至身体右侧，剑身略高于右膝，剑脊朝上，剑尖向北；左手诀护于右腕内侧，手心向下。眼看剑前（图4-95）。

要点：转身后，两腿屈膝下蹲（面向西南），重心在左腿一侧，同时右手横剑从头顶下

图 4-95

落至身前，变仰手剑下压，剑身平，剑尖向北。

用法：此式也是八卦掌一种脱身换影身法。转身横剑下压可下截对方攻击我下盘的器械。

21. 乌龙绞柱

左腿屈膝下蹲，右脚向右侧方（偏西北方位）仆步；同时右手剑先外旋，再内旋，从下向右、向上、向左，再向下划圆，然后随右脚前仆向右下方削剑，手心向下，剑刃向右，剑尖向西南角；左手诀划至头顶左侧上方，手心朝上。眼看剑前（图4-96）。

要点：右手剑在头前划圆云剑时，头、身腰略向后仰，云剑、削剑动作要干净利索。

用法：云剑化解对方对我头部的攻击，俯手削剑反击对方腿膝。

图 4-96

22. 倒劈华山

身上起，重心移至右腿，左膝上提，成右独立式。同时，双手先合于胸前（左手诀搭至右腕上，手心均朝下），然后右手剑从胸前向右下方呈弧形劈击，剑刃朝下，剑尖向前（西北方位），略偏上，高与腰齐；左手诀划至头顶左上方，手心向上。眼看剑前（图4-97）。

要点：独立步要稳，劈剑走弧形。

用法：剑劈对方头肩。

23. 乌龙摆尾

身向左转约 135°（面向东南），左脚向前下落，脚尖外摆；同时右手剑略外旋，向上托举过头顶，剑刃向上，剑尖向后，剑身在头顶顺平；左手诀护于右腕里侧。眼看左肩侧（图 4-98）。

上动不停，身继续左转 90°，右脚向左脚前上步，脚尖里扣，成八字步。随之右手剑略内旋，下落至胸前，手心朝下，剑身平，剑尖向左肘外侧；左手诀护于右腕内侧，手心向下。眼看剑尖（图 4-99）。

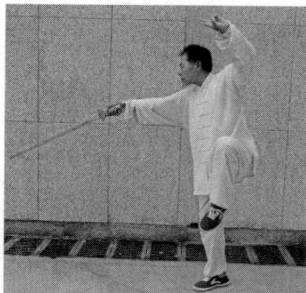  

图 4-97   图 4-98   图 4-99

要点：连续转身，拧腰转胯，两腿微屈。上举（托）剑和下压剑前后顺平。

用法：此式为护身剑法。上举剑护头，下压剑护身。

24. 大鹏展翅

身向左转约 90°（面向西北），随之左脚向前上半步，脚尖向前，右脚不动，重心偏于右脚。同时，左手外旋，手心向上，剑指向左前方伸展，高与肩齐；同时右手剑外旋变仰手剑，向身前平剑穿出，剑尖略高于胸。眼看剑前（图 4-100）。

要点：斜身上步，剑走偏锋。

用法：斜身上步，剑走偏锋以迎敌。

25. 右行步

接上式，重心前移，右脚经左足内踝向前沿弧形上步，脚尖向前，然后左脚向前沿圈上步，脚尖微里扣，如此两脚沿圈向右、向前再各上3步（前后共8步）。左手诀位置不变；右手剑剑尖随走圈始终指向圆心。眼看剑尖（图4-101、图4-102）。

要点：随走随拧腰转臂，剑指圆心。

用法：以大鹏展翅剑势走转，与对方周旋。

图 4-100

图 4-101

图 4-102

26. 行步撩衣

接上式，沿圈向右走转一圈至圆圈西侧方位左脚在前时，右脚向前上一步，左脚再向右脚前上一步，右脚跟进至左脚内侧，脚尖虚着地。随上步，右手剑、左手诀内旋，合于胸前（左手诀在上，右手在下，手

图 4-103

图 4-104

心均向下），然后两手向上、向两侧划弧，再外旋，向身前撩剑，右手剑剑把置于右膝前（低架子则右剑把高不过膝），剑刃向上，剑尖向前下方，右手心斜向上；左手诀护于右腕内侧，手心向下。眼看剑前（图 4-103、图 4-104）。

要点：连环上步，撩剑走弧形，力达剑刃前半部。

用法：向两侧划剑可化解对方对我胸前的攻击，进步撩剑可撩击对方裆腹腿膝。

27. 倒行步

上式不停，右脚向后倒退一步，重心偏左；随退步，左手诀向前推出，手心向前，高与肩齐；同时右手剑向右后反手抽（撩）剑，剑刃向后，剑尖向右下方。眼看右后剑前（图 4-105）。

上动不停，左脚向右腿后倒退一步，重心偏于右腿。同时，两手微内旋，相交于胸前，右手臂在外，剑把置于胸前，手心向外，剑尖斜向前下方；左手臂在内，左手诀插至右腋下，手心向下。眼看身后（图 4-106）。

图 4-105

图 4-106

28. 倒劈华山

上动不停，右脚再向后倒退一步，随之身向右转90°（面向北），重心移至右脚，左膝提起，成右独立式。同时，右手剑从左向上、向右下方抢剑下劈，剑刃向下，剑尖向前（东），高与腰齐；左手诀划至头顶左上方，手心向上。眼看剑前（图4-107）。

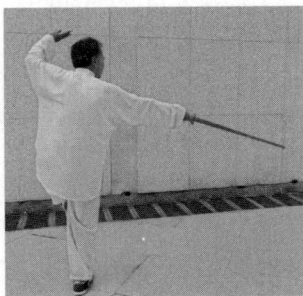

图 4-107

要点：第27、28式是两个连续剑势，连续向后倒行3步，同时右手剑先向后抽撩剑，再向右下方劈剑，动作连贯，一气呵成。

用法：此式为倒行步剑法，指前打后，从容对敌。

29. 上步撩衣

身向左转90°（面向西），左脚向前下落，脚尖外摆，同时左手下落胸前，然后反手向前撩出，手心向前，高与肩齐；身继续向左转45°（面向西南），右脚向前上步，重心偏于后腿（左腿）。同时右手剑从右后向前撩出，剑刃向上，剑尖向前，高与胸齐；左手诀划至左侧后上方，手心向外。眼看剑前（图4-108、图4-109）。

图 4-108

图 4-109

要点：转身连续上步，随上步，左手反手向前撩，右手剑向前正撩剑，动作连贯，劲力顺遂。

用法：转身快速上步，撩击对方裆腹。

30. 叶底藏花

上动不停，身微右转，左脚向右脚前上步，脚尖微里扣，成八字步。同时右手剑内旋，剑把合（扣）于左腋下，剑身横平，剑尖朝向左侧，略偏后；同时左手诀外旋，从剑把上向左前上方穿出，手心向上，高过头顶。眼看身前（图4-110）。

要点：扣步、拧腰、扣剑、穿手动作连贯，不可迟滞。

用法：扣剑为截剑法。

31. 大鹏展翅

接上式，两脚不动，腰肩向右拧转；随之右手剑外旋，向右肩外侧穿出，剑身平，剑尖略高于肩；左手诀位置不变。眼看剑尖（图4-111）。

要点：两脚不动，拧腰穿剑，以腰带剑，身剑合一。

用法：剑指对方，以静制动。

图4-110   图4-111

32. 右行步

上动不停，重心移至左脚，身微右转，右脚经左足内踝向前沿弧形上步，脚尖向前，然后左脚向右脚前上步，脚尖微里扣。如此两脚交替向前沿圈向右走转一圈半，两手位置不变，边走转，腰身边向右拧转，右手剑尖始终指向圆心。眼看剑尖（图 4-112、图 4-113）。

图 4-112　　　　　　　　　　图 4-113

要点和用法与第 25 式相同。

33. 乌龙搅海

接上式，沿圈向右走转至圆圈的北侧方位，左脚在前时，身微右转（面向东），右脚向前上步；同时右手剑先外旋，再内旋，在头前云剑一周，左手诀划至右腕内侧，然后两手左右分开划向身体两侧（图 4-114、图 4-115）。

图 4-114　　　　　图 4-115

上动不停，左脚向前（东方位）上步，重心前移，左腿屈膝略下蹲，右脚跟步至左脚内侧，脚尖虚着地。同时，右手剑、左手诀在身两侧先

图 4-116

外旋，再内旋，然后右手持剑提把至头前，虎口、剑尖朝下，剑刃向外；左手诀划至右腕内侧，手心向右。眼看身前（图 4-116）。

上动不停，左腿下蹲，左膝前弓，右脚向右后倒插步，右腿伸直。同时右手剑反手沿右腿内侧向右刺剑，虎口朝下，剑刃朝上，剑尖向前，剑身与右腿呈平行线；左手诀伸向左前方，手心向上。眼看右侧（图 4-117）。

图 4-117

上动不停，身向右转 45°，左脚不动，右脚活步，脚尖顺直，重心偏于左腿，身略上起，成半马步。同时，右手剑外旋，使剑尖上挑，屈臂沉肘，右手剑把略低于右肩；左手诀内旋，下沉于身左侧，手心向外，剑指向上，略低于左肩。眼看剑前（图 4-118）。

图 4-118

要点：此式前后 4 动，动作连贯，不可停顿。云剑、提剑、反刺、挑剑，一连串的剑势变化要与身形、步法的变化融为一体，动作跌宕起伏，剑法清晰流畅。

用法：头前云剑可护顶拦截前面对手攻击，反手刺剑可破袭身后之敌的偷袭。

34. 大鹏展翅

身微左转，右脚回撤，经左足内踝沿弧形向前上步，脚尖略外摆，重心偏于左脚。同时，右手剑外旋，仰手握剑使剑尖从上向下、向左呈弧形向右前方穿出，剑脊向上，剑尖向前，高与右肩齐；左手诀外旋，伸向左侧后上方，手心向上，略高于肩。眼看剑前（图4-119）。

要点：右脚上步、右手剑前穿都要走弧形。

用法：此式用的是八卦掌的"闪"字诀，闪身化剑走侧锋。

35. 右弧形步

接上式，重心前移，左脚经右足内踝向前、向右沿弧形上步，脚尖微里扣，随之身腰向右扭转，右手剑向身右平摆，剑尖指向圆心，剑尖略高于肩；左手诀位置不变。眼看剑尖（图4-120）。

上动不停，右脚经左足内踝向前、向右沿弧形上步，脚尖向前，然后左右脚再沿圈向前各上一步（前后共上4步），边走转，身腰边向右转，剑尖始终指向圆心。左手位置不变。眼看剑尖（图4-121）。

要点：此式沿圈弧形上步走半圈，身随步转，剑随身动。

用法：以大鹏展翅之势，弧形绕步，与敌周旋。

图4-119　　　　　图4-120　　　　　图4-121

36. 凤点头

接上式，走转半圈至右脚在前时，右脚尖外摆，身向右转90°（面向东），重心移至右脚，左膝上提，成右独立式。随之右手握剑外剪腕，然后向身前点剑，右腕置于左膝内侧，剑刃斜向下，剑尖向前下方；左手诀内旋，划至头顶左上方，手心向上。眼看剑前（图4-122）。

要点：点剑用腕力，力达剑尖。

用法：剑点对方胸面。提左膝是暗腿，近敌时，有膝顶脚踢之意。

37. 凤展翅

左脚下落，左手下划至右腕上，手心向下。重心前移，左脚踏实，右膝提起，成左独立式。随之身向右后闪转，同时右手剑呈弧形向上、向身右后侧劈剑，剑刃向下，剑尖向后，高与腰齐；左手诀划至左前方，手心向前，高与左肩齐。眼看剑前（图4-123）。

图 4-122 图 4-123

要点：独立步右闪身劈剑，步要稳，身要活，劈剑要有力。

用法：突然闪身后劈剑，剑击身后偷袭者。左手前伸、右膝上提指前打后。

38. 凤凰翻身

上动不停，身向左转（面向东），右脚向前落步，脚尖里扣，随之右手剑从后向下、向前呈弧形撩剑，剑刃向上，剑尖向前，高与腰齐；左手诀划至左侧身后，高与肩齐。眼看剑前（图4-124）。

上动不停，身继续向左转180°（面向西），左膝提起，成右独立式。同时，右手剑从后向上、向前劈剑，剑刃向下，剑尖向前，高与胸齐；左手诀划至头顶左侧上方，手心向上。眼看剑前（图4-125）。

图 4-124 　　　　　　　　　　图 4-125

要点：上步撩剑，力到剑刃；转身劈剑，步稳、力足。

用法：前撩后劈，一剑应对敌方的前后夹击。

注：演练第 36、37、38 这 3 式时，动作要紧密相连，一环扣一环，不能有丝毫停顿。

39. 大鹏展翅

接上式，身微左转，左脚向前下落，脚尖微里扣，重心偏于右脚。同时，左手诀向下呈弧形划至左额左前方，手心向外；右手持剑同时外旋，向左，再向右前方穿出，仰手平剑，剑尖略高于肩。眼看剑尖（图 4-126）。

要点：左脚下落，上步拧腰向前穿剑，两手均走弧形。

用法：闪身上步，剑走偏锋以迎敌。

40. 右行步

接上式，右脚经左足内踝向前呈弧形上步。随之身腰向右拧转，右手剑向右侧平摆。如此，两脚交替向前沿圈向右走转一圈。左手诀位置不变，右手剑始终对着圆心。眼看剑尖（图 4-127、图 4-128）。

要点和用法与第 25 式相同。

图 4-126   图 4-127   图 4-128

41. 朝天一炷香

图 4-129

接上式，向右沿圈走转至圆圈的东侧方位，右脚在前时，身向右转（面向西），左脚向右脚前上步，脚尖里扣，随之两手臂内旋，略向外撑，然后变外旋，从两侧向身前撩剑，右手持剑，手心向上，剑把高过胸，剑刃朝内；同时右腿前踢，脚尖里勾，高与胸齐。眼看身前（图4-129）。

要点：转身撩剑、踢腿，动作连贯，一气呵成。

用法：脚踢、剑撩，攻击敌方中路。

42. 翻身劈剑

图 4-130

上式不停，身向右转180°（面向东），右脚向前下落，成右弓步。同时，右手剑从上向前劈剑，剑刃朝下，剑尖向前，高与胸齐；左手诀划至头顶左上方，手心向上。眼看剑前（图4-130）。

要点：翻身劈剑，剑身要平，

力达剑身中部。

用法：突然转身，剑劈身后偷袭者之头面。

43. 退步捧剑

右脚向后撤一步，随之左脚撤至右脚前，脚尖点地，成左虚步。随撤步，右手剑外旋，收至腹前，手心向上，剑尖向前下方；左手诀护于右腕内侧，手心向上。眼看剑前（图4-131）。

要点：撤步收剑（两手捧剑），动作轻灵。

用法：撤步捧剑，蓄势待发。

图 4-131

44. 跟步下刺

图 4-132

左脚向前上半步，右脚跟进至左脚后，顿步；左脚再向前上一步，成左弓步。同时，两手握剑向前下方刺出，手心斜向前，剑尖至前下方，高不过腹。眼看剑前（图4-132）。

要点：跟步刺剑，快速有力，顿步是为加大刺剑力度。

用法：剑刺对方膝踝。

45. 迎风展翅

身向右转90°（面向南），右脚向右撤半步，左脚随之收至右脚内侧，脚尖虚着地，成左丁步。同时，右手握剑向身右侧立剑推出，剑把略低于右肩，剑身直竖，剑刃朝外，剑尖向上；左手诀护于右腕内侧。眼看剑外（图4-133）。

要点：松肩坠肘，剑身直立前推，力达剑刃。

用法：推剑为护身剑法，可推挡对方兵器。

46. 乌龙撩云

身向左转135°（面向东北），左脚向左前方上步，脚尖外摆，同时左手诀从右向下、向左前方反手撩出，手心向外，高与肩齐；右手剑略向右展，身继续向左转，随之右脚向左脚前上步，

图 4-133

重心偏于左脚，同时右手剑从右向下、向前撩出，手心向上，剑刃斜向上，剑尖向前，高与胸齐；同时左手诀划至左侧后上方，手心向外。眼看剑前（图4-134、图4-135）。

图 4-134

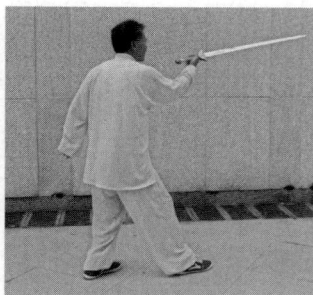

图 4-135

上动不停，左脚向右脚前上步，脚尖里扣，成八字步。随上步，右手剑向左肩外侧劈出，剑刃向外，剑尖向上，剑把置于左腋下，同时左手诀从右前臂上向上穿出，手心向里，剑指向上。眼看右肩外（图4-136）。

要点：转身连环上步，撩剑走弧形。上步劈剑，剑身立竖，力达剑外刃。

用法：上步撩击对方裆腹，劈剑意在对方头面，连环出击势不停。

图 4-136

47. 乌龙吐雾

上动不停，身向右转90°（面向南），右脚外摆；同时，右手外旋，成仰手剑向右侧平摆；左手诀划至左肩外侧，手心向上。眼看剑前（图4-137）。

上动不停，身继续右转90°（面向西），左脚向右脚前上步，脚尖里扣；

图 4-137

同时，右手剑先外旋，再内旋，在头前划平圆，然后下落至胸前扣剑，成俯手剑，剑身平，剑尖向左；左手诀划至右腕内侧，手心向下。眼看身前（图4-138、图4-139）。

上动不停，身再向右转135°（面向东北），右脚向右斜角（东北方位）上步，重心前移，右脚踏实，左膝上提，成右独立式。同时，右手剑从胸前向右侧呈弧形劈剑，剑刃向下，剑尖向右，高与肩齐；左手诀划至头顶左上方，手心向上。眼看剑前（图4-140）。

要点：云剑手腕要活，剑圆要小。劈剑剑身要平，力达剑身前半部。

用法：云剑可化解对方上盘来械，然后顺势力劈对方头面。

图 4-138

图 4-139

图 4-140

48. 乌龙摆尾

上动不停，身向左转135°（面向西南），左脚向前下落，脚尖外摆；

同时，右手剑向头上托举，剑把至头顶右上方，剑刃朝上，剑尖向左侧方；左手诀护于右腕内侧。眼看左肩外侧（图4-141）。

上动不停，身继续向左转90°（面向东南），右脚向左脚前上步，脚尖里扣。同时，右手剑外旋，下落至胸前，手心向上，剑身平，剑尖向前；左手诀护于右腕内侧，手心向下。眼看剑前（图4-142）。

上动不停，左脚向前上步，脚尖外摆；右脚再向左脚前上一步，重心偏于右脚。同时，右手剑向前仰手平刺，剑尖向前，高与胸齐；左手诀护于右腕内侧。眼看剑前（图4-143、图4-144）。

要点：举剑要高过头顶，剑身要平。连环上步，仰手剑前刺，力达剑尖。

图4-141　　　　　　　　　图4-142

图4-143　　　　　　　　　图4-144

用法：举剑上架对方兵器以护头。连环上步剑刺对方胸喉。

49. 乌龙撩云

上动不停，身向左转 135°（面向北），左脚外摆；同时，左手诀反手向身前撩出，手心向前，高与肩齐；右手剑同时内旋，扣剑至身右后方。眼看左手（图 4-145）。

上动不停，身继续向左转 45°（面向西北），右脚向前上一步，重心偏于左腿；同时，右手剑外旋，向前撩出，剑刃朝上，剑尖向前，高与胸齐；同时左手诀划至左侧后上方。眼看剑前（图 4-146）。

上动不停，左脚向右脚前上步，脚尖里扣，成八字步。同时右手剑内旋扣剑，剑把至左腋下，剑身平，剑尖向左后；同时左手诀从剑把上穿出，手心向里，剑指向上，肘微屈。眼看右肩外（图 4-147）。

图 4-145　　　　　　图 4-146　　　　　　图 4-147

要点：转身撩剑，身随步转，剑随身走。摆步扣剑，左手上穿，右剑下压，腰向左扭，上下协调，身剑一体。

用法：上步剑撩对方裆腹；上步扣剑是八卦掌"叶底藏花"招式，右手剑下扣是拦截对方中盘来械，左手穿击对方喉面。

50. 怪蟒回头

身向右转 135°（面向东），随之右脚向前上步，脚尖外摆；同时右手剑外旋，向身前平摆，手心向上，剑尖向前，高与胸齐；左手诀划至

图 4-148

图 4-149

左肩外侧，手心向上。眼看剑前（图 4-148）。

上动不停，左脚向右脚前上步，脚尖里扣；身微右转（面向南），右手剑（仰手）随之在头前向右、向上（变俯手）、向左，再向右划平圆，然后落至胸前，手心向下；左手诀划至右腕内侧，手心向下（图 4-149）。

上动不停，身继续右转（面向西），随之右脚向前上一大步，成右弓步。同时，右手剑向前（西方位）劈剑，剑刃向外，剑尖斜向前，剑把高与肩齐；左手诀划至身左侧，手心向下。眼看剑前（图 4-150）。

图 4-150

要点：演练时，此式 3 个动作不能分解、不可停顿，摆剑、云剑、劈剑随同步法、身形转换，要一气呵成。

用法：此式为八卦掌盘身剑法，转身摆剑拦截对方中盘来械，云剑可护头，转身劈剑给对方致命一击。

51. 玉女认针

接上式，右脚尖里扣，左脚尖顺直，身向左转 180°（面向东），随之重心前移至左腿。同时右手剑略外旋，收至腹前，手心向上；左手诀下划至右腕内侧，手心向上。眼看剑前（图 4-151）。

上动不停，右脚向左脚内侧并步，顿步发力；同时右手剑仰手向前

平刺，剑尖略高
于胸；左手位置
不变，力达剑尖。
眼看剑前（图
4-152）。

图 4-151　　　　　图 4-152

要点：刺剑
顿步以助力。

用法：剑刺对方前胸。

52. 横扫千军

身向右转 180°（面向西），随
之右脚向前上一大步，成右弓步。
同时，右手仰手剑向前平扫（摆），
剑脊朝上，剑尖向前，高与胸齐，
力达剑刃；左手诀摆至左侧后方，
手心向上，高与肩齐。眼看剑前
（图 4-153）。

图 4-153

要点：转身摆剑臂要前伸，摆（扫）剑时剑高与腰平，力达剑刃。

用法：以腰带剑，横扫对方腰肋。

53. 猛龙回头

左脚向右脚内侧上步踏实，重心移至左脚，右
脚跟稍离地，成丁步。同时右手剑外旋，剑尖向右平
划，然后右腕内旋，剑把略向上提，使剑尖向下；左
手诀护于右腕内侧。眼看身前（图 4-154）。

上动不停，左腿屈膝下蹲，右脚向后撤一步，左
腿前弓，右腿伸直，塌腰松胯，身体下沉；随撤步，

图 4-154

反手剑沿右腿内侧向后倒刺剑，虎口朝下，剑身与右腿呈一线，剑尖向前；左手诀划至身左侧，手心向上。眼看剑前（图4-155）。

上动不停，左脚里扣，右脚顺直，身向右转180°（面向东），成右弓步。同时右手剑外旋，仰手向前平刺，剑尖向前，高与胸齐；左手诀内旋，划至身后，手心向外，高与肩齐。眼看剑前（图4-156）。

图 4-155　　　　　　　　　　　　　　图 4-156

要点：右手剪腕要活，提剑、反手刺剑、转身平刺是一连串动作，腰身要活络，劲力顺达，一气呵成。

用法：反手剑刺对方腿膝，转身猛刺对方胸腹。

54. 收势

右脚回撤一大步，重心偏左。同时右手剑回收，剑把收至胸前，手心朝上，剑尖向左；左手诀划至右腕上，手心向下。眼看身前（图4-157）。

上动不停，身向右转90°（面向南），重心移至右腿；左脚向前上步，脚尖虚点地，成左虚步；同时右手剑交与左手，左手接握剑柄（把），收剑于身体左侧，剑脊轻贴左手臂后，剑尖朝上；右手成剑诀式从胸前呈弧形上划至头顶右上方，手心向上。眼看身前（图4-158）。

上动略停，左脚回撤与右脚并步，身上起；同时右手诀从上向下收至右腿外侧变掌，手心向内，指尖向下；眼看前方，呼气松腹，气沉丹田（图4-159）。

图 4-157　　　　　　图 4-158　　　　　　图 4-159

　　要点：撤步交剑要稳。并步收势，气沉丹田，全身放松，精神内敛，恢复至预备式姿势。

第三节　龙形双钩

一、龙形双钩简述

龙形双钩是张鸿庆老先生当年传下的八卦掌龙形系列拳械套路之一。

龙形双钩综合了形意、八卦两门拳械之精华，以八卦掌的龙形步、摆扣步、蹚泥步、走圈步和形意拳的跟步、连环步、斜行步等为主要步法。习练者在演练时忽而弧形绕步，忽而斜行穿梭，忽而连环直行，忽而翻转拧钻，动作古朴大气，姿势优美流畅。龙形双钩要求做到：头顶项竖，松肩坠肘，腰塌背拔，屈膝坐胯；行走如蹚泥，腰转如蛇形；翻转如鹰，盘身如龙。手握双钩腕要活，行钩不可刚硬，以内催外，钩法流畅，劲力绵长。

龙形双钩是独特的传统武术兵器，其主要技法有劈、崩、截、撩、云、缠、推、探、钩、挂、锁、拿等。

张鸿庆老先生晚年将此套钩法传于其天津宁河潘庄镇老家的同族晚辈张国才老师。本人有幸得到张国才老师亲授。记得当年张国才老师传我钩法时，曾对我说："此套钩法是张鸿庆老先生所传龙形系列拳械套路之一。如能将这套钩法演练纯熟，其他如双戟法、双刀法、双剑法、双枪法，均能照此演练。其中技法之变化，习练者可自悟得之。"

二、龙形双钩动作名称

1. 预备式	2. 青龙出水	3. 转身劈钩
4. 双献爪（1）	5. 双献爪（2）	6. 转身劈钩
7. 青龙倒入洞	8. 上步劈钩	9. 青龙摆尾
10. 回头望月	11. 大蟒翻身	12. 青龙献爪
13. 右弧形步	14. 二龙戏珠	15. 上步劈钩
16. 右行步	17. 青龙入洞	18. 龙形步（右）
19. 龙形步（左）	20. 龙形步（右）	21. 青龙探爪
22. 脱身换影	23. 双献爪（1）	24. 双献爪（2）
25. 狮子张嘴	26. 左行步	27. 青龙入洞
28. 乌龙盘身（右）	29. 乌龙盘身（左）	30. 乌龙盘身（右）
31. 乌龙探爪	32. 脱身换影	33. 双献爪（1）
34. 双献爪（2）	35. 转身劈钩	36. 青龙倒入洞
37. 上步劈钩	38. 青龙摆尾	39. 回头望月
40. 大蟒翻身	41. 青龙献爪	42. 右弧形步
43. 二龙戏珠	44. 上步劈钩	45. 望海势
46. 收势		

三、龙形双钩动作说明

1. 预备式

双脚并立，成立正姿势，面向南。双手握钩，虎口向前，两手臂自然下垂，钩身平，钩头向前，眼平视前方（图4-160）。

图 4-160

要点：平心静气，身体放松，呼气自然，气沉丹田。

2. 青龙出水

重心左移，身微右转，右脚稍离地，再下落踏实；重心移至右脚，左脚跟稍离地，成左丁步，随之左手钩从左向上、向右在身前划立圆，然后落于左胯外侧，虎口朝前，钩身顺直，钩头向前。

图 4-161

上动不停，身向左转（面向东），左脚向前上一大步，成左弓步。同时，右手钩向前探出，钩头向前，高与胸齐；左手钩位置不变。眼看右手钩前（图4-161）。

要点：左手钩先在身前划立圆，然后右手钩随转身向前直崩。

用法：左手钩划开对方兵器，右手钩直崩对方胸腹。

3. 转身劈钩

图 4-162

接上式，左脚尖里扣，右脚尖顺直，身向右转180°（面向西），重心移至右腿，成右弓步。随之右手钩从后向前劈出，钩身平，钩头向前，高与胸齐；左手钩划至头顶左上方，手心向上，钩头向前。眼看右手钩前（图4-162）。

要点：右手钩前劈，从后向前，钩走弧形。

用法：左手钩上护头，右手钩前劈对方头面。

4. 双献爪（1）

右脚向后退一步，随之左膝上提，成右独立式。同时，右手钩收至右胯外侧，手心向内，钩头向前；右手钩回收之时，左手钩下落，从右手钩上向前推出，手心朝下，钩身平，钩头向右，钩身与胸平。眼看左手钩前（图4-163）。

上动不停，左脚下落，右脚向前上一步，左膝上提，成右独立式。同时右手略外旋，提钩从左手钩上向前横推出，手心向上，钩身平，钩头向右，高与肩齐；左手钩收至右肘下，手心向下，钩身平，钩头向右。眼看身前（图4-164）。

图4-163　　　　　图4-164

要点：此处右脚的先退后进为八卦掌的吞吐步法，与左右手的收钩推钩（钩法的吞吐技法）上下动作要协调连贯，独立步要稳。

用法：左右钩前推后收为护中盘钩法，进退步提膝有膝顶脚踢之暗腿技法。

5. 双献爪（2）

上动不停，左脚后落，右脚随之向左脚后退一步，重心移至右腿，随之左膝上提，成右独立式。同时右手钩略内旋，从前向左、向右在头顶划平圆，然后略外旋，经胸前收钩至右胯外侧，手心向内，钩身平，钩头向前；左手钩同时从胸前向左后划至头顶，然后从头前下落，经右手钩上向前横推出，钩身平，手心向下，月牙朝前，钩头向右。眼看身前（图4-165）。

上动不停，左脚前落，右脚向前上一步，重心移至右腿，随之左膝上提，成右独立式。同时右手钩提钩，从左手钩上向前横推出，手心向上，钩身平，月牙向前，钩头向右，高与肩齐；左手钩收至右肘下，手心向下，钩头向右。眼看右手钩前（图4-166）。

要点：右手钩在头上划圆时，腕要活。其他要点与第4式相同。

用法：与第4式相同。

图4-165　　　　　　　图4-166

6. 转身劈钩

接上式，身向左转180°（面向东），随之左脚向前落步，右脚向前上一大步，成右弓步。同时左手钩从下向左上呈弧线划至头顶左上方，钩身平，月牙一侧向上，钩头向前；随上步，右手钩内旋，向左后划弧，然后向上、向前劈出，月牙朝下，钩头向前，略高于肩。眼看右手钩前（图4-167）。

图4-167

要点：转身上步，双钩走弧形。

用法：左手钩下拦对方来械，右手钩前劈对方头面。

7. 青龙倒入洞

接上式，右脚向后退一步，随之左脚向右腿后撤一大步，右脚尖外摆，重心偏于右腿，右腿前弓，左腿伸直，身略前倾；随撤步，右手钩从前向下、向右后，再向上、向前反手探（捅）钩，虎口朝下，月牙朝上，钩头向前下方，置于右膝前；左手钩随撤步先向前劈出，然后收至右腋下，手心朝下，钩头略向身右后方。眼看右手钩前（图4-168、图4-169）。

要点：两脚连续撤步，两手钩左劈右搂，再向前捅，钩法清晰，动作连贯。

用法：退中有攻，不慌乱。

图 4-168   图 4-169

8. 上步劈钩

左脚向前上步，右脚向左脚前上一大步，成右弓步。随之右手钩略内旋，从前向下、向左后划弧，然后向上、向前劈出，月牙朝下，钩头向前，高与胸齐；左手钩划至左胯外侧，手心向下，钩头向前，钩身平。眼看右手钩前（图4-170）。

要点：右手钩前劈时，先向身左侧划圆再向前劈出。

用法：上步钩劈对方头面。

9. 青龙摆尾

两脚原地不动，身略上起，随之双手握钩向身体右上方（东方位）探出，月牙向下，钩头向前上方，高与头齐（图4-171）。

上动不停，身向左转90°，随之左脚向右腿后插步，右脚尖略里扣，屈膝前弓；左脚跟外碾后蹬，塌腰坐胯，身体下坐，成半盘步。同时双手钩收至胸前，两钩相交，右手钩在外，左手钩在内，然后双手钩向身体两侧划开，两臂呈弧形外撑，月牙一侧朝外，钩头向下。眼看身右侧（图4-172）。

图4-170　　　　　　　　　　图4-171

图4-172

要点：双手钩前探，力到钩头。双钩左右划开，有截劲。

用法：双钩前探可双击对方头面。双手钩左右展开可拦截对方前后的进击。

10. 回头望月

接上式，右脚里扣，左脚外摆；身向左转270°（面向东），两腿略屈膝，左腿前弓，右腿后蹬。双手钩随之从下向左、向上、向右，再向下划立圆，双钩划至左膝前，右手钩在前，左手钩偏前，月牙朝下，钩头向前。眼看钩前（图4-173）。

上动不停，左脚蹬地，右脚向前（东方位）跳步，右脚落地，左脚向右腿后插步，两腿略屈膝，右腿前弓，左腿后蹬，腰向右扭。随跳步，双手钩在身前从下向左、向上、向右划立圆，再向前下方（东方位）劈出，右手钩在前，左手钩偏后，月牙朝下，钩头向前。眼看钩前（图4-174）。

图4-173　　　　　　　　　图4-174

要点：第1动，双脚位置不变，身向左转，双手钩随身转划立圆向下劈钩。第2动，向前跳步、插步、双钩前劈，动作连贯，一气呵成。跳步要远，抢钩要圆，劈钩有力。

用法：利用灵活的身形步法，连续上步翻身，双钩抢劈对方头面。

11. 大蟒翻身

接上式，重心右移，右脚蹬地，双脚起跳，身向左腾空旋体360°（面向东），双脚同时落地，成半马步，右脚在前，左脚在后，重心略偏

图 4-175

于右腿。同时双手钩随身旋转，从下向上、向右划立圆，然后下劈于右膝前，右手钩在前，左手钩偏后，月牙朝下，钩头向前。眼看钩前（图 4-175）。

要点：跳得高，转得快，双脚落地与双钩下劈同时到位，动作一致。

用法：突然转身猛劈对方头面，跳跃翻身下劈钩可加大劈钩力度。

注：第 10、11 这 2 式连起来有另一种练法：即接第 9 式后，双脚起跳，向左腾空旋体 360°，双脚落地后，双钩下劈，这个动作可连续做 3 遍，然后再接第 12 式青龙献爪式。这种练法有一定难度，只适宜青少年练习。

12. 青龙献爪

接上式，身向右转 90°（面向东南），随之右脚向前垫步，脚尖外摆，同时右手外旋，略向外摆钩，然后右手内旋，翻腕扣钩。上动不停，左脚向右脚前上步，脚尖微里扣，重心偏于右腿。同时左手钩外旋，从右手钩上向前穿钩，手心向上，钩头稍向左；右手钩置于左肘下，手心向下，钩头向左。眼看左钩前（图 4-176）。

要点：左手钩前推（穿），力达钩刃。右手钩翻扣，腕要有力，力达钩身。

用法：右手钩翻压可拦截对方攻我前胸之兵器，左手钩前穿可攻击对方胸喉。

13. 右弧形步

接上式，重心前移，右脚经左足内踝向前上步，身微右转，左脚经右足内踝沿弧形向前上一步；右脚再向前上一步；然后左脚和右脚再向前各上一步，前后共沿弧形向右上 5 步。双手钩位置不变。眼看右肩外

（图 4-177、图 4-178）。

要点：两脚沿半圆向前、向右弧形上步。

用法：双手持钩，沿弧形绕步与对方周旋。

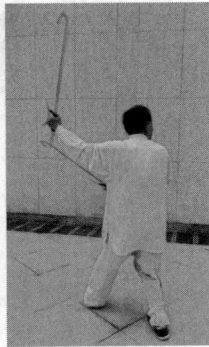

图 4-176　　　　　图 4-177　　　　　图 4-178

14. 二龙戏珠

接上式，两脚沿弧形向右走转半圈至右脚在前时，身微右转再左转（面向东），随之左脚向前上一大步，成左弓步。同时双手钩向右后、向上，再向前呈弧形前探，右手钩在上，略过头顶，手心向外，虎口向下，钩头向前；左手钩在下，手心向左，钩头向前，高与胸齐。眼看钩前（图 4-179）。

要点：随上步，双手钩从前向后，再向前弧形探钩，身略前倾，力达钩头。

用法：双钩前探，击打对方胸面。

15. 上步劈钩

左脚外摆，身微左转，右脚向前上一大步，左脚跟进半步，重心偏于右腿。随上步，左手钩内旋，从前向下、向左后弧形上划至头顶左上方，月牙朝上，钩头向前；右手钩同时从前向下、向身左侧划立圆，然后向前劈出，月牙一侧朝下，钩头向前，高与胸齐。眼看右钩前（图 4-180）。

图 4-179   图 4-180

要点：左手钩上架，右手钩前劈，双手钩都要走弧形。劈钩时，也可以双脚跳步劈钩。

用法：左手钩上架护头，右手钩前劈对方头面。

16. 右行步

接上式，重心前移，左脚向左前方上步，随之左手钩从上向下、向左后沿弧形上划至头顶，月牙一侧向上，钩头朝前；右手钩同时外旋，在胸前划半圆，手心向上，月牙一侧朝上，钩头向前，高与肩齐。眼看右手钩前（图 4-181）。

上动不停，右脚经左足内踝向前沿弧形上步，同时腰身向右拧转，右手钩指向身右侧，眼看钩头。如此，双脚交替向前沿圈向右走转 2 圈，右手钩头始终对着圆心；左手钩位置不变（图 4-182、图 4-183）。

图 4-181   图 4-182   图 4-183

要点：左右手钩划摆走弧形，行步走圈，身随步转，钩随身动，身械合一。

用法：第1动是闪身划拨对方来械。第2动是行步走圈与对方周旋。

17. 青龙入洞

接上式，走转至圆圈的东侧方位右脚在前时，身微右转，左脚向右前方（东南方位）上步，重心偏于右腿。随上步，右手钩内旋，向右略划弧，然后向前探出，钩头至左膝前，略偏左；左手钩同时划至右前臂下方，钩头斜向右下方，两手心均向下。眼看右手钩前（图4-184）。

图 4-184

要点：行步不停，以右手钩为主、左手钩为辅，向前捅（探）钩。

用法：左手钩下拦对方来械，右手钩前捅对方裆腹。

注：此式也可以作为收势，双钩下拦对方来械。

图 4-185

18. 龙形步（右）

接上式，两脚不动，身微右转，随之右手钩向右后、向上划弧，然后身微左转，两手钩同时向左上方向下划弧。眼随钩转（图4-185、图4-186）。

上动不停，身向右转180°（面向西北），随之右脚向前上半步，脚尖外摆；左脚向前上步；右脚再向前上一步。随

图 4-186

上步，双手钩从左下方向右上方呈弧形撩出，右手至右额右上方，手心朝外，月牙一侧向上，钩头向左前方；左手钩划至胸前，手心向里，月牙一侧向上，钩头向左前方。眼看左钩头（图4-187、图4-188、图4-189）。

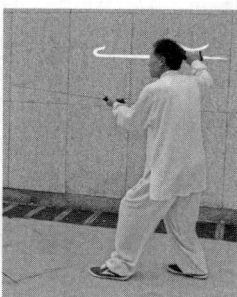

图4-187　　　　　　　图4-188　　　　　　　图4-189

要点：两手携钩向右前方斜角连上3步，身随步转，钩随身运，行钩走弧形。

用法：面对强敌围攻，运用灵活的步法，左右逢源，双钩上下翻滚撩击对方中下盘。

19. 龙形步（左）

接上式，两脚不动，身微右转，双手钩向右后下方划弧；然后身向左转135°（面向西南），随之左脚向前上步，脚尖外摆，右脚向前上步，左脚再向前上一步。随上步，双手钩从右下方向左上方呈弧形撩出，左手钩划至左额左上方，手心向外，月牙一侧朝上，钩头向右前方；右手钩划至胸前，手心向里，月牙朝上，钩头斜向右前方。眼看右手钩头（图4-190、图4-191）。

要点和用法与第18式相同，唯左

图4-190　　　　　　　图4-191

右式及方向不同。

20. 龙形步（右）

动作说明和要点与第 18 式第 2 动相同（图 4-192、图 4-193、图 4-194）。

图 4-192　　　　　　　图 4-193　　　　　　　图 4-194

21. 青龙探爪

接上式，身微右转，再左转，随之左脚向前（西方位）上一步，右脚不动，重心略偏前。同时，右手钩先向右后刬弧，然后随上步向前探出，手心向下，钩头向前，置于腹上胸下；左手钩划至右前臂下，手心向下，钩头向右。眼看右手钩前（图 4-195）。

要点：上步探（捅）钩，力达钩头。

用法：左手钩下拦对方兵器，右手钩捅击对方胸腹。

22. 脱身换影

左脚尖里扣，右脚外摆，身向右转约 135°（面向偏东），随之右手钩内旋，向上托举至头顶，钩身平，钩头向左；左手钩划至左胯外侧，手心向下。眼看左肩外（图 4-196）。

上动不停，左脚向右脚前上步，脚尖里扣，身向右转约 90°（面向南），随之右手钩从脑后下划至右胯外侧，手心向下，钩头向前；左手钩同时从左下，再向上从脑后划至头顶，月牙朝上，钩头向右。眼看右肩外（图4-197）。

上动不停，身向右转90°（面向西），右脚向前上步，左脚不动，重心偏于左腿。同时左手钩下落至胸前；右手钩从左手钩上向前探出，手心向上，略高过胸，钩头斜向右上方；左手钩划至右肘下，手心向下，钩头向右。眼看右手钩前（图4-198）。

要点：转身摆扣步要清晰，身随步转，钩随身动，肩松腕活，身械合一。

用法：与对方近战时，利用快速灵活的转身动作，扰乱对方，趁机使用多变的钩法攻击对方。

图4-195

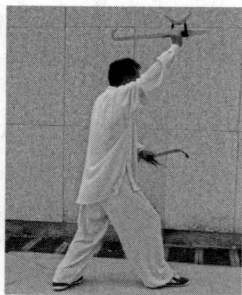

图4-196

图4-197

图4-198

23. 双献爪（1）

动作说明和要点与第4式相同（图4-199、图4-200）。

图 4-199　　　　　　　　图 4-200

24. 双献爪（2）

动作说明和要点与第 5 式相同（图 4-201、图 4-202）。

图 4-201　　　　　　　　图 4-202

25. 狮子张嘴

接上式，身微左转，左脚向左前方下落，脚尖外摆，重心偏于右腿。身向左扭，随之左手钩外旋，向左侧平摆，手心向上，钩头向左侧前方，高与肩齐；右手钩内旋，托举至头顶，略偏右，月牙朝上，钩头向左。眼看左钩前（图 4-203）。

要点：拧腰转臂，左手钩平摆，右手钩上托，动作协调一致。

用法：左手钩划拨对方兵器，右手钩上架护卫头顶。

26. 左行步

接上式，重心前移，身微左转，右脚经左足内踝沿圈向前上步，脚尖微里扣，两手钩位置不变。身腰继续向左扭转，随之左脚经右足内踝沿圈向前上步。如此，两脚交替向前沿圈向左走转2圈。随走转，身腰向左拧转，左手钩始终对着圆心，右手钩位置不变。眼看左手钩头（图4-204、图4-205）。

要点：以狮子张嘴姿势沿圈向左行步走转2圈，屈膝坐胯，蹚泥行步，身体不可上下起伏。行步时，畅胸实腹，呼吸绵长。

用法：此式上护头，下护身，用于行步走圈与敌周旋，寻机而动。

  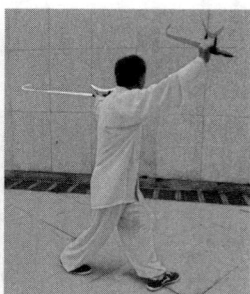

图 4-203　　　　　　图 4-204　　　　　　图 4-205

27. 青龙入洞

图 4-206

接上式，沿圈向左走转2圈右脚在前时，身微右转，左脚向前（西方位）上步，右脚不动，重心略偏前。随之右手钩先向右后划弧，再向前探钩，手心向下，钩头向前，置于胸下腹上；同时左手钩内旋，划至右肘下，手心向下，钩头向右。眼看右手钩前（图4-206）。

要点：上步捅（探）钩，力达钩头。

用法：左手钩下拦对方兵器，右手钩前击对方胸腹。

28. 乌龙盘身（右）

接上式，身向右转180°（面向东），随之右脚向前上步，脚尖外摆，同时右手钩向身前平摆，手心向下，钩头向前；左手钩划至左胯外侧，手心向下，眼看右手钩（图4-207）。

图 4-207

上动不停，身继续向右转90°（面向南），随之左脚向右脚前上步，脚尖里扣。同时左手钩从身前呈弧形上划至头顶，月牙朝上，钩头向右；右手钩划至左腋下，手心向下。眼看身右侧（图4-208）。

图 4-208

上动不停，身再向右转225°（面向东南），随转身，右脚向东南斜角上步，重心偏于右腿。同时左手钩在头顶先逆后顺，使钩头从右向左云钩一平圆，然后再逆划至右腋下，手心向下，钩头向右；右手钩同时从下向上，先顺后逆，在头顶云钩划圆，然后划至身体右前方，手心向下，钩头斜向前，高与胸齐。眼看右手钩前（图4-209）。

要点：本式3个动作练习时要连续进行，中间不可停顿。身随步转，钩随身运，两脚摆扣清晰不乱动；两手钩在头顶云钩，顺逆旋转，云钩圆要平，腕要活。

图 4-209

用法：此式是双钩的盘身练法，两手钩上下盘旋，如两条乌龙盘身，上护头，下护身，连续转身盘钩，以应对敌之围攻。

29. 乌龙盘身（左）

上动不停，身向左转 90°（面向东北），随之左脚向左前方斜角上步，脚尖外摆，同时左手钩向身前平摆，手心向下，钩头斜向前；右手钩划至右胯外侧，手心向下。眼看左钩头（图 4-210）。

上动不停，身继续向左转 45°（面向北），随之右脚向左脚前上步，脚尖里扣。同时右手钩从身前上划至头顶，月牙朝上，钩头向左；左手钩划至右腋下，手心向下。眼看左肩外（图 4-211）。

上动不停，身再向左转 225°（面向东北），随转身，左脚向东北斜角上步，重心偏于左腿。同时右手钩在头顶先逆后顺，钩头从左向右云钩划圆，然后再变逆划至左腋下，手心向下，钩头向左；左手钩同时从下向上，先顺后逆，在头顶云钩划圆，然后划至身体左前方，手心向下，钩头斜向前，高与胸齐。眼看左手钩前（图 4-212）。

要点和用法与第 28 式相同，唯左右式及方向不同。

图 4-210　　　　　　　图 4-211　　　　　　　图 4-212

30. 乌龙盘身（右）

动作说明和要点与第 28 式相同（图 4-213、图 4-214、图 4-215）。

31. 乌龙探爪（图4-216）**32. 脱身换影**（图4-217、图4-218、图4-219）

图 4-213

图 4-214

图 4-215

图 4-216

图 4-217

图 4-218

图 4-219

33. 双献爪（1）（图4-220、图4-221）**34. 双献爪**（2）（图4-222、图4-223）

以上4式与第21~24式相同，唯行进方向相反。

图 4-220

图 4-221

图 4-222

图 4-223

　　35. 转身劈钩（图 4-224）　　36. 青龙倒入洞（图 4-225、图 4-226）37. 上步劈钩（图 4-227）

图 4-224

图 4-225

图 4-226

图 4-227

38. 青龙摆尾（图 4-228、图 4-229）39. 回头望月（图 4-230、图 4-231）

图 4-228

图 4-229

图 4-230

图 4-231

40. 大蟒翻身（图4-232） 41. 青龙献爪（图4-233） 42. 右弧形步（图4-234）

图 4-232

图 4-233　　　　　图 4-234

43. 二龙戏珠（图4-235） 44. 上步劈钩（图4-236）

图 4-235　　　　　图 4-236

以上第35~44式动作和要点与第6~15式相同，唯行进方向相反。

45. 望海势

接上式，身微左转，两脚不动，重心左移，同时左手钩下落至左胯外侧，手心向内，月牙朝下，钩头向前；右手钩同时从前向左、向上在头顶先逆后顺划圆，然后再逆划至左手上，钩交左手。

上动不停，身微右转，重心右移，左脚向右脚前上步，脚尖虚着地，成左虚步。同时右手变掌，从左向右、向上呈弧形上划至头顶，掌心向上；左手持握双钩，位置在左胯外侧。眼看身前（图4-237、图4-238）。

要点：右手钩在头顶划平圆，肩要松，腕要活。右手钩交左手要稳，左手接钩，单手持握双钩之两护手处。

46. 收势

接上式，左脚收至右脚内侧，成并步。同时，右手下落至大腿外侧，自然下垂，左手持双钩位置不变。然后缓缓起身直立，眼平视前方，全身放松，精神内敛，恢复预备式姿势（图4-239）。

要点：收势要稳，精神内敛，全身放松，气沉丹田，降至涌泉。

图 4-237

图 4-238

图 4-239

第四节　白虎鞭

一、白虎鞭简述

相传此套白虎鞭是清朝末年由申万林先生（1850—1926 年）传于天津宁河县（今宁河区）弟子的。申万林，河北省固安县人。幼年因家境贫寒，出门乞讨，后流落至河南登封少林寺，在寺里协助和尚做日杂活计之余，向多位师父学得通背拳、劈挂拳、戳脚翻子拳、少林拳、鹰爪拳等多门拳技。后被清廷招进"御国术馆"做武术教习，其间又在宫里拜董海川为师学得八卦掌。尔后得遇形意拳大师郭云深，投其门下学得形意拳，武林中有"全拳王"之美誉。

1900 年 8 月，八国联军入侵北京城，京津冀地区兴起抗击洋人的义和团运动，后遭到清政府镇压。申万林不愿当镇压义和团民众的鹰犬，愤然离开清廷。1903 年，经家居宁河县的友人高长波（"带子高"）的引见，申万林先生来到宁河县教授形意八卦掌的武艺。申万林先生在宁河县芦台镇传播形意拳八卦掌的五六年间培养出了多名武术高手，著名的有付昌荣、唐维禄、张景富、张鸿庆等。

1908 年，申万林先生的女婿在东北被土匪绑票，需要申万林亲自去处理。申先生临行前为付昌荣、唐维禄写了推荐信，引荐他们去天津投拜其师兄李存义（此时张鸿庆已在李存义身边）继续学艺。

本章所述白虎鞭，就是申万林先生在宁河县芦台镇传艺时所授的其中一套武术器械套路。

白虎鞭全套 72 个式子，式名雅致，动作洒脱，少有重式。虽有重名，但动作各异。此套鞭法近百年来一直在天津宁汉地区形意门内传承，但此鞭法绝非形意一门之术，它是综合了少林拳、形意拳、八卦掌等多家拳械之精华而创编的武术佳作。此套白虎鞭不知为何人所创，但可以说，若非精通内外家多种拳艺精华，实难创编出如此之杰作。

这里的白虎鞭，并非古代将军所使用之钢鞭类兵器。说是鞭，其实只不过是一根小木棍而已。其粗细长短可根据个人身高、力量的具体情况而定，一般长度在 1 米或 1 米多点为宜。白虎鞭制作简单，用白蜡杆、藤子条、墩布把均可，当然你若有力量，也可以用钢制的。它携带方便，适者广泛，男女老幼均可用之习练此套鞭法。

此套鞭法演练速度可快可慢，式子可高可低，方法可简可繁（有定步、活步之分）。这套鞭法可作为一般人健身娱乐操练，也可以作为防身御侮的技击之术深入研究。总之，可根据个人情况自行调整演练难度。

二、白虎鞭动作名称

1. 背鞭起势　2. 青龙探爪　3. 白蛇伏草　4. 提步背鞭　5. 海底捞沙　6. 反臂撩阴　7. 饿虎扑食　8. 白龙伏草　9. 点指剪腕　10. 白虎入洞　11. 点指剪腕　12. 青龙转身　13. 直符送书　14. 横鞭探耳　15. 黑虎卷尾　16. 当头棒喝　17. 跨鞭弹腿　18. 过渡流星　19. 夜叉探海　20. 直符送书　21. 青龙摆尾　22. 孤树盘根　23. 勒马听风　24. 金鸡点头　25. 泰山压顶　26. 九品莲台　27. 猛虎乘风　28. 退步三鞭　29. 猛虎乘风　30. 飞燕归巢　31. 换步三撩　32. 流星赶月　33. 十万横抹　34. 旋风扫叶　35. 左右扬鞭　36. 二郎担山　37. 白虎入洞　38. 二郎担山　39. 白虎入洞　40. 金龙双转　41. 白虎入洞　42. 右势剔鞭　43. 乌云罩顶　44. 弓

势群拦　45. 左势剔鞭　46. 乌云罩顶　47. 弓势边拦　48. 右势扫堂　49. 乌云罩顶　50. 弓势群拦　51. 左势扫堂　52. 乌云罩顶　53. 弓势边拦　54. 直符送书　55. 青龙摆尾　56. 缠鞭挑刺　57. 湘子挎篮　58. 左右翻扑　59. 右势献花　60. 缠拦扫扑　61. 旋风扫地　62. 金鸡点头　63. 进步撩阴　64. 大蟒翻身　65. 当心直刺　66. 十万横抹　67. 湘子挎篮　68. 蛟龙戏水　69. 金龙缠身　70. 乌龙摆尾　71. 连环转身　72. 卷鞭收势

三、白虎鞭动作说明

1. 背鞭起势

双脚并立，面向南，成立正姿势。左手持鞭杆下端，鞭杆直竖，轻贴于左臂后，垂于身体左侧；右手自然下垂于右大腿外侧，手心向内，手指向下。眼平视前方。

上动稍停，左脚向前上一步，右脚跟进一步至左脚内侧，两脚并拢，仍成立正姿势，两手位置不变。眼看前方（图4-240）。

要点：平心静气，去除杂念，身体放松，精神贯注。

用法：养精蓄锐，以静制动，以待来敌。

2. 青龙探爪

身向左转45°（面向东南），两腿屈膝略下蹲，重心移至右腿，左脚掌虚着地，随之两手臂向后移动。眼看身前（图4-241）。

上动不停，左脚向前（东南方位）上一步，略屈膝下蹲，随之右脚跟进至左腿膝窝后，右脚背勾套在左膝窝后。同时左手把持鞭反臂向前撩出，位至左膝前上方，手心向下；随之右手向前伸至左手后，接住鞭杆后端，手心向下，同时左手虎口向上贴杆，略向前滑至鞭杆中部，双手持鞭向前下方捅鞭，双手把位至胸前略偏下，鞭梢至左膝前下方。眼看鞭梢（图4-242）。

要点：上步要稳，接鞭捅鞭动作要协调。

用法：两手持鞭直捅对方腹膝。

图4-240　　　　　图4-241　　　　　图4-242

3. 白蛇伏草

右脚向后撤一大步，随之左脚退至右脚内侧，脚尖虚点地，成左丁步（面向东南）。同时左手把向上，右手把向下，划带鞭至身体左侧，鞭身直竖，左手虎口朝下，以手腕勾拿住鞭杆上把，左小臂尺骨一侧贴住鞭身（杆），左肘尖朝下；右手握于鞭杆下把，虎口向上。两手虎口上下相对，间隔约20厘米。眼看左前方（图4-243）。

要点：退步带鞭，动作协调，两手把持鞭，肩要松，肘要坠，腕要活。

用法：撤步向上划鞭，撩挡拦截对方左侧击来之器械。

4. 提步背鞭

身微左转，左膝上提过腰，成右独立式。同时右手把提鞭过顶，虎口向下，鞭梢下划从身左侧划至身后，鞭身垂直轻贴后背；同时左手划至左胯外侧，掌心向下。眼看身左侧前方（图4-244）。

要点：提膝独立步要稳，右手把上提过头顶，鞭梢向下，鞭身轻贴身后。

用法：划鞭上提，化解左侧对方击来之兵器，左膝上提有膝顶脚蹬之暗腿法。

5. 海底捞沙

左脚向前（东方位）上步，脚尖外摆，右脚向左脚前上一步，然后左脚向右腿后插步，随之身向左转90°。随右脚上步，右手把持鞭向前抢抽；随左脚向右腿后插步（左转身），右手把持鞭从前向下、向左侧反撩，右手把至左腋下，虎口向上，鞭梢至左上方；同时左手臂合于右臂上方，两手臂交叉于胸前。眼看身右侧（图4-245）。

要点：此式含上步抽鞭、套步后撩鞭，身、鞭、步协调一致。

用法：此式为打前防后的鞭法。上步抢抽对方头面，撤步反撩以防身后之敌偷袭。

图4-243　　　　　图4-244　　　　　图4-245

6. 反臂撩阴

左脚向左前方（西方位）上一步，成左弓步。同时右手把持鞭向右后（东方位）下方反撩抽鞭，虎口朝下，鞭梢至右脚前；同时左手划至左侧头上方，掌心向上。眼看右下方（图4-246）。

要点：上步转身、反撩抽鞭，前后动作一致。

用法：出其不意，迅速转身反抽身后之敌。

7. 饿虎扑食

身向右转 120°（面向东），重心偏于左脚，右脚收回半步，前脚掌虚着地，成右虚步。同时右手把持鞭沿身左侧向后、向上，再向前呈弧形劈出，右手把至胸前，臂极力前伸，鞭杆腰平；左手划至左侧头上，手心朝上。眼看身前（图 4-247）。

要点：转身坐胯，虚步要稳，劈鞭沿身划立圆，劲力顺达。

用法：转身鞭劈对方头面。

8. 白龙伏草

重心前移至右脚，左脚向前上一步，脚尖点地，成左虚步。同时左手下落，以虎口处上托至鞭杆中节下方；右手把握鞭尾，略收至腹前，手心向下，鞭杆梢节略上翘，与胸平。眼看身前（图 4-248）。

要点：上步要快，左手向前接鞭要轻灵快捷。

用法：蓄势待敌，精神集中。

图 4-246   图 4-247   图 4-248

9. 点指剪腕

左脚向前上步，右脚跟进半步至左脚后，两脚前后相距 30 厘米，重心偏于右脚，成左虚步。随上步，两手把持鞭，使鞭梢从右向左，再向右划一小平圆，鞭梢高与头平，左手把持鞭杆中节，以虎口托于杆下；右手握后把，位至胸前。眼看鞭梢（图 4-249）。

要点：左进右跟，步法轻灵快捷。两手把持鞭要活，以左手腕为主，使鞭梢从右向左划一小圆。

用法：划圆是划拨对方进击之来械，然后顺势向前点击对方头面。

10. 白虎入洞

左脚外摆，右脚向左脚前上步扣脚，身体向左后转 180°，重心偏于右脚，左脚收至右脚内侧前 20 厘米，脚尖虚点地。随右脚上步，左转身，右手单把持鞭上提，从头前向左、向后，再向右绕过头顶，使鞭杆贴于后背，然后右手把从右下方向前划至身体左侧，鞭杆直竖，鞭梢向上，右手握下把，手心向里；左手屈腕，五指虚握鞭杆上把，成刁拿状。眼看左前方（图 4-250、图 4-251）。

要点：扣步转身，提鞭绕头，此动如刀术的缠头裹脑，上下动作要协调，身械合一。

用法：此式为打前防后的鞭法。上步鞭打前敌，转身缠头裹脑以鞭拦截身后之敌的偷袭。

图 4-249　　　　图 4-250　　　　图 4-251

11. 点指剪腕

身向左转 45°（面向西南），左脚向前上一大步，右脚跟进半步，重心偏于右脚，成左虚步。随上步，两手把持鞭，使鞭梢向左，再向右划一小圆，鞭梢高与头齐。左手把持鞭中节，以虎口托住鞭杆下方，位至胸前；右手握后把，位至腹前。眼看身前（图 4-252）。

要点：两手把要活，划圆要小。

用法：若对方用枪棍击我胸面，我可先用鞭梢向外划开来械，然后顺势向前点击对方头面。

图 4-252

12. 青龙转身

两腿屈膝略下蹲，身微左转，左脚外摆，同时右手把持鞭从下向前撩出；随之左手把从前向左后回划。眼看身前（图 4-253）。

上动不停，右脚上步，脚尖外摆，身微右转，同时左手把从左下向身前撩出；右手把从前向右后划回。眼看身前（图 4-254）。

上动不停，身微左转，左脚向前上步，脚尖略外摆；随之右手把从后向前撩出，左手把从前向左后划回。眼看身前（图 4-255）。

上动不停，右脚向左腿后插步，两腿屈膝略下蹲，成歇步；同时两手把持鞭，为右上把、左下把，向前立鞭推出，右手虎口朝下，左手虎口朝上，鞭梢向下。眼看身前（图 4-256）。

图 4-253　　　　图 4-254　　　　图 4-255　　　　图 4-256

要点：拧身摆步，左右划鞭，身械协调一致。

用法：两手把持鞭连续上步撩击对方，为攻中有防的鞭法。左右摆步暗藏两脚蹬踏之法。

13. 直符送书

图 4-257

身体略起，右脚向后退一大步，随之左脚后撤至右脚内侧不落，稍停，再向右脚前下落，前脚掌着地，重心偏于右脚，成左虚步。随撤步，两手把持鞭，先以鞭梢从下向左后划，然后再向上、向前击打。左手把持鞭杆中把，位至胸前；右手持后把，位至腹右侧，鞭梢高与头齐。眼看身前（图 4-257）。

要点：撤步鞭杆下划，进步击杆，鞭杆在身左侧划立圆，身、鞭、步要动作协调一致。

用法：撤步下划杆可拦截对方下击来械，然后顺势向前击打对方头面。

14. 横鞭探耳

左脚尖回扣，身向右后转 135°（面向东北），重心移至左脚，右脚略回收至左脚内侧不落，然后再向前下落，前脚掌着地，成右虚步。随

图 4-258

转身，两手把持鞭，右手把（鞭尾）从右下向上、向前，再向右划杆，然后再从右向左平划横击，鞭尾高与耳齐。右手持杆中部，位至胸前；左手握杆梢节，划至腹前左侧，两把心均朝外。眼看鞭前（图 4-258）。

要点：转身步法要活，持鞭手腕要活，以右手把为主驱动鞭尾从左向右，再从右向左划一

平圆。

用法：转身提右手把，用鞭尾划拨身后之敌偷袭来械，然后顺势向左横击对方耳门。右脚之活步暗含蹬踢脚法。

15. 黑虎卷尾

第1动，接上式，右脚外摆，身微右转。左脚向前（东北方位）上步，右脚向左腿后倒插步，两腿屈膝下蹲，成歇步。随上步，右手把向右、向后，再向下呈弧形划至腹前，虎口向上；左手把从下向上划至胸前，虎口朝下，鞭杆直竖于身前，鞭梢向上。眼看身前（图4-259）。

第2动，上动不停，重心移至右脚，左脚向前上一步，随之右脚向左腿后倒插步，两腿屈膝下蹲，成歇步。随上步，右手把（杆尾）从下向前、向上，再向右后划一立圆至腹前，虎口朝上；左手把（杆梢一侧）向左后、向下，再向前划至胸前，虎口朝下，鞭杆直竖身前，鞭梢向上。眼看身前（图4-260）。

第3动与第2动相同（图4-261）。

图4-259　　　　　　　　图4-260　　　　　　　　图4-261

要点：上述3个式子是连续动作，中间不可停顿。上步下蹲，身体不要起伏过大。两手把持鞭前后划动，贴身走立圆，两手把上下搅动，一气呵成。

用法：连续上步划鞭追击退敌，打中有化，化中有打，化打结合。

16. 当头棒喝

身略上起，微向左转，随之左脚向前（东略偏北方位）上一大步，成左弓步。同时，右手把持鞭从下向上、向前呈弧形打出，鞭杆尾部朝前，高与头齐；左手把随之划至左胯外侧，两手把心均向下。眼看身前（图4-262）。

要点：上步劈鞭，鞭走弧形。

用法：向前抢步占中门，鞭劈对方头面。

17. 跨鞭弹腿

接上式，重心前移，左脚踏实，提右脚向前弹踢，脚面绷直，力达脚尖，高与腹齐。随踢腿，两手把握鞭（右手把在前，左手把在后）向身左侧后拽拉鞭杆，鞭身高与腰齐。眼看身前（图4-263）。

图4-262　　　　　　　　　　图4-263

要点：右脚前踢，左脚抓地要牢。两手把向后拉鞭，前后保持平衡。

用法：第16式与第17式是连续动作，上用鞭杆劈砸对方头面，下用脚踢对方裆腹。

18. 过渡流星

接上式，右脚向前（东方位）下落，成右弓步。同时右手握鞭杆尾部从左向上向前抢劈，右手把位至胸前，鞭梢高与头齐；左手撒把划至头顶，掌心向上。眼看身前（图4-264）。

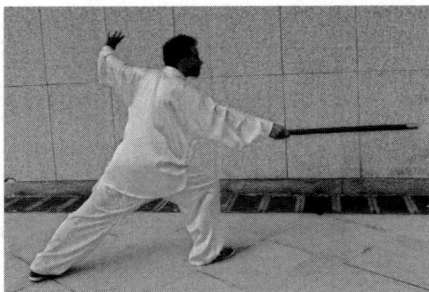
图 4-264

要点：步到鞭到，鞭走弧形，抢劈有力。

用法：与第16式、第17式连起来为连续进击之法。砸盖、脚踢、抢劈，连续进招，一环扣一环，不给对方喘息之机。

19. 夜叉探海

接上式，身向左后转90°，随之左脚外摆，右脚向左脚前上步扣脚；身继续向左转90°（面向南），重心偏于右脚。随转身，右手握鞭杆尾部收至右胯外侧，手心向里，鞭身平，鞭梢朝前；左手落至左胯外侧，掌心向下。眼看身前（图4-265）。

上动不停，身向左转约45°（面向东），左脚向前上半步，重心移至左脚；右腿提膝开胯，脚尖上勾，脚底朝外（西方位），身体向左侧倾斜约45°，同时两手把握鞭杆，右手握上把，左手握下把，向身左侧推鞭，鞭杆梢节向下，鞭身竖直。眼看左前方（图4-266）。

要点：转身上步要轻灵敏捷，提膝推鞭身体要稳。

图 4-265

图 4-266

用法：用摆扣步法，转动身形；以灵活的鞭法应对对手的前后夹击，鞭挡正面对手，脚蹬身后之敌。

20. 直符送书

接上式，身向右转约135°（面向西），随之右脚向前下落，左脚跟进半步至右脚后约30厘米，重心偏于左脚。同时两手把握鞭从上向前劈砸，右手握鞭杆中把，虎口朝上，托于杆下，位至胸前；左手握后把，手心朝下，位至腹左侧，鞭杆尾部朝前，高与头齐。眼看身前（图4-267）。

要点：翻身落步要稳，上步与劈鞭上下动作一致，力达鞭杆尾部。

用法：翻身上步，力劈对方头面。

21. 青龙摆尾

右脚外摆，身先微向右转，再向左转，然后左脚向前上一步，随之右脚跟进一步至左脚内侧，两脚平行站定，略比肩宽，成半马步型。随左右脚向前上步，右手把持鞭，使鞭尾从前向右后、向下，再向前划一立圆，右把位至胸前，为上把，虎口朝下；同时左手把从下向前、向上、向左后，再向下亦划立圆，左手把位至腹前为下把，虎口朝上，双手把持鞭向胸前推出，鞭杆直竖。眼看身前（图4-268）。

图 4-267　　　　　图 4-268

要点：摆脚上步，身体左右晃动，两手把握鞭前后搅动，身法、步法、鞭法要灵活协调，动作一致。

用法：以灵活的鞭法迎击面前之敌，边化边打，上挑下撩，鞭杆首尾并用。

注：青龙摆尾活步练法。

接第20式，身向右转45°，随之前把（右手把）从前向右后划；左手把从下向前上划，然后身向左转45°，随之左脚向前上一步，同时左手把从前划向左后；右手把从右后划向前。

上动不停，身再向右转45°，随之右脚向前上一步，右手把从前再划向右后；左手把从左后划向前。然后身向左转45°（面向西），随之左脚向前上一步；右脚跟进半步至左脚右侧略偏后，成半马步。同时左手把持鞭从前略向左后下划至腹左侧；右手把从右后向下向前上划至胸前。然后，两手把持鞭，与右脚跟步同时向前立鞭推出，右手把握鞭上把，虎口朝下；左手把持鞭下把，虎口朝上。眼看身前。

22. 孤树盘根

右脚后退一步，踏实。身微左转，随之左脚提起，后撤至右脚内侧悬空，然后向前落步，前脚掌着地，重心偏于右脚，成左虚步。随左脚后撤，前把（左手把）从前下向左后下划，然后再随左脚前落，左手把从左后向上、向前呈弧形打出，前把鞭杆梢节高与头齐；右手把划至右腹侧，手心朝下。眼看身前（图4-269）。

要点：左手把后划前打，鞭杆要贴身划立圆。

用法：鞭杆向身左侧下划，可化拨对方进击我左侧的枪棒器械，划弧前打可顺势劈打对方头面。

23. 勒马听风

重心后移，右脚踏实，身微后仰，随之左膝上提，成右独立式。

同时右手把下压，左手把上挑，使鞭杆斜竖于身前。眼看身前（图4-270）。

要点：独立步要稳，前把（左手把）上挑，后把（右手把）下压，两手把上下走合劲。

用法：挑把是用鞭杆梢节破解对方进击我胸面来械，提膝暗含膝顶、脚踢对方裆腹之腿法。

24. 金鸡点头

接上式，左脚向前下落，右脚不动，重心偏于右脚，成左虚步。同时两手把下按向前点击鞭梢，左手把在前握杆中节，位至胸前；右手把握鞭杆尾部，位至腹前。眼看身前（图4-271）。

要点：落步与鞭头前点要整齐一致。

用法：此式与第23式为连贯招式。第23式鞭杆上挑可拦截对方来械，此式下砸点击对方头面。两动一气呵成。

图4-269   图4-270   图4-271

25. 泰山压顶

接上式，左脚尖外摆，身微左转，重心前移至左脚，随之右手把上划向前，使鞭杆尾部向前打出，右手把位至胸前，鞭尾与头齐；同时左手把向后下划至左胯外侧，手心均朝下。眼看身前（图4-272）。

要点：摆脚、拧腰、划杆扣把要步调一致，顺畅自然。

用法：拧腰转身形，快速向前抡划鞭尾盖砸对方头面。

26. 九品莲台

右脚向前上一大步，成右弓步。同时，右手把握鞭杆后把抡鞭向前劈打，鞭梢向前，略高于胸部；同时左手划至头顶上方，掌心向上。眼看鞭前（图 4-273）。

要点：上步劈鞭，动作一致。

用法：脚踏中门，当头猛劈对方头面。

图 4-272   图 4-273

27. 猛虎乘风

接上式，身向左转 180°（面向东），随转身，左脚外摆，右脚向左脚前上步，脚尖略扣。随右脚上步，右手把持鞭从右后向身前（东方位）撩出，鞭梢向前，位至右脚前，高与腹齐；同时，左手下沉至左胯外侧，手心向下。眼看身前（图 4-274）。

上动不停，身继续向左转 180°（面向西），随转身，左脚外摆，右脚向左脚前上一大步，成右弓步。同时右手把持鞭从右后向上、向前（西方位）劈打，使鞭头向下、向左后、向上，再向前沿身左侧划立圆，然后向身前抡劈，右手把至胸前，鞭头略高于胸；左手划至头顶上方，手心向上。眼看鞭前（图 4-275）。

要点：连续转身，鞭随身转，动作顺遂。

用法：前撩后劈，防前打后，前后兼顾。

图 4-274

图 4-275

28. 退步三鞭

接上式，重心左移，身向左转 90°，右脚提起，向左脚前盖步，同时右手把持鞭从右前向下、向左，再向上在身右侧划立圆，再向右后抢劈；同时左手从上向右下、向左，再向上划至头顶左上方，手心向上。眼看身右后方（图 4-276）。

上动不停，左脚向左侧横跨一步，右脚不动，重心偏于右脚。同时右手把持鞭继续从右后向下、向左、向上，再向右后方抢劈；左手从上下划至右腹前，再向左、向上呈弧形划至头顶，手心向上。眼看右后方（图 4-277）。

图 4-276

图 4-277

上动不停，右脚再向左脚前盖步。同时右手把持鞭从右后向下、向左、向上，再向右后抢劈；左手从上划至右腹前，再向左、向上划至头顶上方，手心向上。眼看身右后方（图4-278）。

图 4-278

要点：从右向左横向连续倒退3步，退步时，要求腰胯要坐住，身体不可有起伏。两手臂随退步从外向内，再向外划弧，划圆时左掌右鞭要贴身走立圆。

用法：此式为边退边打的招式，退步时，还要提防前后之敌的夹攻，故有鞭打后敌、脚蹬前敌的盖步脚法。

29. 猛虎乘风

身向左转90°（面向东），右脚尖里扣，重心前移，成右弓步。随之右手把持鞭，随转身，从右向下、向身前撩出，右把位至腹前，手心朝上；左手下落至左胯旁，手心向下。眼看鞭前（图4-279）。

上动不停，身继续向左转180°（面向西），左脚外摆，右脚向前上一大步，成右弓步。随之右手把持鞭，随转身，从后向上、向前，再向左后沿身左侧划立圆向前（西方位）抢劈，右手把至胸前，手心朝下，鞭身平，鞭梢略高于胸；左手划至头顶左上方，手心向上。眼看身前（图4-280）。

要点：连续转身，步法清晰，身法灵活，身随步转，鞭随身运。

用法：防前打后，与上式连动起来，突然转身快速抢劈，击打前后之敌。

30. 飞燕归巢

右脚后退一步，落于左脚内侧，前脚掌虚着地，两腿略屈膝下蹲，重心偏于左脚，身向正前方（西方位）。同时右手握后把收鞭至身左侧，鞭杆直竖；左手腕刁拿住鞭杆上部，虎口朝下；右手把在下，虎口朝上，眼看身前（图4-281）。

要点：退步轻灵，并步下蹲，成右丁步；两手把持鞭，肩要松，腕要活，不可使拙劲。

用法：以退为进，静以待动。

图4-279　　　　　　　图4-280　　　　　　图4-281

31. 换步三撩

第1动，身略上起，右脚向前上一小步，左脚不动，重心偏于左脚。同时右手把持鞭从下向前反手撩出，然后右手腕外旋，使鞭梢从前向上、向右后划弧至右胯侧，鞭杆垂直于右臂肘外侧，右肘尖朝下，小臂直竖，右手把位至右肩前，以右手食指、拇指及虎口反手拿住鞭杆尾部，手心朝上；左手划至右肘下，轻握鞭杆下把（鞭杆尾部），虎口朝上。眼看身前（图4-282、图4-283）。

第2动，上动不停，左脚向前上一小步，重心偏于右脚，成左虚步。同时左手持鞭梢节部（此时位至下把）从下向身前划弧，使鞭杆尾部从上向右后、向下，再向身前反手撩出，然后左手腕外旋，使鞭杆尾部从前向上、向左后划弧至左胯外侧，鞭杆垂直于左臂肘外侧，左肘尖朝下，小臂直竖，左手把位至左肩前，以左手食指、拇指及虎口反手拿住鞭杆尾部，手心向上；右手划至左肘下，轻握鞭杆下把（鞭杆尾部），虎口朝上。眼看身前（图4-284、图4-285）。

图 4-282

图 4-283

图 4-284

图 4-285

第 3 动与第 1 动完全相同（图 4-286、图 4-287）。

图 4-286

图 4-287

要点：换步撩鞭，要贴身划鞭走立圆，手腕要活而有力；步法、身法、鞭法要三位一体，协调一致。行三步，撩三鞭，不可停顿，一气呵成。

用法：此式为连续进击之法。连续上步左右抢鞭，宛如风轮转动，左右抢抽身前之敌。

32. 流星赶月

接上式，右脚向前上半步，成右弓步。同时右手把持鞭，鞭头从右后向上、向前抢劈，右手把位至胸前，鞭身平，鞭头略向上；左手划至头顶左上方，手心向上。眼看身前（图4-288）。

要点：上步劈鞭，力达鞭头。

用法：脚踏中门，鞭劈对方头面。

33. 十万横抹

接上式，两脚不动，重心略后移，坐胯松腰，随之右手把持鞭外旋，使鞭身向左侧平行横抹；左手划至头左侧方，手心向上。眼看鞭前（图4-289）。

图4-288　　　　　　　　　　图4-289

34. 旋风扫叶

上动不停，两脚不动，身略右转，再向左转；同时随左右转身，右手把先内旋，鞭身向右侧平行横抹，然后再外旋，鞭身平行向左侧横拦，划至身前中线，手心向上；左手划至左肩外侧，手心向外。眼看鞭前（图4-290、图4-291）。

图 4-290　　　　　　　　　　图 4-291

要点：以上 2 式是一个连续动作。练习时，要求以腰为枢纽，以肩带臂，以臂带手，用内劲催动鞭身向左右拦扫、横抹，动作流畅。

用法：鞭杆左右横抹，拦截对方对我中盘的攻击。

35. 左右扬鞭

右脚内扣，左脚不动，身向左转约 90°（面向南），重心略偏于左腿，成半马步。随转身，右手把握鞭从右向下、向左侧划动鞭梢；左手接握鞭杆梢节部顺势向左侧上方挑起鞭杆尾部，左手把位略高于左胯；右手下落至右胯外侧，手心朝下。眼看身左侧鞭杆（图 4-292）。

上动不停，两脚不动，身向右转，重心移向右腿，成半马步状。随转身，左手把持鞭下落，使鞭杆尾部从左向右划动，右手接握鞭杆尾部，顺势向右侧上方挑起鞭头，右把略高于右胯，鞭头至右肩外侧上方；左手下落至左胯外侧，手心朝下。眼看身右侧鞭杆（图 4-293）。

要点：两脚踏实，拧腰转胯、倒把接鞭要准确，挑鞭有力。

用法：左右拦截对方进攻之器械。

36. 二郎担山

接上式，右脚向左腿后倒插一步，两腿屈膝略下蹲。同时，右手把持鞭尾从右向左、向脑后肩上划落鞭杆，鞭梢至左肩侧；随之左手从左后接握鞭杆梢节，两手把在两肩后握住鞭杆两头，鞭杆横担于后肩之上。

眼看身左侧（图 4-294）。

　　要点：插步、划杆、接杆，动作协调有序。

　　用法：守势，蓄劲待动。

|　　　　图 4-292|　　　　图 4-293|　　　　图 4-294|

37. 白虎入洞

　　接上式，左脚尖里扣，右脚尖略外展，随之身向右转 180°（面向北），重心偏于左腿，右脚掌虚着地。随转身，左手把持鞭，从脑后向左下，经身前向身右侧上方挑起鞭杆尾部，左手把位至右腹前，虎口向上；右手把屈肘坠腕，以手腕刁拿住鞭杆上把，位至右胸前，虎口朝下。眼看身前（图 4-295）。

　　要点：转身不动步，两脚原地左扣右摆，身体重心要稳。鞭杆随身形划动，肩腕要松活。

　　用法：转身变势以迎敌。

38. 二郎担山

　　接上式，左脚向右腿后插步，同时左手把持鞭从右向下、向左，再向脑后肩上划动鞭杆；随之右手接握鞭杆尾部，鞭杆横担于脑后肩上，两手把握鞭杆两头。眼看身右侧（图 4-296）。

　　要点和用法与前第 36 式相同，唯方向相反。

39. 白虎入洞

右脚尖里扣，左脚尖略外展，身向左转180°（面向南），重心偏于右脚，左脚掌虚着地。随转身，右手把持鞭头，从脑后向右下，经身前向左侧上方挑起鞭头，右手把握鞭杆下把，位至腹前，虎口向上；左手至左胸前接握鞭杆上把（鞭杆梢节处），屈肘坠腕，以手腕刁拿住鞭杆上把。眼看身前（图4-297）。

要点和用法与第37式相同，唯方向相反。

图4-295　　　　　图4-296　　　　　图4-297

40. 金龙双转

身向右转45°，右脚踏实，左膝上提，成右独立式。同时右手把上提，左手把下落，两手把持鞭位于左膝外侧，鞭尾向上（图4-298）。

图4-298

上动不停，身继续向右转45°，随之左脚向前落步，脚尖里扣，同时左手把向上挑至胸前；右手把向下划落至右胯外侧，鞭尾朝下。眼看身前（图4-299）。

图4-299

上动不停，身继续向右转45°，重心移至左腿，

右膝上提，成左独立式。随之两手持鞭，左手上把，右手下把，提鞭至右膝外侧。眼看右前方（图4-300）。

上动不停，身继续右转45°，右脚向前下落，脚尖外摆。同时右把鞭向上挑至胸前；左把鞭（梢节）下落至左胯外侧。眼看身前（图4-301）。

上动不停，身继续向右转45°（面向东北），随之左脚向前上步，脚尖里扣，重心偏于右腿。随之左把鞭（梢节）向上挑起，左手把位至胸前；右手把下落至右胯外侧。眼看身前（图4-302）。

图4-300

要点：两脚左右轮换上步，摆扣清晰，步走弧形；两手把持鞭，随上步转身前撩后挑，动作连贯。

用法：被敌围困圈中，以灵活的步法、身法和多变之鞭法破敌出围。

41. 白虎入洞

身向右转45°（面向东）。重心移至右腿，左脚收至右脚内侧，前脚掌虚着地。同时右手把持鞭从身前向上经左侧向后缠头裹脑，再向右、向下绕圆划至胸前；左手接鞭杆上把于左胸前，刁拿住鞭杆上部（梢节）；右手持下把位至左腹前，手心向上。眼看身前（4-303）。

要点：右手把持鞭绕头要肩松腕活，鞭法流畅。

用法：缠头护脑，以迎前敌。

图4-301　　　　图4-302　　　　图4-303

42. 右势剔鞭

重心左移，左脚踏实，身向右转 45°（面向南），随之右膝上提，成左独立式。同时两手把持鞭先略向上提，再向右胯外侧略下沉，鞭杆斜竖于右胯外侧，左手持上把，右手持下把，两手虎口相对。眼看身右侧（图 4-304）。

要点：提右膝与上提鞭动作一致。

用法：此式为防守之势。右膝上提，以及鞭杆上提、下沉，都是闪避对方攻击之法。

43. 乌云罩顶
44. 弓势群拦

接上式，右脚向右后方下落，重心右移，身向右转约 135°（面向西北）。随之两手持鞭，左手握上把，右手握下把，两手虎口相对；双手把持鞭向外，使鞭头梢节先逆缠再顺缠于头前划一小圆；随之左脚跟步至右脚内侧，两腿屈膝坐胯，两脚间距 20~30 厘米，左脚掌虚着地，重心偏于右脚。随左脚跟步，双手把持鞭于胸前向前横行推挡，同时两手把划向鞭尾一侧，两手把间距约 25 厘米，鞭头一侧向左（西南方位）。眼看鞭头（图 4-305、图 4-306）。

图 4-304　　　　　　图 4-305　　　　　　图 4-306

要点：随撤步转身，两手把持鞭拨动鞭头，在头前划一小圆；跟步与推鞭动作一致，力达鞭梢一侧。

用法：云鞭护顶，顺势向前推挡来械，也可推击对方头面。

注：第43式与第44式前后式连接紧密，动作不可有丝毫间断，故此处2式动作说明、要点、用法合并介绍。

45. 左势剔鞭

图 4-307

重心右移，身向左转90°（面向西南），左膝提起，成右独立式。同时，两手把持鞭，右手握上把，左手握下把，两手虎口相对，先向右上方略提鞭，然后迅速向左下方沉鞭（有下戳劲），鞭杆斜竖于左胯外侧。眼看左下方（图4-307）。

要点：转身提鞭，独立步要稳。先提后沉，动作快捷。

用法：鞭杆下沉为拦截敌方以枪棍袭击我左侧腿膝之法。

46. 乌云罩顶
47. 弓势边拦

左脚向左后方落步，身向左转135°（面向东），重心移至左腿。随转身撤步，两手把滑至鞭杆梢节部位，

图 4-308

图 4-309

右手把偏上，左手把偏下，两手虎口相对，间距约25厘米；随之两手把持鞭、使鞭头梢节先向前，再向后、向前划一小平圆。眼看身前（图4-308）。

上动不停，右脚跟步，进至左脚内侧，前脚掌着地，成右丁虚步。两腿略屈膝坐胯，同时两手把持鞭平行向前推挡，右手把一侧鞭杆尾部略高于肩。眼看鞭尾（图4-309）。

要点：撤步转身，云鞭划圆，跟步推挡，动作连贯流畅。

用法：云鞭护顶，顺势化拦、推挡来械，或者推击对方头面。

48. 右势扫堂

身向右转 90°（面向南），随之左
腿屈膝下蹲，右腿向右后方（西北方
位）扫腿。同时两手把持鞭，右手握前
把，左手握后把，随右腿后扫，同时向
右后方扫鞭，鞭杆梢节扫至右小腿上
方。眼看鞭前（图 4-310）。

图 4-310

要点：屈膝下蹲，与右腿、鞭杆后
扫动作一致。

用法：腿、鞭同时后扫，重击身后之敌。

49. 乌云罩顶
50. 弓势群拦

动作说明和要点与第 43 式乌云罩顶、第 44 式弓势群拦相同（图
4-311、图 4-312）。

图 4-311

图 4-312

51. 左势扫堂

图 4-313

身向左转约 135°（面向偏东南），随之右腿屈膝下蹲，左腿向左后方（东北方位）扫腿。同时两手把持鞭，左手握前把，右手握后把，随左腿后扫，同时向左后方扫鞭，鞭杆尾部扫至左小腿上方。目视鞭前（图 4-313）。

要点和用法与第 48 式右势扫堂相同。

52. 乌云罩顶

动作说明和要点与第 46 式乌云罩顶相同（图 4-314）。

53. 弓势边拦

动作说明和要点与第 47 式弓势边拦相同（图 4-315）。

54. 直符送书

身向右转 135°（面向西），右脚向前上一步，左脚不动，重心偏于左脚，成右虚步。同时两手把持鞭，右手握前把，左手握后把，随上步，两手把绞动，使鞭杆尾部（前）在身前，先左后右缠一小圆，鞭尾高与鼻齐。右手把位至胸前，左手把划落至左腹侧，两手虎口相对。眼看鞭前（图 4-316）。

要点：转身上步与缠鞭动作一致。缠鞭圆要小，劲要柔。

用法：转身用缠法化解身后敌人的兵械袭击。

| 图 4-314 | 图 4-315 | 图 4-316 |

55. 青龙摆尾

接上式，两脚不动，两手把持鞭，身先向右转，随之右手把持鞭尾从前向右后，向下贴身划弧至右胯外；同时左手把鞭梢从下向前、向上划至身前。眼看身前（图 4-317）。

上动不停，身微左转，随之右手把持鞭尾从右后向身前划弧，同时左手把持鞭梢从身前向左后、向下划至左胯外。

上动不停，身微右转，随之左脚向前（西方位）上一步，成左弓步。同时两手持鞭向身前推出，鞭杆直竖，鞭尾朝上，右手握上把，位至胸前；左手握下把，位至腹前。眼看身前（图 4-318）。

| 图 4-317 | 图 4-318 |

要点：两手把持鞭，左右前后绞动，贴身划立圆。上步推鞭，力达鞭身。

用法：左右摆动鞭杆以拦挡对方枪棒进击。上步推鞭为化中有打，反守为攻法。

56. 缠鞭挑刺

重心前移，左脚踏实，右膝提起，成左独立式。同时，左手把提至面前，右手把下划至右膝内侧，鞭杆直竖。眼看身前（图4-319）。

上动稍停，左手上把不动，右手持下把，使鞭尾沿右膝头向外，再向内顺缠划一小平圆；然后身向右转135°，随之右脚向前（东方位）上一大步，成右弓步。同时右手持鞭后把向身前平刺出，手心朝上，鞭身与胸平；左手划至头顶左上方，手心朝上。眼看鞭前（图4-320）。

要点：第1动，左独立式时，两手把持鞭，手腕要活，以右手劲为主。使鞭尾绕膝头，圆要小。第2动，转身上步刺鞭，力达鞭头。

用法：绕膝为护膝之法，突然转身猛击身后敌之胸喉。

图4-319　　　　　　　　　　图4-320

57. 湘子挎篮

接上式，身向左转90°（面向北），左脚不动，右脚向身前上步，脚尖点地，成右虚步。同时右手持鞭后把（鞭尾部），顺势向左侧平带鞭，右手把位至胸前，右臂略弯，肘尖向下，手心向上；同时左手下划，握于鞭杆中节，两小臂左上右下于胸前相叠，左手心向下，鞭梢向右侧。眼看鞭梢（图4-321、图4-322）。

图 4-321　　　　　　　　图 4-322

要点：转身时，右手把向左侧平带鞭杆，左手下落，平握鞭杆中后把，两手把相叠于胸前。

用法：转身带鞭为捋带对方来械之法。

58. 左右翻扑

接上式，两脚不动，鞭梢从前（右侧）向上、向后（左侧）反叠，同时左手活把翻腕，仍握鞭杆中把，手心向下；右手把不动，随鞭杆上翻，右手后把变成前把（仍握鞭尾后节），手心翻向下，两手把位至胸前，鞭尾朝前（身右侧）。眼看身右（图 4-323）。

上动不停，身向右转 90°（面向东），随之右脚向前上半步，成右弓步。同时两手把持鞭（右前左后）向前平捅鞭尾。眼看身前（图 4-324）。

上动不停，两脚不动，身向左转，随之右手把从前向下、向左，再向后划动鞭尾，同时左手把划至右腋下，虎口朝上（图 4-325）。

上动不停，身向右转，随之右脚外摆，右手把从身左后方抢动鞭尾向上、向前翻打；同时左手把划至左腹侧。上势不停，左脚向前（东方位）上一步，成左弓步。同时左手把挥动鞭梢从左下向上、向身前盖打，右手把划至右腹侧，手心朝下。眼看身前（图 4-326、图 4-327）。

上动不停，两脚不动，身微左转，随之右手把从下向上、向身前翻打，鞭尾向前，高与头齐；左手把划至右腋下，虎口向上。眼看鞭前（图 4-328）。

图 4-323

图 4-324

图 4-325

图 4-326

图 4-327

图 4-328

要点：左右连续翻打，要求步法轻灵，身法活络，鞭法流畅，前后动作不可有丝毫停顿。

用法：左拦右打，右拦左打，左右翻盖，以车轮鞭法攻击对方。

59. 右势献花

两手把持鞭（右手前把，左手后把），从前向下、向右后划动鞭尾，随之身向右转 90°（面向南），重心后移，右脚踏实，左膝上提，成右独立式。同时两手把持鞭，从身右侧向上举鞭，鞭尾向上过顶，右手虎口钳把持鞭上把，位至头顶；左手持下把，虎口朝上，位至右肩前。眼看身左侧方（图 4-329）。

图 4-329

要点：向后划鞭走下弧。转身提膝，独立式要稳。鞭杆上提，两把持鞭，两手臂极力上举。

用法：鞭走下弧拦截对方攻我下盘之来械，提膝举鞭准备向前攻击对面之敌。

60. 缠拦扫扑

接上式，身向左转 90°（面向东），随之左脚向前落步，脚尖外摆；同时右手把从上向下划至左胯外侧，手心朝下，鞭尾斜向下；左手把划至右腋下，虎口向上。眼看身右侧（图 4-330）。

上动不停，身微左转，再右转，随之右脚向右前（东方位）上步，脚尖微里扣；左脚向右腿后插步，重心移至右腿，右腿前弓，左腿后蹬。随左脚插步，右手握鞭杆尾部从左下向上，再向右后下方抢劈，右手把至右胯外侧，鞭梢向前，低于右胯；左手划至头左侧上方，手心向上。眼看鞭前（图 4-331）。

要点：转身上步摆脚、扣步、倒插步，一环紧扣一环；右手抢劈，鞭走立圆。

用法：这是攻防兼备的鞭法。鞭杆贴身划立圆可护身，顺势转身可抢劈对方胸面。

图 4-330 　　　　　　　　　图 4-331

61. 旋风扫地

接上式，左脚向左侧后退一
步，重心略偏于右腿，成半马步。
随之身略向右转，再微向左转，
同时右手把持鞭杆尾部，先逆缠
外开，然后翻腕向内顺缠，向前
下方扫鞭，手心向上，鞭头低于
右膝；左手位置不变。眼看鞭头（图4-332）。

图4-332

要点：以腰带臂，右手把持鞭，先外开，再翻腕里合，向下扫鞭。

用法：外开划拨对方来械，里合扫抹对方腿膝。

62. 金鸡点头

身向左转135°（面向西），同时右手把持鞭尾，从后向下、向前撩
鞭，随之左手下落，接握鞭杆中把，然后两手把持鞭，向上挑起鞭头；
同时左脚离地，略向上提。眼看鞭头（图4-333、图4-334）。

上动不停，两手把握鞭，快速向下点击鞭头，鞭头高与头齐。同时
左脚下落，重心偏于右脚，成左虚步。眼看鞭头（图4-335）。

要点：转身提步、向上撩鞭、落步点鞭，上下前后要协调一致。

用法：向上撩鞭可拦截对方迎面的攻击，向下点鞭可击打对方头面。

图4-333

图4-334

图4-335

63. 进步撩阴

左脚尖外摆，重心前移至左脚，随之右脚向前上步，前脚掌着地，成右虚步。同时右手腕外旋，使鞭头从前向上、向右后、向下，再向前划立圆至身前，右手把至腹前，手心向上；同时左手从右手把前活把向后滑至右手把后端、鞭杆尾部上端，手心朝下。眼看身前（图 4-336）。

要点：右手把持鞭，从前向右后贴身划立圆向前撩鞭，把腕要活；左手向后滑动要紧贴鞭杆。

用法：向后划鞭可化解对方攻击之器械，然后顺势进步撩击对方裆腹。

64. 大蟒翻身

接上式，两脚不动，两手把持鞭，把位不变，略向上提鞭至胸前；然后右手把内翻，把心向下，左手把外翻，滗至鞭尾下端，手心向上，两手把同时略向下按压。鞭头向前，鞭身要平。眼看鞭前（图 4-337）。

要点：两手翻把下压要用寸劲，动作幅度要小。

用法：用快似无形之鞭法点按对方攻我中盘之来械。

65. 当心直刺

接上式，右脚向前上半步，随之左脚跟进半步至右脚后，重心偏于左脚。同时两手把持鞭向前平刺，右手把在前，稍向后滑把；左手把在后，用劲以左手把为主。眼看鞭前（图 4-338）。

要点：跟步是助力，双手握于鞭杆尾部，合力向前平刺，力达鞭头，劲力要整。

用法：与上式连动，先点压对方攻击我胸部之来械，然后迅速还以对方致命一击。

图 4-336　　　　　　　图 4-337　　　　　　　图 4-338

66. 十万横抹

　　两脚不动，右手腕外旋，手心翻
向上，随之身微左转，右手把握鞭向
左侧平行横抹；左手划至左肩外侧，
手心向外。眼看鞭前（图 4-339）。

图 4-339

　　上动不停，身向右转，随之右手
腕内翻，手心向下，随转身，向右侧
平行横抹（图 4-340）。

　　然后身再向左转，随之右手把外翻，手心向上，挥鞭向左侧横扫；
左手位置不变。眼随鞭转（图 4-341）。

　　要点：以身带臂，以臂带鞭，左右横抹，鞭随身动。

　　用法：左右挥鞭，化解左右之敌攻我之器械。

图 4-340　　　　　　　图 4-341

67. 湘子挎篮

接上式，身向左转 90°（面向南），随之右
脚向身前跨一步，脚尖虚点地，重心偏于左脚，
成右虚步。同时右手把握鞭，顺势向身前平带
鞭，右手把位至胸前，屈臂坠肘，手心向上，
鞭头向右侧方；同时左手下划至右手把外侧鞭
杆中节处，手心朝下，两小臂左上右下于胸前
相叠。眼看身右侧（图 4-342）。

图 4-342

要点：跨步带鞭，鞭身要平，两手把握鞭，
在胸前上下相叠。

用法：此式为闪身法。

68. 蛟龙戏水

接上式，两脚不动，左手把外翻，使鞭头向上划至左肩外侧，手心
朝上，位至左胸前；同时右手把内翻，把握鞭尾，手心向下，位至右胸
前。眼看身左侧（图 4-343）。

上动不停，左手把内翻，仍与右小臂在胸前上下相叠；同时右手把
外翻，手心朝上，随之鞭头从左向上、向右折翻至右肩外侧。眼看右侧
（图 4-344）。

上动不停，左手把再向外翻，右手把内翻，随之鞭头从右向上仍折
翻至左肩外侧，眼随鞭转（图 4-345）。

要点：两脚不动，两手握鞭连续向左右折翻 3 次，快速有力。

用法：鞭杆左右折翻，拦挡对方的左右攻击。

图 4-343   图 4-344   图 4-345

69. 金龙缠身

接上式，身向右转 45°（面向西南），左脚随之向前沿弧形上步，脚尖里扣；同时两手持鞭，右手持上把，左手持下把，手心向外，随上步，左手把从下向上撩起鞭头至身前；右手把下划至右胯外侧。眼看鞭前（图 4-346）。

上动不停，身继续向右转 90°（面向西北），随之右脚沿弧形向右侧上一步，脚尖外摆，同时右手把从右下向上、向身前撩起鞭尾；左手把下划至左胯外侧。眼看鞭前（图 4-347）。

图 4-346   图 4-347

要点：拧腰上步，步走弧形。鞭随身运，上下划动。

用法：以灵活的步法、身法和鞭法应对身前之敌。

70. 乌龙摆尾

上动不停，身继续向右转45°（面向北），随之左脚向前沿弧形上步，脚尖里扣，同时左手把向上撩起鞭头至胸前；右手把下划至右胯外侧。眼看鞭前（图4-348）。

上动不停，身再向右转90°（面向东），右脚向前沿弧形上步，脚尖外摆；随之右手把向上撩鞭头至身前；左手把下划至左胯外侧。眼看鞭前（图4-349）。

上动不停，身继续向右转90°（面向南），随之左脚向前（南方位）上一步，成左弓步。同时双手把持鞭（右手持上把，左手持下把，两手虎口上下相对），于胸前向前直臂推出，鞭身直竖，鞭头向上。眼看身前（图4-350）。

图4-348　　　　图4-349　　　　图4-350

要点：左右脚沿弧形绕步，身随步转，鞭随身运，左右摇鞭，肩腕要活。

用法：与前式联动，运用八卦步法，身晃鞭摇与周围之敌周旋。

71. 连环转身

接上式，身向左转135°（面向东北），随之右脚向左脚外侧上步，脚尖里扣。同时右手把持鞭从身前向左沿左肩缠头，使鞭杆贴后背绕至身体右侧；同时左手先划至右腋下，再向身体左侧划摆，手心向外，略低于左肩。眼看身左侧（图4-351、图4-352）。

上动不停，身继续向左转90°（面向西北），随之左脚向前上步，脚尖外摆；同时右手挥鞭从身右侧向左、向上经左肩缠头裹脑，使鞭杆贴后背划至右胯外侧，手心向下；同时左手先划至右腋下，然后再向身左侧划摆，手心向外。眼看身左侧（图4-353、图4-354）。

图 4-351　　　　　　　图 4-352

图 4-353　　　　　　　图 4-354

上动不停，身继续向左转90°（面向西南），随之右脚向左脚前上步，脚尖里扣；同时右手把持鞭从右下方划至身前，再向左、向上绕至脑后，然后划至身体右侧；同时左手先向右划至右腋下，然后再向身左侧划摆，手心向下，略低于左肩。眼看身左侧（图4-355、图4-356）。

上动不停，身继续向左转90°（面向东南），随之左脚向前（东南方位）上一大步，成左弓步。同时右手把握鞭从身右侧挥鞭向身前横扫，手心向上，高与腰齐，鞭头向前；左手划至头顶左上方，手心向上。眼看鞭头（图 4-357）。

要点：连续转身绕步，两脚摆扣清晰。右手挥鞭连续缠头裹脑，动作连贯。横扫鞭，力达鞭杆前节。

用法：运用八卦掌的摆扣步法带动身体灵活转动。挥鞭缠头裹脑为护头护身之法。

图 4-355

图 4-356

图 4-357

72. 卷鞭收势

身微右转（面向南），重心后移至右脚，右脚踏实；左脚收回、提膝，成右独立式。同时右手鞭交与左手，鞭身轻贴于左臂外侧；右手收至右胸前，略外旋，手指向上，然后右手向上穿至头顶右上方，手心向内；左手持鞭收至身体左侧。眼看身前（图 4-358）。

上动不停，左脚下落至右脚前，脚尖虚点地，重心偏于右脚，成左虚步。同时右手略内旋，手心翻向上，仍停于头顶右上方；左手持鞭，位置不变。眼看身前（图 4-359）。

上动略停，左脚回收至右脚内侧，两脚并步，同时右手下落至右大腿外侧，手心向内；左手持鞭位置不变。然后身体缓缓上起，恢复预备式姿势（图 4-360）。

图 4-358　　　　　图 4-359　　　　　图 4-360

要点：提膝交鞭动作要稳，撤步收势动作轻灵。精神内敛，一气归元。

第五章　技击用法

第一节　八卦掌推手法

一、八卦掌推手法简述

　　八卦掌推手是在学习八卦掌套路的基础上，由双人进行的、有一定对抗性的操练形式。推手是中国传统武术习练者在学习实战技法前的一种过渡形式。推手练习可以使习练者在感知对方劲道变化、技法应用、心理感应能力等诸多方面得到一定的提高，为下一步进入实战应用打下良好的基础。

　　八卦掌的推手方法有很多，八卦门各支系都有自己独特的练习方法。本书向读者介绍的是本门系常练习的几种推手方法。其中有不动步的推磨法，有两人相互搭手转圈的磨盘转法，还有一种活步推手法（进一退一和绕步背推法）。其中推磨法和磨盘转法是张鸿庆传八卦、形意二艺习练者学习散打前的必学之术。熟习这些推手方法后，习练者可进一步领悟到多种八卦推手、散打技法。

二、八卦掌推手法动作说明

（一）推磨法

　　推磨法是一种模仿旧时民间百姓居家推小磨动作的推手方法。练习时，甲乙双方相向站好三体式，中间相距约一臂远。然后双方各以一只手腕相搭于身前，手心均向前；另一手置于腰胯外侧，手心朝下。操练时，双方手臂像推小磨一样，你来我往来回推转（图 5-1、图 5-2、图 5-3）。

图 5-1

图 5-2

图 5-3

要点：推转时，动作要缓慢，用劲要均匀，不可使拙劲。练此功的目的不是较劲，而是要互相摸（听）着对方的劲推转。手臂动转要划平圆，不要出死角。须以腰胯丹田之力带动手臂运转，要用整体劲。推转时，两脚位置不变，但随着身、手的运转，两腿的重心要随着身体的动转而前后移动。练习时，两脚、两手要左右轮换练习。

这个推磨法看似简单，但要练好也不容易。练好它，需要双方经常研习揣摩。多练可以使自己从中体会对方的劲路变化，并根据对方的变化，合理调整自己的劲道，从而达到知己知彼的练功效果。

不深究技击者，平时也可以将推磨法作为健身娱乐的方法。经常练习它，对提高练功兴趣、愉悦身心，很有益处。

（二）磨盘转法

熟习推磨法后，下一步就可以学习磨盘转的功法了。这个磨盘转其实就是升级版的推磨法。推磨法是习练者双方原地不动，两手来回磨转，而磨盘转是两人手腕相搭，以搭手点为支点（着力点），沿圆圈朝左右不同方向走转（图5-4）。

图 5-4

要点：走转时，两人各向前伸出一只手，两腕相搭，手指向上，手心向前；另一只手置于前手臂之肘内侧，手心向外，指尖向上。眼看相搭之手，兼顾对方两肩。相搭之手不可用劲，两手之劲若即若离，要听着对方的劲走转，走转时，不能断手，因此此功就是练习双方两手相搭走转时的听劲变化之功的。如果在这期间双方断了手，那就不属于推手的范畴了，而是散手功法，就该另当别论了。

走转时，要屈膝坐胯，腰要塌，臀要溜，脊要正，背要拔，项要竖，头要顶，肩要松，肘要坠，胸要虚，身要斜（侧面对着对方），气要沉。迈步速度要均匀，步法虽然不像八卦走圈那样刻意，但也不可乱来，要蹚着步走，拿着脚行（每走一步，前行之脚要有鸡形步韵味，即出脚可前伸，也可收回，伸缩自如）。

走转时，可随时转身换式。转身时，如左脚和左手在前，后（右）脚向前上步扣脚，身向左转，随之前（左）脚摆顺；随转身，后手从前手小臂下向前穿出与对方来手相搭，然后上右步，继续沿圈走转（图5-5、图5-6）。

图 5-5   图 5-6

走转磨盘转，每次的练习时间，可根据双方体力情况而定，随转随停，收势结束。

（三）活步推手法

设：白衣者为甲方，黑衣者为乙方。

1. 预备式

甲乙双方相向而站，两手臂自然下垂，两脚分开，与肩同宽，两人相距一手臂远（图5-7）。

2. 乙右上步推右掌，甲退右步左托掌

乙方向前上右步，同时右掌向甲方胸前推出，左掌置于左胯外侧，掌心向下。

当乙方右掌推到甲方胸部时，甲方借乙右掌之推力，身微右转，随之右脚向后撤一步；同时以左掌虎口钳住乙方右肘下部，掌心向上，虎口用力向上托举乙方右肘臂（图5-8、图5-9）。

图 5-7

图 5-8

图 5-9

3. 甲上右步推右掌，乙退右步左托掌

接上式，甲方左掌内旋，掌心向上托住乙方右上臂，然后右脚向前上步；同时以右掌向前推放乙方前胸，乙方左掌置于左胯外侧，掌心向下。眼看对方（图5-10）。

当甲方右掌推到乙方胸部之时，乙方借甲方之推力，身微右转，随之右脚向后撤一步，同时以左手之虎口钳住甲方右肘臂下部，掌心向上，虎口用力向上托举甲方右肘臂，右掌置于右胯外侧，掌心向下。眼看对方（图5-11）。

上式不停，乙方继续上右步，同时以右掌向前推放甲方前胸；甲方撤右步，同时以左手向上托举乙方右肘臂（图 5-12）。

图 5-10

图 5-11

图 5-12

然后甲方上步前推，乙方撤步托举。如此，甲乙双方一进一退反复操演。练习时间可根据双方体力情况而定。

4. 甲乙绕步转身换式法

当乙方上右步以右掌向前推放甲方胸部时，甲方用左手向上托举乙方右肘臂，同时向前上右步（从乙方身右侧擦肩而过），然后再向前上左步，脚尖里扣，身向右转 180°。转身后，右脚尖略外摆，随之右手向上托举乙方推来之左手臂。眼看对方（图 5-13、图 5-14、图 5-15、图 5-16、图 5-17）。

图 5-13   图 5-14   图 5-15

图 5-16   图 5-17

当乙方上右步以右掌向前推放甲方前胸时，甲方用左手向上托举乙方右手臂，同时向乙方身后上右步，此时甲乙双方体位互换，乙方从甲方身体右侧向前先上左步，再上右步，脚尖里扣，身向左转180°（参阅图5-13、图5-14、图5-15）。

乙方随转身，左脚向前上步，同时以左掌向前推放甲方胸部。眼看对方（图5-18）。

5. 甲上左步推左掌，乙撤左步托右掌

接上式，甲方用右掌向上托举乙方推来之左手臂，随之向乙方两腿中间（插裆）上左步，用左掌向前推放乙方前胸。乙方右掌置于右胯外侧，掌心向下。眼看对方（图5-19）。

当甲方左掌推到乙方前胸时，乙方借甲方之推力，身微左转，随之

左脚向后撤一步，同时以右手虎口钳住甲方左肘臂上部，掌心向上，虎口用力向上托举甲方左肘臂。左掌置于左胯外侧，手心向下。眼看对方（图 5-20）。

上式不停，乙方向前上左步，同时以左掌向前推放甲方前胸；甲方即撤左步，同时以右手向上托举乙方左手臂（图 5-21）。

图 5-18

图 5-19

图 5-20

图 5-21

然后甲方向前上左步，推左掌；乙方向后撤左步，托举右掌。如此，双方循上述方法，一进一退反复操演即可。

注：动作 4 是甲方右转身（乙方左转身）换式汒。换式后双方可接着按动作 5（甲上左步推左掌，乙撤左步托右掌）的要求继续推掌。

如果再做转身换式，可参考动作 4 的要求去做。但换式时，甲乙双方的动作和方向与动作 4 相反。

第二节　单操手

一、八卦掌单操手简述

顾名思义，单操手就是习练者把套路中的若干单式动作拿出来单独操练，即所谓单操手。我们平时练习套路时，通常是几十个招式一气练下来，不分主次，没有重点。而单操手的练法，是选择套路中个别适合自己的招式，重点练习。这样练习，可以让习练者加深对招式劲路、力点、用法的理解，对提高习练者的技击能力无疑是有一定好处的。

单操手没有固定招式，练习时完全是因拳、因人而定，即所谓"适合自己的就是最好的"。

下面的几组单式动作，是从张鸿庆先生所传八卦掌系列中挑选的，在这里仅作简要介绍，供大家参考。

二、八卦单操手动作说明

（一）摔盖掌

立正站好，两手臂自然下垂于身体两侧，然后身微右转，再左转，随之左脚向前上步，右脚不动，重心偏于右腿。随上步，左手臂从下向右、向上，再向前摔掌，掌背向下，掌指向前，高与头齐；右掌置于右胯外侧，掌心向下。眼看左掌。此为左摔掌（图5-22）。

上动不停，左脚尖外摆，身略左转，随之右脚向前上步，重心偏于左腿。同时右掌从下向上、向前盖掌，掌心向前，掌指斜向上，高与头齐；左掌收至左胯外侧，掌心向下。眼看右掌。此为右盖掌（图5-23）。

图 5-22   图 5-23

要点：步到掌到，以腰带臂，以臂带手，摔掌要有抡甩之劲。盖掌打出，内涵劈、盖、拍三劲，力达掌心。塌腰坐胯，气沉丹田。以上2动可左右反复操练，随时可回身原路打回，打到原起势处时，再回身收势。

用法：摔掌是用掌背击打对方头面，盖掌是用掌心拍打对方头部。实际应用时，两掌可单独使用，亦可连环击打。如我用左摔掌击打对方头面时，对方若出手拦截我左手臂，我即可翻掌扣腕、下压锁拿对方来手，同时用右掌向前劈盖对方头面。

（二）风轮掌

双脚并立站好，两手臂自然下垂于身体两侧，眼看前方。

左脚向前上步，右脚不动，重心偏于右腿。随上步，左手从下向上、向前劈掌，掌心向前，掌指斜向上，高与头齐；右掌置于右胯外侧，掌心向下。眼看左掌（图5-24）。

上动不停，右脚向前上步，左脚不动，重心偏于左腿。随上步，右掌从下向上、向前抢劈，掌心向前，掌指向上，高与头齐；左掌收至左胯外侧，掌心向下。眼看右掌（图5-25）。

上动不停，两脚不动，左掌从下向前抢劈，掌心向前，掌指向上，高与头齐；同时右掌收至左肘下，掌心向下。眼看左掌（图5-26）。

图 5-24　　　　　　　图 5-25　　　　　　　图 5-26

以上是风轮掌之左式。接上动，上右脚、劈右掌，上左步、劈左掌，然后两脚不动，继续向前抢劈右掌，左掌收至右肘下，这是右式。

练习时，可左右式轮换操练，随时可转身往回打，打到原起势处时，再回身收势。

要点：以步带身，以身带臂，腰如轴，臂如轮，抢掌如甩鞭，力达手掌。

用法：风轮掌为进攻招式。如遇敌手，我即出手，先发制人。不管对方接不接招，我出手即发三掌，连劈带打，斜肩带背，快似风轮，疾如闪电。此即拳谚"不招不架，出手就是三下"是也。

（三）穿手法

穿手是八卦掌中最常用的手法之一。俗话讲："好汉怕三穿。"穿手有多种练用法。

1. 马步穿手法

马步式站立，左手上提，经胸向前穿出，掌心向上，掌指向前，高与鼻齐；上动不停，右手上提，从左小臂下向前穿出，掌心向上，高与鼻齐；左手收至右小臂内侧，手心向下，眼看右手（图 5-27、图 5-28）。

图 5-27　　　　　　图 5-28

上动不停，左手再向前穿出，右手收回；然后右手再穿出，左手收回。如此，左右手反复向前穿出，次数多少自行掌握。

要点：穿掌时两脚不动，腰转动，以腰劲（丹田劲）带动两手臂向前穿击。要做到摇肩拧项晃中盘，两手前去回收要走拧钻劲。

用法：锻炼两掌的穿击力。实战时，如对方出手击打我胸面，我即出手拦截，前穿之手既要有掌指的穿击力，又要有前臂的搓锉劲，回手时还要有勾带之劲。此即拳谚"出手如锉，回手如勾"之意。

2. 直行穿手法

练习时，两脚交替向前直行上步。上左步，向前穿左手，手心向上，掌指向前，高与口齐，右手置于左小臂内侧，手心向下，眼看左手。然后向前上右步，右手从左前臂下向前穿出，掌心向上，掌指向前，高与口齐；左掌同时收至右前臂内侧，掌心向下。眼看右掌（图 5-29、图

5–30）。

如此，左右脚、左右手轮换上步、穿手，回身返回原地收势。

要点：此式是顺步穿手法，练习时，还可以加练拗步穿手法，即上左步、穿右手，上右步、穿左手。

图 5–29　　　　　　图 5–30

另外，此式穿手可以后手从前手臂下向前穿出，也可以后手从前手臂上向前穿出。不管是下穿手，还是上穿手，两手臂都要拧着劲向前穿出，前后（两手）形成阴阳手。

再者，可直行向前穿手，也可直行退步穿手，下退上进（步退手进），可进可退，随进随退，随时转身，进退自如。

用法：此式可用于防守。如对方两手连续向我胸面穿击时，我即可两手连续向前穿出，拦截对方的进击。在被动招架时，也要不失时机地反击对方，做到防中有攻、退中有进。

另外，此式也可用于主动进攻。如我与对方对峙，可主动出手穿击对方喉面。如对方出手拦截，我可在快速穿击中，突然变招，穿击对方喉面，要随机应变，灵活变招，万万不可死认一理。

3. 斜行穿手法

面向前方，双脚并立站好，两手臂自然下垂于身体两侧。身向左转45°，随之左脚向左前方上步；同时左手向前穿出，手心向上，高与口齐；右手提至左小臂内侧，手心向下。眼看左手（图5-31）。

上动不停，右脚向前上步，左脚再向前上一步；随之右手从左小臂下向前穿出，掌心向上，掌指向前，高与口齐；左手收至右小臂内侧，手心向下。眼看右掌，此为左斜行穿手式（图5-32、图5-33）。

图5-31　　　　　　图5-32　　　　　　图5-33

上动不停，身向右转90°，随之右脚向右前方斜角上步，同时右掌向前穿出；然后左脚向前上步，右脚再向前上一步，重心偏于左脚。同时左掌从右小臂下向前穿出，掌心向上，高与口齐；右掌收至左小臂内侧，掌心向下。眼看左掌，此为右斜行穿手式（图5-34、图5-35、图5-36）。

图5-34　　　　　　图5-35　　　　　　图5-36

如此，两脚斜行上步穿掌，反复操练，随时可回身反向操练。左右回身均可，如右脚在前，左手穿出时，可身向左转135°，同时左脚外摆，右手臂内掩，左手背插至左腰后，掌背轻贴于腰后。眼看左肩外（图5-37）。

上动不停，身继续左转90°，随之右脚向左脚前扣步；同时左手外旋，从身后向前穿出，掌心向上，高与口齐，右掌收至左肘内侧，手心向下。眼看左手（图5-38、图5-39）。

图 5-37　　　　图 5-38　　　　图 5-39

上动不停，身微左转，随之左掌向前横摆，左脚向左前方上半步，脚尖外摆，然后右脚向左脚前上步，左脚再向右脚前上一步；同时右掌从左小臂下向前穿出，掌心向上，掌指向前，高与口齐，左掌收至右小臂下。眼看右掌（图5-40、图5-41）。

图 5-40　　　　图 5-41

此为回身后的左斜行穿手式。此式做完，然后再右转身，上右步，走右斜行穿手式。打到原起势处，回身收势。

要点：左右斜行连环上步，三步一穿掌，身随步转，步到掌出，穿掌走拧劲，力达掌指。回身两脚摆扣，步法清晰，步转身拧，掌随身动。

用法：斜行绕步走偏门，不与对方正面交手，而是左右斜行绕进，寻机出手攻击对方薄弱点。

（四）左右化手

左右化手，亦称"逍遥化手"，此式有多种练法。如原地马步化手、进步化手、退步化手、活步化手等。此式在张鸿庆先生传八卦掌中多有运用。

1. 马步左右化手

马步式站立，两手臂置于两胯外侧，两臂略呈弧形，肩松肘坠，两掌下踏，掌心向下，掌指向前。眼看前方（图 5-42）。

上动略停，两脚不动，身略左转，随之左掌从下经胸前呈弧形向身左侧划出，掌心向外，掌指向上，略高于肩，重心略向左移；右掌置于右胯外侧，掌心向下。眼看左掌（图 5-43）。

上动不停，身向右转，重心略向右移，同时右掌从下向上经胸前呈弧形向右侧划出，掌心向外，略高于肩；左掌收至左胯外侧，掌心向下。眼看右掌（图 5-44）。

图 5-42　　　　　　图 5-43　　　　　　图 5-44

如上，两脚不动，左右手随腰身转动，向左右两侧反复呈弧形划出，练习时间长短可根据个人情况而定。

要点：马步化手，以腰为枢纽，带动两手臂向左右两侧划动，要做到肩松肘坠、塌腰坐胯，以内气催动两手臂向左右呈弧形运转，力达掌指。

用法：此式为防守招法，两手左右划摆可化解对方的正面进攻，兼顾左右。

2. 进步化手

双脚并立站好，然后左脚向前上步，随之左手从下向上、向左肩前划出，掌心向外，掌指向上，略高于肩；右掌置于右胯外侧，掌心向下。眼看左掌（图5-45）。

上动不停，两脚不动，右掌从下向上、向右肩前划出，掌心向外，略高于肩；左掌收至左胯外侧，掌心向下。眼看右掌（图5-46）。

上动不停，两脚不动，身微左转，左掌从下向左肩前划出，同时右掌收至右胯外侧。眼看左掌（图5-47）。此为进步化手左式。

图5-45　　　　　　图5-46　　　　　　图5-47

上动不停，右脚向前上步，左脚不动，重心偏于左脚。随上步，右手从下向上、向右肩前划出，掌心向外，略高于肩；左掌收至左胯外侧（图5-48）。

上动不停，两脚不动，左掌从下向上、向左肩前划出，掌心向外；右掌收至右胯外侧，掌心向下。眼看左掌（图5-49）。

上动不停，两脚不动，右掌从下向右肩前划出，掌心向外；左掌收至左胯外侧，掌心向下。眼看右掌（图5-50）。此为进步化手右式。

图 5-48　　　　　　图 5-49　　　　　　图 5-50

如此，两脚交替向前上步，两手随之向身前左右划摆；转身后沿原路打回，打到原起势处，再回身收势。

要点：此式是向前直行一步，随之向前划三掌，左右式相同。出掌走弧形，三掌要连续划出，不能有丝毫间断。其他要点与马步化手相同。

用法：此式可拦截对方正面对我头面的攻击。如对方用双掌连续击打我头面，我可用双手向左右划拨，同时，不忘寻机出手反击对方头面。反击手可用劈掌、盖掌、刀手、掸手、穿手等多种手法。

3. 退步化手

此式练法与"进步化手"正好相反。此式是退一步化三手。

要点：与进步化手相同。

用法：在退中划拨对方来手，边退边化，退中亦有随时反击之意。

4. 活步化手

活步化手是向前走连环步，即向前直行3步，随上步，随出手。

双脚并立，两手臂自然垂于大腿两侧，目视前方。左脚向前上步，同时左手向前划出，掌心向前，掌指向上，位至左额前；右掌至左肘里侧，手心向下；然后右脚向前上步，右掌同时向前划出，位至右额前，左掌收至右肘里侧，掌心向下；左脚再向前上一步，左掌同时再向前划出，右掌划至左肘里侧，掌心向下。眼看左掌。此为活步化手左式。

上动不停，接着走活步化手右式，即上右步、化右手，上左步、化左手，再上右步、化右手。如此两脚交替向前上步，同时随上步，随出手向前划拨（连续上三步划三掌）。练习此式时，可进可退，即连续上步出手，也可连续退步化手，还可以随时转身进退出手。练习形式完全由自己来定，要做到进退自如、不拘一格。

要点：步不停，手不停，以腰带臂，以臂带手，内气贯四肢，眼随手转，精神集中。

用法：与前进步化手和退步化手相同，只是手法更加灵活。

（五）盘身法

盘身法主要体现在身法，在八卦掌中，此法常见于乌龙缠身、叶底藏花、龙形穿掌、抽身换影等诸多招式之中，虽然以上诸式表现形式有所不同，但主要练法都体现了盘身缠法这一精髓。

1. 原地盘身法

两脚横向分开，略比肩宽，两腿屈膝坐胯，成马步式。然后左手提至右肩上，屈臂横肘，掌心向下，掌指向右。上动不停，身微左转，腰向左拧转，随之右手仰掌向左腋下穿出，重心略向左移。眼看左肩外（图5-51）。

上动不停，两脚不动，身向右转，腰向右拧转，随之右掌内旋翻掌，提成俯掌，提至左肩上，屈臂横肘至胸前；同时左掌外旋成仰掌向右腋下穿出，重心略向右移。眼看右肩外（图 5-52）。

图 5-51　　　　　　　图 5-52

　　如此，两手臂于胸前上下翻转，随之两掌交替随腰身拧转向左右腋下穿出。此为原地盘身法。

　　要点：以腰为轴，带动两手臂上下翻转，肩要松（活），臂要屈，肘要横，腰要塌，胯要坐，气要沉。

　　用法：上手可拦拿对方来手。下手是暗手，可随时出手攻击对方胸肋。

2. 原地转身盘身法

　　两脚横向分开站立，屈膝坐胯，成马步式。身微右转，随之左臂上抬，屈肘横至胸前，左掌提至右肩上，手心向下，成俯掌；同时右掌提至左胸前，成仰掌。上动不停，两脚不动，身向左转，重心略向左移，同时右掌向左腋下穿出，掌心向上，成仰掌。左掌位置不变。眼看左肘外（图 5-53）。

　　上动不停，身向右转 180°，随转身，右脚外摆，左脚向右脚前上步，脚尖里扣，两腿微屈，上身向右拧转；同时右手臂内旋，掌心翻转向下，屈肘向右平带；左手臂随之外旋，掌心向上，向右腋下穿出。眼看右肘外（图 5-54）。此是右转身盘身法。

　　上动不停，身向左转 180°，随转身，左脚外摆，右脚向左脚前上步，脚尖内扣，两腿微屈，上身向左拧转；随之左手臂内旋，掌心翻转向下，成俯掌，屈肘横臂向左平带；同时右掌外旋，成仰掌，从左腋下穿出。眼看左肘外（图5-55）。此是左转身盘身法。

图 5-53   图 5-54   图 5-55

以上是原地转身180°的盘身练习法。熟练后，还可以进行原地转身360°的左右盘身法练习。原地转身360°的练法要领与原地转身180°一样。不同的是，如向右转身，右脚外摆后，以右脚跟为轴，身体快速向右转体360°，转身时两手臂姿势不变；向左转体与向右转体动作一样，只是转体方向不同。

如此反复操练，练习时间长短可根据个人情况而定。

要点：转身要快、要稳，步法不乱。其他要点与原地盘身法相同。

用法：快速转身，用飘忽不定的身形、步法变化，扰乱对方的视觉和思维，给对方出其不意的打击。

3. 四隅盘身法

四隅盘身法与前面讲的原地盘身法练习要点基本一样，不同的是，此法练习时，是向4个斜角行步穿手盘身。

双脚并拢，两手臂自然下垂于大腿两侧，面向南，成立正姿势站好。然后身向左转45°（面向东南），随之左脚向左前方上步；同时左手臂内旋，掌心翻转向下，屈肘横臂提至胸前，左掌伸至右肩上，手心向下；然后右脚向前上一步，脚尖外摆，右掌随之向左腋下穿出，掌心向上，成仰掌。眼看左肘外（图 5-56、图 5-57、图 5-58）。

图 5-56   图 5-57   图 5-58

上动不停，左脚向右脚前上步，脚尖里扣，身向右转 180°（面向西北），随转身，右手臂内旋，屈肘横臂至胸前，右掌翻转至左肩上，掌心向下；左掌同时外旋，掌心向上，成仰掌，向右腋下穿出；随之右脚向前上半步，脚尖外摆，左脚向前上一步。眼看身前（图 5-59、图 5-60）。

图 5-59   图 5-60

上动不停，右脚向左脚前上步，脚尖里扣，身向左转 90°（面向西南），随之左脚向前上半步，脚尖外摆，同时左手臂内旋，屈肘横臂至胸前，左掌翻转至右肩上，掌心向下；右掌同时外旋，掌心向上，成仰掌，向左腋下穿出。随之右脚向前上一步。眼看右掌（图 5-61、图 5-62、

图 5-63)。

图 5-61　　　　　　图 5-62　　　　　　图 5-63

　　上动不停，左脚向右脚前上步，脚尖里扣，身向右转180°（面向东北），随之右脚向前上半步，脚尖外摆；同时右手臂内旋，屈肘横臂于胸前，右掌翻转至左肩上，掌心向下；同时左掌外旋，掌心向上，成仰掌，向右腋下穿出；随之左脚再向右脚前上一步。眼看左掌（图 5-64、图 5-65)。

图 5-64　　　　　　图 5-65

　　如果再继续往下练，可向前上右步，脚尖里扣。身向左转90°（面向西北），左脚外摆，上右步穿右掌；然后上左步，脚尖里扣，身向右转180°（面向东南），右脚外摆，上左步穿左掌；然后再上右步，脚尖里扣，身向左转90°（面向东北），左脚外摆，上右步穿右掌；然后上左步，脚尖里扣，身向右转180°（面向西南），右脚外摆，左脚上步，左掌向前穿出。眼看左掌（图5-66、图5-67、图5-68、图5-69、图5-70、图5-71、图5-72）。

图 5-66　　　　　图 5-67　　　　　图 5-68　　　　　图 5-69

图 5-70　　　　　图 5-71　　　　　图 5-72

　　按照以上规律，向4个斜角方向连续斜行上步穿手，走至西北方位时，可回身收势。

　　要点：行步走4个斜角。身随步转，两手臂上下翻转如蟒缠身，两掌左右穿梭似蛇吐信。练习时，要求行步膝要屈，胯要坐，转身腰要拧，两手如穿梭，式式紧相连，眼随两手转，精神要集中。

　　用法：以灵活多变的身形、步法应对四周群致的进攻。

（六）左右蹬脚

　　两脚并拢站立，两手臂自然垂于身体两侧，眼看前方。右脚向前上半步，脚尖外摆，身微右转，重心移至右腿；同时两手臂提至胸前相搭，左手在上，右手在下，两掌心均朝下。上动不停，左膝上提，左脚向左侧方横脚蹬出，脚底朝外，脚尖回勾，高与胸齐，力达脚底。随蹬脚，两掌向身体两侧展开，左手伸至左脚上方；右手划至右肩外，掌心均向外，两臂略呈弧形，同时身体略向右倾。眼看左脚（图5-73）。

上动不停，身向左转，左脚下落，脚尖外摆，重心前移至左腿；同时两手臂划至胸前相交，右手在上，左手在下，手心均朝下；然后右膝上提，右脚向身体右侧横脚蹬出，脚底朝外，脚尖里勾，高与胸齐，力达脚底；随蹬脚，两手臂向身体两侧展开，右手伸至右脚上方；左手划至左肩外，两掌心均朝外。眼看右脚（图5-74）。

然后，再向右转身，蹬左脚，向左转身，蹬右脚。如此两脚交替轮换向前横蹬，可随时回身，沿原路向起点处回蹬，到原起点处，回身收势。

图 5-73   图 5-74

要点：蹬脚时，脚要横，身要侧，支撑腿要微屈，脚趾抓地，两手臂要极力向外撑。

用法：脚蹬对方胸肋，两手外撑，前手可拦截对方来手，后手外撑有利于保持身体平衡。实际应用此式时，可两脚交替快速蹬击前方之敌，也可迅速转身蹬击身后之敌。

（七）左右侧踢腿

两脚并立站定，两手臂自然下垂于身体两侧。身微右转，右脚向前上半步，脚尖外摆，随之左手划至右胸前，手心向下；右手向上划至头顶右上方，手心向上。重心前移至右腿，左膝上提，左脚向前侧踢，脚背向上，脚尖里勾，高与肩齐，身略向右倾斜，力达脚背外沿一侧。眼看左脚（图 5-75）。

上动不停，左脚前落，脚尖外摆，随之右手下落至左胸前，手心向下；左手划至头顶左上方，手心向上。重心前移，身微左转，右膝上提，右脚向前侧踢出，脚背向上，脚外沿向前，脚尖里勾，高与肩齐，身微向左侧倾斜，力达脚外沿一侧。眼看右脚（图 5-76）。

如此两脚交替向前侧踢，随时回身，反向沿原路踢回，到原起点处，回身收势。

图 5-75　　　　　　　　　　　图 5-76

要点：侧踢腿的着力点在脚背外沿一侧；起腿时，身略向右（左）倾斜，胯要松，腰要活，膝要屈；发力时，小腿要有弹性；两手臂上下运转呈弧形。

用法：侧身弹踢对方腰肋，两手上下划摆，上可护头，下可护胸。

第三节　实战技法二十手

一、八卦掌实战技法二十手简述

张鸿庆传八卦掌实战技法，以丹田内功为根本之法，以推、托、带、领、搬、扣、拦、截、捉、拿、勾、打、穿、点、劈、按、挂、挑、缠、撩为主要之技。

法无常法，定法不是法。法是死的，人是活的。虽熟读兵书，但临场变化，一切皆要因敌而变，如此方能一法变万法。与人交手，变化万千。只有做到招自心出、随感而发、随心所欲、运用自如，才可称为神乎其技。

张鸿庆传八卦掌实战技法非常丰富，有些技法在本书前面所述的八卦掌套路中已有详细介绍，有兴趣的读者可细心揣摩。

下面，向读者简要介绍一般习练者容易学习掌握的几种实战技法，供大家参考。

说明：图中穿白衣者为甲方，穿黑衣者为乙方。

二、八卦掌实战技法二十手动作说明

（一）穿掌法

甲乙双方相向站立，乙方突然上右步，同时以右掌向甲方面部穿出；甲方左脚后撤，同时右掌向前穿掌，拦截乙方来手（图 5-77、图 5-78）。

上动不停，乙方顺势左右脚连续向前上步，同时两掌连续快速向前穿击甲方喉面；甲方继续后退，边退边出手向前拦截乙方来手（图 5-79、图 5-80）。

图 5-77

图 5-78

图 5-79

图 5-80

要点：穿掌要有向前拧转之劲。连环三穿掌是八卦掌主要进攻手法之一，要求快速有力。

（二）撞掌法

甲乙双方相向站立，乙方上右步，用双掌推击甲方胸腹；甲方急退左步，同时双掌上提，从乙方两臂外侧下搭在乙方两前臂上，坐胯塌腰，沉肩坠肘，两掌下按破（卸）其来劲（图5-81）。此为下沉掌。

上动不停，甲方突然上左步，同时突发双掌猛撞乙方前胸，使其向后跌出，此为双撞掌（图5-82）。

要点：下沉掌接双撞掌，中间不可停顿，要快速反击，一气呵成。撞掌发爆发劲，要脆、爆，干净利索。

图 5-81   图 5-82

（三）掖掌法

甲乙双方对峙，乙方上右步，出右掌向甲方胸部打来；甲方则向乙方身体右侧上左步，向左斜身，同时用左掌向右横推乙方来手的肘部（图5-83）。

上动不停，甲方接着或同时用右掌（掌心向前）向对方肋部或腹部掖撞（图5-84）。

要点：甲方面对乙方正面进击，采取迂回战术，绕步斜行配合侧身的推、掖、撞掌，动作要协调一致。

图 5-83　　　　　　　　　　图 5-84

（四）双合掌法

甲乙双方对峙，乙方向前上右步，用双拳向甲方左右额侧贯打，拳眼向内，力达两拳内侧；甲方见乙方双拳击来，左脚后退一步，同时双掌内旋，从乙方两手臂内侧向外撑开截挡，两臂呈弧形，力达两前臂尺骨一侧（图 5-85）。

上动不停，甲方快速向乙方两腿中间上右步，同时双掌向内合击乙方两耳门（图 5-86）。

要点：甲方双掌臂外开，拦挡乙方双拳要有外撑之劲；双掌向内合击要快速，发脆劲。外撑内合两动，要一气呵成，不可间断。向前上步抢位以助力。

图 5-85　　　　　　　　　　图 5-86

（五）摔盖掌

甲乙双方相较，甲方首先向前上左步，出左掌反手摔打乙方头面；乙方见甲方左手打来，急撤右步，同时迅速出左手，向前拦截甲方来手（图 5-87）。

接上式，甲方见乙方出手拦截，则左手内翻扣腕，下采乙方左腕臂，然后迅速上右步，出右手盖拍乙方头面，使其受创（图 5-88）。

图 5-87　　　　　　　　　　　图 5-88

要点：摔盖掌是连续动作，摔掌打出，不管对方接与不接，紧接着就是上步盖拍掌。两掌连发迅如骤雨，急如闪电，势不可挡。

（六）拍掌法

甲乙双方相对站立，乙方上右步，出右掌（拳）击打甲方胸部；甲方见乙方右掌击来，左脚速向乙方右脚后上步，脚尖里扣，同时左手从乙方来手内环向外弧形划拨（图 5-89）。

接上式，甲方快速出右掌向前横掌拍击乙方腹部，掌心向前，掌指向右，力达掌心，此式为凤凰夺窝（图 5-90）。

要点：甲方面对乙方来手，上拦下拍，拦要手臂走弧形，有外撑之劲；拍要掌发横劲。

图 5-89　　　　　　　图 5-90

另外，此式实战时可有 3 种打法，即拍掌，可上打头面，中打胸腹，下打裆。

（七）闪身法

甲乙双方对峙，乙方上右步，出右掌击打甲方胸面；甲方快速向乙方右侧上左步，随之右脚跟至左脚内侧，同时出右手从乙方来手外环向上穿手拦截（图 5-91、图 5-92）。

接上式，甲方身向右转，向前上左步，绕至乙方身后，同时右手翻腕扣住乙方右手腕，并向下采捋；左掌同时向前横掌拍击乙方后腰背（图 5-93）。

图 5-91　　　　　　图 5-92　　　　　　图 5-93

要点：甲方侧身斜行上步是"逃身又逃步"的闪身法。闪身后，应迅速向右转身，右手采腕，左掌横拍，重创乙方。

以上是分解动作的说明，实战应用时，前后动作不能停顿，要一气呵成。

此式为八卦掌斜行绕步、避正打斜的典型用法。

（八）托举法

甲乙双方对峙，乙方上右步，出右拳（掌）击打甲方头面；甲方见乙方右手打来，身微右转，同时左脚向乙方右脚后上步，脚尖里扣，重心偏于右脚，同时右手向上刁拿住乙方右手腕，左手向上托举乙方右肘臂（图5-94）。

上动不停，甲方快速向右后方转身，同时拧腰转臂，两手向前、向下猛然采捋乙方右手臂，使之向前栽倒跌出（图5-95）。

要点：甲方刁拿乙方右腕，要拿得准，刁得住；托举要跟得及时；向后摔跌乙方，要用腰劲，左脚扣住甲方前脚，同时拧腰、转臂、甩头，向前采捋。前后动作，手脚身腰相合，内外气劲一致。

图 5-94

图 5-95

（九）切掌法

甲乙双方对峙，乙方上右步，出右掌推击甲方前胸；甲方待乙方右掌挨近前胸时，身微右转，同时左脚向前上步至乙方右脚后，脚尖里扣，右手从乙方右手臂外环向上缠拿住其手腕，然后向右后捋带乙方右手臂（图5-96）。

接上式，上动不停，甲方身向右转，同时迅速出左掌向前切击乙方腹肋（图5-97）。

图 5-96   图 5-97

要点：甲方拿腕要准，采捋要有劲。拧腰转身以助采捋。切掌要顺势而发，以内劲催动掌力，劲达左掌外沿一侧。

实战时，当甲方向后采捋乙方时，乙方若向后退，甲方可顺势左转身，左脚垫步，同时两掌齐发，向前推放对方。

（十）推掌法

甲乙双方对峙，乙方上右步，出右掌推击甲方前胸；甲方见乙方右掌推来，急向前上左步至乙方右脚后，脚尖略向里扣，同时左掌臂从乙方右手臂内侧拧钻上穿（图5-98）。

上动不停，甲方在左手臂上钻的同时急出右掌向前猛击乙方胸腹，使乙方向后跌出（图5-99）。

图5-98　　　　　　　　　图5-99

要点：甲方左手臂上穿要有拧钻劲，左脚上步，脚尖里扣，膝向里合；右掌向前推击要发丹田内劲，以腰催肩，以肩催肘，以肘催手，力达掌心。

甲方出右掌向前推击乙方时，乙方若出手拦截，甲方可顺势身略右转（两脚不动），同时左掌向前拍击乙方头面。

（十一）缠拿法

甲乙双方对峙，乙方上右步，出右手穿击甲方头面，甲方上右步，右手向上穿接对方来手。此时甲乙两腕相搭，甲方右手抓拿乙方右手腕，向右、向下、向左，再向上缠绕一圈，然后交与左手抓住，甲方之左手从乙方右手臂内侧向外捋带，同时身略左转，以右手掌踏按乙方之腹肋（图5-100、图5-101、图5-102）。

要点：甲方缠手要活，交换手要快，踏按掌要有力。

此法还有另一种用法：

乙方上左步，出左掌击打甲方前胸，甲方以左手从其来手外环接手拦截，并顺势向左侧捋带，随之身向左转，左脚上步，然后上右步至乙方前脚后侧，同时出右手缠拿乙方后腰（图5-103、图5-104）。

图 5-100　　　　　　　图 5-101　　　　　　　图 5-102

图 5-103　　　　　　　图 5-104

上式为腰缠玉带，可向上缠拿对方脖颈，也可向下缠拿对方腿踝。

（十二）搬法

甲乙双方对峙，乙方上右步，出右掌推击甲方胸部，甲方则上右步踏中门，同时出左掌，从甲方来手内侧接其腕臂，右手同时从乙方右臂肘外侧贴拿其臂（图 5-105）。

上动不停，甲方身腰迅速向右拧转，同时两手臂向右搬拿乙方右臂肘，此时乙方已被困住，必随甲方所动而动（图 5-106）。

要点：当甲方拿住乙方右手臂时，左手向外推劲，右手向内搬劲，两手较劲，如用脆劲，可断其臂；如用绵劲，则会使乙方被动随之转圈圈。

图 5-105　　　　　　　　图 5-106

（十三）探掌法

甲乙双方对峙，乙方上右步，发右掌推击甲方前胸，甲方左脚上步至乙方右脚后，脚尖略向里扣，同时左掌从乙方来手外环自上向下按压其右手臂，右掌同时以仰掌向前穿击乙方之喉面，使之受创（图5-107）。此式为乌龙探爪。

接上式，当甲方用仰掌穿击乙方喉面时，乙方若接甲方前穿之手，甲方可顺势右掌翻扣，拿住乙方来手腕臂，同时左脚向前进半步，右脚跟进，两掌合力向前猛推乙方两手臂，乙方必失重而向后跌出（图5-108、图5-109）。

图 5-107　　　　　　图 5-108　　　　　　图 5-109

要点：第1动，甲方左脚上步扣脚要封住乙方前腿；左掌按压，右掌前穿，两掌出手要快速有力。第2动，甲方左脚进步、右脚跟进，两掌合力前推，上下一致，丹田发力，内外相合。

（十四）劈掌法

甲乙双方成三体式站立对峙，甲方突上左步，同时发左掌向前抡劈乙方头面；乙方后（右）脚向后撤半步，同时快速出右掌向上拦截甲方劈来之掌。在甲乙两掌相接的瞬间，甲方左手抓拿住乙方之来手，同时上右步，以右掌劈砍乙方左肩；乙方见甲方右掌劈来，急撤左步，同时用左掌向前拦截甲方来掌；甲方在发出右掌后其势不减，马上再发左掌抡劈乙方头面，使乙方因避之不及而受创（图5-110、图5-111、图5-112）。

| 图 5-110 | 图 5-111 | 图 5-112 |

要点：此式为甲方连续上两步、发三掌向前抡劈乙方头面。实战时，不管对方接不接招，都要三掌连发，势如暴风骤雨，使对方防不胜防。

（十五）带领法

甲乙双方对峙，乙方上左步，出左掌向前推击甲方胸部；甲方待乙方左掌将近前胸时，身微左转，左脚随之向左后方撤步，同时左手从乙方来手外环抓拿其腕，右手同时托住乙方来手之肘部，顺其来势向甲方身左后方带领（图5-113、图5-114）。

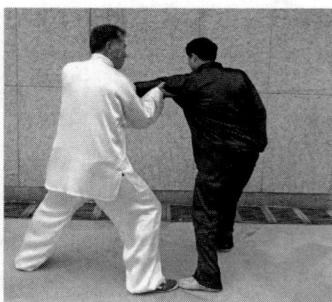

图 5-113　　　　　　　　　　　图 5-114

要点：甲方撤步、转身，两手合力顺势带领乙方之左手臂，动作上下协调，一气呵成。

实战时，甲方两手向己身左侧带领乙方左手臂，同时用右脚顺势向前扫挂乙方前脚踝外侧，上下合力，使乙方失去还手之机。

（十六）蹬腿法

甲乙双方对峙，甲方上右步，出右掌穿击乙方胸面，乙方急出右手拦截，同时出左手向前推撞甲方右臂肘（图5-115）。

上动不停，甲方见乙方来势甚猛，重心急速后移至左腿，同时身略向左转，以避乙方来势，并突发右脚猛蹬乙方前腿膝踝，使其受创（图5-116）。

图 5-115　　　　　　　　　　　图 5-116

要点：乙方双手前推时，甲方要顺势转身后移，蹬腿要突然，使对方猝不及防。

实战时，可上蹬对方腰肋，下蹬腿膝，灵活运用。

（十七）勾腿法

甲乙双方相较，乙方上右步，出右掌击打甲方头面，甲方见乙方之右掌打来，快速起左手，从乙方来手内环扣拿其手腕，并向甲方身体左侧采捋，牵动乙方之重心（图5-117）。

上动不停，甲方身体略向左转，重心左移，同时快速起右脚向乙方前（右）脚踝处勾踢，同时身腰继续向左拧转，左手采捋，右手捋带，手、脚、身诸劲合于一处，使乙方重心顿失，向前跌出（图5-118）。

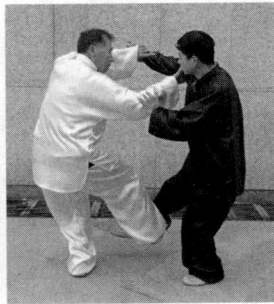

图 5-117　　　　　　　　图 5-118

要点：甲方接乙方来手，要快速扣拿住乙方手腕，同时向左侧采捋。右手要配合左手抓住乙方右手臂，两手合力向左侧采捋；右脚起脚勾踢不可过高，起脚的同时，身腰继续向左拧转，回蹬乙方左腿时，甲之左脚要抓地站稳，保持自己重心稳定。

实战时，甲方右脚向前勾踢乙方前（右）脚后，还可迅速回蹬乙方后（左）腿。此为八卦掌连环腿的用法。

（十八）踩踏法

甲乙双方对峙，乙方上右步，出右掌向前穿击甲方喉面；甲方快速出右手从乙方来手之外环上穿接手（招）（图5-119）。

上动不停，甲方右手内翻，扣住乙方之右手腕并向下采捋，同时起右脚向前踩踏乙方前（右）腿之踝足（图5-120）。

图5-119　　　　　　　　图5-120

要点：甲方接手要有向前穿钻拧转之劲，采捋有寸劲，踩踏要狠，如踩蛇蝎等毒物。

张鸿庆传八卦掌主张"腰为主宰，气为根，暗劲打人不见形"，多用暗劲和暗腿，与人交手，讲究"手不过顶，足不过腰""起腿不见腿"。八卦掌的腿法有很多，第三代传人总结出"八卦掌七十二暗腿"，我们后辈应当好好向前辈们学习借鉴。

（十九）按掌法

甲乙双方对峙，乙方右脚向前直上步，出右掌击打甲方前胸；甲方上右步至乙方右脚后，脚尖外摆，同时出右手从乙方来手外环接手，拦拿乙方右手腕（图5-121）。

上动不停，甲方身微右转，右手顺势向身右后捋带乙方右手臂，同时屈膝坐胯，身体下沉，左手顺势下按乙方右肘臂（图5-122）。

要点：甲方上右步至乙方右脚后，摆脚封住乙方右腿，屈膝下坐有膝拿之意，两手捋按是手拿之法。

此式在应用时，如果走大身法，则还有一种身拿之法，即见乙方前手打来，甲方可欺身上步，右手接手抓拿，左手横肘下压，加之屈膝下坐，加大身法的力度。此法在八卦掌的套路里集中体现为潜龙下降式。

图 5-121   图 5-122

（二十）肘击法

甲乙双方对峙，乙方上右步，出右拳击打甲方前胸，甲方快速起右手臂至胸前，屈肘竖臂，从乙方打来之手臂里侧向外掩肘拦截（图5-123）。

上动不停，甲方右脚向前上步，左脚跟进半步，同时右手臂下沉，屈臂横肘，左掌抵住乙方右拳面，两手臂合力向前肘击乙方前胸（图5-124）。

乙方见甲方之肘臂向胸前顶击而来，快速出左手向外横推甲方肘臂。甲方可向前折其手臂，并用反臂拳击打乙方头面（图5-125）。

要点：掩肘、横肘、反臂捶（外加盘身肘），甲方3招连发，一气呵成，不给对方还手之机。

图 5-123　　　　　　　　　　图 5-124　　　　　　　　　　图 5-125

　　上式若乙方拦挡横推之劲过大，甲方可顺其势，迅速向左转身180°，转身后，换用左肘向前顶击乙方胸肋，此为盘身肘法。

结束语

　　民国年间，李存义是享誉京津的武术大师，当年有"北方大侠"的称誉。张鸿庆是李存义的高徒，他们师徒曾先后在天津城里开办武馆。张鸿庆先生更是以设馆授拳为毕生事业，直到年老才闭馆回乡，隐居故里。李存义、张鸿庆公开教授的主要是形意拳，而八卦掌只授于少数入室弟子，故直到今天，鲜有人知李存义、张鸿庆二位前辈大师还精通八卦掌。

　　到了褚广发（张鸿庆的高徒）这一代，门人已不再以设馆课徒为业了。据我所知，褚师爷在新中国成立之初就辞别了张鸿庆先生，回归故里，以务农为生。褚师爷晚年在家乡教了少数几个乡里晚辈，传授的主要也是形意拳。后来，他老人家在汉沽（现属天津滨海新区管辖）收了李西安、张次珍、董玉茂、吴桂忠4位弟子。在4人中，褚师爷对吴桂忠老师青睐有加，在传授形意拳的基础上，又向他传授了八卦掌和薛颠的象形术。吴桂忠老师将二艺视为珍宝，多年来深藏不露，从不轻易示人。

　　从古至今，武行有一条不成文的规矩，即若向民间师父学艺，必须要拜师递帖。你入了门，称徒弟；没入门，只能算是学生。这不是矫情，这是一种规矩，一种担当，也是对师徒双方的一种约束。徒弟入了门，师父就有了责任，不但要传你武功，更要传你德行。

　　武行讲究"尊师重道"，何谓"尊师"？拜师学艺，首先要有诚意。老话讲"一日为师，终身为父"，这是一种比喻，讲的是徒弟一旦入了门，就要像尊重自己的父辈那样尊重师长，凡事不可怠慢。何谓"重道"？道者，道理也，这里也指师父传你的知识、本事。学武是件吃苦的事，你要想明白，有了决心后，再投师学艺。一旦入了门，就要坚持

结束语

下去，切忌半途而废。

习武之人自古讲究武德，武德是指"止戈为武、崇武尚德"的精神。正所谓"武以观德"，这也是师父经常教导弟子的——学习武术目的是防身和健身，不是欺辱他人。武德是每一个习武之人最基本的品德。习武之人应该是道德高尚的人，心胸开阔的人，有正义感的人，遵纪守法的人。

时代不同了，我们民间习武之人，已经极少有人把习武作为养家糊口、安身立命的一种职业。更多的人是把习武作为健身娱乐、修养身心，培养自己吃苦耐劳、坚韧不拔、积极向上的精神品质的一种方法。

对如今的习武之人来说，学会多少拳械套路、武技绝招并不重要，重要的是要找一个好老师，他既能传授你武功，又能教你做人，即"以武入道"。

一个门派要想发扬光大，就要做到以下几点。一是，拳理清楚，有一套完整的理论体系，使学者有章可循、有法可依。二是，拳法丰富清晰，有系统的拳械套路、练功方法、实操技法。即式有名，招有用，练用一体，学以致用。三是，传承脉络清楚，即师出有名，传承有序，代有传人，薪火不熄。

传统武术是老百姓的武术，人人可学，学则有益。对一般人来说，学会一两套拳作为平时健身、娱乐之用，足矣。而作为一个门派真正的传人，则需要付出很多。一般来讲，一年半载，只能学到点皮毛。要想得到师父的真传，最少要三年五载。唯有不间断地跟师父朝夕相处，刻苦用功学习，方可真有所得。而若想成为一个门派真正的传人，则是需要付出一生的辛勤和努力的。

而正是由于有了这些传统武术的忠诚守护者，我们的国粹武术才能历经风雨不败不衰，得以被保护、传承、发扬光大。

邵义会

2022 年秋

人文武术精品书系

北京科学技术出版社

民间武学藏本丛书

守洞尘技	崔虎刚　校注
通背拳	崔虎刚　校注
心一拳术	李泰慧　著　崔虎刚　校注
少林论郭氏八翻拳	崔虎刚　校注
拳谱志三	崔虎刚　点校
少林秘诀	崔虎刚　校注
拳法总论	崔虎刚　点校
少林拳法总论	崔虎刚　点校
母子拳	崔虎刚　点校
绘像罗汉短打	升霄道人　编著　崔虎刚　点校
六合拳谱	崔虎刚　点校
单打粗论	崔虎刚　点校

拳道薪传丛书

三爷刘晚苍——刘晚苍武功传习录	刘源正　季培刚　编著
乐传太极与行功	乐匋　原著　钟海明　马若愚　编著
慰苍先生金仁霖太极传心录	金仁霖　著
中道皇皇——梅墨生太极拳理念与心法	梅墨生　著
杨振基传太极拳内功心法	胡贯涛　著
卢式心意拳传习录	余江　编著
习练太极拳之见闻与体悟	陈惠良　著
廉让堂太极拳传谱精解	李志红等　编著
武当叶氏太极拳	叶绍东　何基洪　蔡光復　著
无极桩阐微	蔡光復　蔡昀　著
功夫上手——传统内功太极拳拳学笔记	陈耀庭　著　霍用灵　整理
会练会养得真功	邵义会　著
八极心法——传统八极拳，现代研修法	徐纪　著
犹忆武林人未远 ——民国武林忆旧及安慰武学遗录	安慰　著　阎子龙　田永涛　整理
推手践习录	王子鹏　著
刘纬祥形意拳雏释	马清藻　著　马道远　马彦彦　整理

功夫探索丛书

内家拳的正确打开方式	刘 杨 著
借力——太极拳劲力图解	戴君强 著
武学内劲入门实操指导	刘永文 著
武术的科学：实战取胜的秘密	〔日〕吉福康郎 著 宋卓时 译
格斗技的科学：以弱胜强的秘密	〔日〕吉福康郎 著 宋卓时 译
借势：武术之秘	沈 诚 著
内家拳几何学：三维空间里的劲与意	庞 超 著

格斗大师系列

伊米大师以色列格斗术	〔以〕伊米·利希滕费尔德，伊亚·雅尼洛夫 著 汤方勇 译
拳王格斗：爆炸式重拳与侵略性防守	〔美〕杰克·邓普西 著 史旭光 译

老谱辨析丛书

马国兴释读杨氏老谱三十二目	马国兴 注释 崔虎刚 整理
马国兴释读太极拳论	马国兴 注释 崔虎刚 整理
马国兴释读浑元剑经	马国兴 注释 崔虎刚 整理

国术档案系列

太极往事	季培刚 著